상단 오른쪽 사진(2010년 11월 5일 Photo by Nicolas Guérin)과 아래 사진(2013년 5월 24일)은 스튜디오 지브리에서 다카하타 이사오 감독, 미야자키 하야오 감독과 함께 셋이서 찍은 귀한 사진이다. 두 감독의 작품을 중심으로 영화를 제작해온 지브리가 30년이 되었다.
상단 왼쪽 : 저자가 직접 그린 그림. 미야자키 감독에게 처음으로 칭찬받은 작품이다.

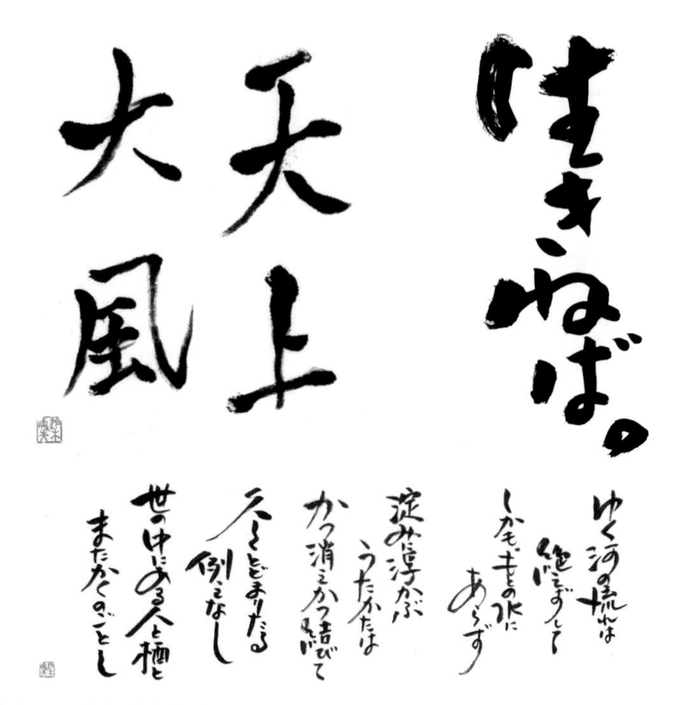

저자가 직접 쓴 글씨의 매력이 널리 알려져 지브리 작품에서도 여러 가지 형태로 사용되고 있다. 상단 오른쪽 : 《바람이 분다》의 홍보 문구. 하단 오른쪽에 있는 《바람이 분다》의 포스터 등에 등장한다. 상단 왼쪽 : 료칸(良寬, 일본 에도시대 후기 조동종[曹洞宗]의 승려, 서예가-역주)의 서체를 따라 쓴 글씨. 《바람이 분다》 속에 등장한다(하단 왼쪽 그림 2개). 중간 : 『호조키(方丈記)』의 첫머리. 2012년 10월 『호조키』 800년 기념 행사의 일환으로 시모가모신사(下鴨神社)의 신복전(神服殿)에 전시되었다(현재는 오부세[小布施]에서 전시).

스튜디오 지브리의 현장
애니메이션 만들기의 즐거움

스즈키 도시오 지음
문혜란 옮김

미야자키 감독이 그린 저자와 미야자키 감독의 모습.
가장 마음에 드는 그림.

新版のはじまりに

ベルイマンに『沈黙』という映画がある。公開当時、芸術か猥褻か!?と話題騒然になった映画だ。当時、ぼくらは高校一年生。一八禁の映画なので、鑑賞は指をくわえて我慢するしか無かったが、仲間内の誰かが言い出した。
「予告編なら見ることが出来る!」
こうして、ぼくらはひょんなきっかけで『トム・ジョーンズの華麗な冒険』を見ることになった。動機は不純。なにしろ、添え物の予告編を見るのがテーマだった。
しかし、この映画がその後のぼくの人生を大きく変える映画になったのだから、人生は奥深い。ある青年の恋と冒険を描いたコメディ活劇だが、ぼくはこの主人公に夢中になった。寛大に正直に生きる主人公の生き方に、ぼくは大きな影響を受けた。
同じころ、日本では、植木等の「だまって俺について来い」という歌が巷に流行っていた。歌詞の一部を紹介しよう。

金の無い奴ァ 俺んとこへ来い
俺も無いけど 心配すんな
見ろよ 青い空 白い雲
そのうち 何とか なるだろう

時代は高度経済成長のまっただ中、日本人は働きバチと化し、アタマがおかしくなり始めていた。そんなときに、植木等の歌ったこの根拠の無い自信に満ちた歌が日本人を救った。そのうち何とかなるだろう、このフレーズをみんなが口ずさんだ。
ある映画が人の一生を決定し、ひとつの歌が世界の見方を変える。そういう仕事をしてみたい。おぼろげながら、未来が垣間見えた瞬間だった。今回、調べてみてわかった。いずれも一九六四年、五〇年前の出来事だった。

二〇一四年春

鈴木敏夫

신판을 내면서

베리만의 《침묵》이라는 영화가 있다. 개봉 당시 예술이냐 외설이냐로 논란이 되었던 영화다. 당시 우리는 고등학교 1학년이었다. 18금 영화이므로 보고 싶어도 참을 수밖에 없었는데 친구들 중 누군가가 말했다.

"예고편은 볼 수 있어!"

그래서 우리는 생각지도 않게 《톰 존스의 화려한 모험》을 보게 되었다. 동기는 불순했다. 딸려 나오는 예고편을 보는 것이 목적이었으니 말이다.

하지만 이 영화가 그 후 나의 인생을 크게 바꾸는 영화가 되었으니 인생이란 참 심오하다. 한 청년의 사랑과 모험을 그린 코미디 활극이었는데 나는 이 주인공에게 푹 빠졌다. 관대하고 정직하게 살아가는 주인공의 삶의 방식에 나는 큰 영향을 받았다.

그 무렵 일본에서는 우에키 히토시의 〈잠자코 나를 따라와(だまって俺について来い)〉라는 노래가 유행하고 있었다. 가사의 일부를 소개하겠다.

돈이 없는 사람은 나에게로 와라
나도 없지만 걱정하지 마라
보라 푸른 하늘 하얀 구름을
조만간 어떻게든 되겠지

고도 경제성장이 한창이던 시절 일본인은 일벌이 되어가고 정신이 이상해지기 시작했다. 그때 우에키 히토시가 부른 근거 없는 자신감으로 가득 찬 노래가 일본인을 구했다. '조만간 어떻게든 되겠지'. 모두가 이 부분을 흥얼거렸다.

한 영화가 누군가의 일생을 결정하고 노래 하나가 세상의 시각을 바꾼다. 이런 일을 하고 싶었다. 어렴풋이 미래가 보이던 순간이었다. 이번에 찾아보고 안 것인데 모두 1964년, 50년 전의 일이었다.

2014년 5월

스즈키 도시오

신판에 대하여

이 책은 2008년 7월 18일에 간행된 『일은 도락이다(仕事道楽) 스튜디오 지브리의 현장(이 책의 원제)』에 새로운 장을 추가한 것입니다. 새 장에서는 주로 미야자키 하야오 감독의 《벼랑 위의 포뇨》 개봉(2008년 7월) 이후의 일들을 다루고 있습니다. 이미 간행된 부분(7장까지)에 대해서는 최소한의 수정 및 정정만 하였고, 시간적인 표현을 포함하여 기본적으로는 집필 당시(2008년)의 내용 그대로입니다.

《바람이 분다》 개봉(2013년 7월) 후에 발표한 미야자키 하야오 감독의 장편 애니메이션 은퇴 선언(같은 해 9월), 다카하타 이사오 감독의 14년 만의 신작 《가구야 공주 이야기》 개봉(같은 해 11월), 저자의 제너럴 매니저 취임(2014년 3월), 그리고 스튜디오 지브리 설립의 계기가 된 《바람계곡의 나우시카》 개봉 30주년 등을 계기로 신판을 간행하게 되었습니다.

(이와나미신서 편집부)

머리말에 대신하여 — 몸에 스며들어버린 기억

나는 내가 해온 일들이 무엇이었는지 그것을 정리해보려고 생각한 적이 없다. 정리해보려고 하면 왠지 현장에서 멀어져버릴 것만 같기 때문이다.

그래서 내가 해온 것들을 기억해두려고 하지 않는다. 그보다 잊어버리는 편이 좋다고 생각하고 있고, 때로는 잊기 위해 노력하기까지 한다. '자신을 아주 깨끗한 상태로 만들어두면 다음 일이 잘된다'라는 공식이 내 마음속에 자리 잡고 있다.

그렇게 생각하게 된 계기가 무엇이었는지조차 잘 기억나지 않는다. 하지만 어쩌면 학창 시절 미야자와 겐지(宮沢賢治, 시인이자 동화작가-역주)의 시를 읽은 것이나 데라야마 슈지(寺山修司, 시인, 작가, 영화감독 등 다양한 활동을 한 인물-역주)의 영향을 받은 것과 관계가 있을지도 모른다. 내 나름대로 그들로부터 배운 것은 이미 끝난 일은 끝난 것이고 현재 움직이고 있는 이 순간이 중요하다는 것이다.

중요한 것은 '현재', '눈앞'의 것이다. '과거'는 이제 아무래도 좋다. 미야자키 하야오(宮崎駿) 씨와는 벌써 이럭저럭 30년 동안 거의 매일이라고 해도 좋을 정도로 이야기를 나누고 있지만 옛날이야기는 한 번도 한 적이 없다. 언제나 '현재'다. 지금 해야 하는 것, 그리고 1년 정도 미래의 일에 대해 이야기를 하는데 그것만으로도 할 말이 산더미같이 많다.

미야자키 씨는 잊기의 명수다. 그것이 또한 그의 영화 제작의 비밀로 이어지고 있는 것 같다. 어느 정도의 실적이 있으면 보통은 그 실적을 바탕으로 다음 단계로 나아간다. 자신의 방법이나 기법, 그 깊이를 더 심화시키는 형태로 승부를 보는 방향을 먼저 생각하는 것이다. 그런데 미야자키 씨는 그렇지 않다. 언제나 신인 감독과 같은 도전 방식을 취하고 있다. 이것은 미야자키 씨의 작가로서의 개성이기도 하지만 어쩌면 자신이 해온 것들을 기억하고 있지 않기 때문이 아닐까?

작가인 요시유키 준노스케(吉行淳之介) 씨가 이런 말을 했을 것이다. "잊어버리는 기억 같은 건 별로 대단한 게 없다"라고 말이다. 즉, 기억에는 자신의 몸속에 스며드는 기억과 잊어버리는 기억 두 가지가 있는데, 메모나 일기에 의존하지 않으면 잊어버리는 것들은 잊어버려도 된다. 요시유키 씨의 이 말도 어렴풋이 기억하고 있는 것이지만 어느 사이엔가 내 마음속에 들어와 있다. 중요한 것은 바로 그 점이 아닐까?

프로듀서라는 입장에서 보면 어떤 광고 문구를 만들어왔는지, 어떤 조건으로 제휴했는지, 전례가 어떠했는지 등은 모두 중요한 내용이다. 그러나 그런 것은 평상시에는 잊어버리고 있어도 상관없다. 필요하면 다른 사람에게 물어보거나 당시의 자료를 찾아보면 된다. 그러면 생각해내야 할 것은 기억이 난다.

도구가 있는 것은 도구에 맡겨버리면 된다. 이를 위해 '기록'이 있는 것이다. '기억'과 '기록'은 다르다. 나는 인간의 기억 용량에는 한계가 있다고 믿고 있다. 그렇기 때문에 한계가 있는 기억 용량을 가능한 한 중요한 일에 사용하고 싶다. 그래서 내가 해온 일들을 기억하는 것은 필요한 최소한으로 하자고 생각하는 것이다.

나는 프로듀서라는 내 입장 때문에 대담이나 토크를 할 기회가 많다. 그럴 때 종종 "지금 갑자기 생각났는데요"라고 말하면서 화제의 폭을 넓히거나 전환한다. 실제로 말하고 있는 사이에 갑자기 떠오르거나 누가 물어봐야 비로소 기억이 난 경험이 여러 차례 있다. 내 몸속에 스며들어버린 '기억'이기 때문이다. 그 대부분은 기억하려고 노력한 것이 아니라 어느 사이엔가 내 것이 되어버린 것들이다.

그렇기 때문에 여기에서 말하는 나의 이야기는 '언제, 어디에서, 누가'와 같은 것들에 대한 기억이 정확하지 않고 전후 관계도 어쩌면 잘못되어 있을 수 있다. 그렇지만 중요한 것은 기억하고 있는 내용일 것이다. 예를 들어 산수에서는 55+44=99이고 2,050+1,030=3,080이라고 가르치지만, 기억에서는 그러한 정확함보다 대략 100 또는 3,000이라는 큰 틀에서 생각하는 편이 낫지 않을까?

월간 『아니메주(アニメージュ)』의 창간으로 애니메이션의 세계에 발을 들인 지 정확히 30년, 스튜디오 지브리가 발족한 지도 20년 정

도가 되었다(2008년 당시). 그러면 그 가운데 나에게 중요한 '기억', 어느 사이엔가 내 것이 되어버린 '기억'은 어떤 것일까? 그것을 지금부터 생각나는 대로 이야기해보고자 한다.

종종 이야기가 딴 곳으로 새거나 왔다 갔다 하는 것은 이해해주기 바란다. '지금 갑자기 생각난' 것들이 많기 때문이다. 이것을 재미있다고 생각할지, 도움이 되는 내용이 있을지는 잘 모르겠다. 독자들이 각자 자기 나름대로의 방법으로 읽어주었으면 하고 바랄 뿐이다.

목차

1. 일은 공과 사를 혼동한다, 맡긴 이상 모두 맡긴다
– 『아니메주』 창간 무렵 – 13

2. 함께 일을 하는 이상 교양을 공유하고 싶다
– 다카하타 이사오, 미야자키 하야오와의 만남 – 27

3. 가장 중요한 것은 감독의 편이 되는 것이다
–《바람계곡의 나우시카》그리고 스튜디오 지브리의 설립 – 43

4. 소재는 반경 3m 이내에 얼마든지 널려 있다
– 미야자키 하야오의 영화 제작 방법 – 69

5. 모두 함께 언덕에서 굴러떨어지는 것이 영화 제작이다
– 다카하타 이사오의 논리와 실천 – 109

6. 인간이란 무거운 짐을 짊어지고 살아가는 존재다
– 도쿠마 야스요시의 삶의 방식 – 129

7. 좋은 작품을 만드는 데는 작은 회사가 좋다
– '작은 공장' 지브리 – 149

신(新). '꾸준히 노력하면 열리는 미래가 있다'
–언제나 현재진행형으로 생각한다– 209

인용 출전 일람 258
스즈키 도시오 간략 연보 260

후기 264
신판 후기 270

1. 일은 공과 사를 혼동한다, 맡긴 이상 모두 맡긴다

『아니메주』 창간 무렵

저자의 대학생 시절 모습. 이때는 장발이었다.

1978년 3월 말이었을 것이다. 오가타 히데오(尾形英夫) 씨가 나에게 차나 한잔하자며 불렀다. 인색하기로 유명한 사람이었기에 "내가 살 테니 차나 한잔하러 가지"라며 말을 걸어왔을 때 뭔가 위험하다고 느꼈다. 그리고 나의 예감은 적중했다. 예상했던 대로 그것은 그 후의 나의 인생을 바꾸어놓는 큰 사건이었다.

"5월 26일에 『아니메주(アニメージュ)』를 창간한다는 건 알고 있겠지? 그래서 말인데 자네가 그 일을 맡아주었으면 하네."

"네?"

갑자기 말문이 막혀버렸다. 나는 오가타 씨가 일본에서는 처음으로 본격적인 애니메이션 정보지를 창간하기 위해 반년 이상에 걸쳐 한 외부 프로덕션과 치밀하게 협의를 해오고 있다는 것을 알고 있었기 때문이다.

"아, 그 사람들 말인가? 실은 작년에 전원 해고했다네."

또다시 말문이 막혔지만 마음을 가라앉히고 이렇게 대답했다.

"아무리 그렇게 말씀하셔도 발매까지 2개월도 안 남았다고요."

항상 특이한 기획안을 들고 와서 우리를 놀라게 하는 것으로 유명한 오가타 씨지만 이때만은 정말 입이 딱 벌어질 정도로 놀랐다.

('공과 사를 혼동하는 사람[公私混同の人]', 2004년)

『아사히 예능』에서 시작하다

내가 도쿠마쇼텐(徳間書店)에 입사한 것은 1972년의 일이다.

처음 배속된 곳은 주간지 『아사히 예능(アサヒ芸能)』이었다. 그때까지 주간지 같은 건 거의 읽은 적이 없었지만 해보니 나름대로 재미있는 세계였다. 직접 만나서 취재하는 것, 시점을 바꾸어 생각해 보는 것, 그리고 빨리 움직이는 것은 지금까지도 일을 하는 데 도움이 되고 있는 철칙으로, 그곳에서 많이 단련되었다.

『아사히 예능』에는 기획반과 특집반이 있었는데 나는 우선 기획반에서 '운세'나 '만화' 같은 페이지를 담당했다. 그 당시 기획부장으로 있던 사람이 바로 앞의 글에 등장하는 오가타 히데오 씨다. 작년(2007년)에 돌아가셨는데 알 수 없는 묘한 매력을 지닌 분이셨다.

나는 다음 해에 『아사히 예능』의 별책인 『코믹&코믹』의 편집을 담당하게 되어 데즈카 오사무(手塚治虫), 이시노모리 쇼타로(石ノ森章太郎), 조지 아키야마(ジョージ秋山) 등의 만화가들과 친해지게 되었다. 그 후에 『아사히 예능』의 특집반으로 옮겨 거의 매주 특집 페이지(4페이지로 구성)를 만들어나갔다. 기억에 남아 있는 특집으로는 '폭주족과 특공대'가 있다. 제2차 세계대전이 끝난 것을 기념하는 8월 15일에 맞춰 '현재'와 관련지어보자는 생각에 당시 화제가 되고 있던 폭주족의 취재를 겸했다. 전 해군항공대 중에는 대부분이 특공대에 갔던 시기의 사람들과 대부분이 특공대에 가지 않았던 시기의 사람들 이렇게 두 부류의 사람들이 있었다. 이들에게 폭주족을 어떻게 생각하는지 물어봤더니 분명하게 의견이 나뉘었다. 특

공대 시기의 사람으로 살아 남은 사람들은 "그 기분을 알 것 같다"라고 대답했고, 그렇지 않은 시기의 사람들은 거의가 부정적인 반응을 보였다. 한번 죽음을 결의한 사람들은 정말 대단하다. 좀처럼 당시의 일을 이야기해주지 않는다. 계속 이야기를 해서 8시간이 걸려서야 겨우 추억을 말해주는 사람도 있었다.

폭주족 취재도 재미있었다. 그들은 카페를 통째로 빌려서 집회를 열어 진지하게 회의를 하고 있었다. 그 회의에서 오토바이 뒤에 여자를 태우면 안 된다는 이야기가 나오자 이 말을 들은 여성 회원이 반대 의견을 말하기도 하고 "오늘은 기자분도 와 계십니다"라고 말하며 상당히 진지하게 이야기를 나누었다. 또한 경찰에 대한 대응책에 대해서도 사례를 들어 검증하고 "이렇게까지 하면 공무집행 방해가 되니까 조심하십시오"라는 말도 했다. 그런 자리에 참관하는 것은 무척 흥미로운 일이었다.

나는 어떤 것에 대해 해석을 하기 전에 먼저 현장에 가본다. 그러면 그곳에서만 보이는 것들이 있다. 그런 감각을 몸에 익혔다는 의미에서도 주간지에서의 경험은 내게 귀중한 것이었다.

겨우 3주밖에 없었다!

1978년 봄 『아니메주』 창간 때의 이야기다.

먼저 이 장 첫머리의 글('공과 사를 혼동하는 사람')에 대해 내용을 정정해두겠다. 오가타 씨가 차 한잔하자고 권한 것은 '3월'이 아니라 '4월'이었고, 그것도 연휴 직전이었다. 또한 프로덕션과 싸우고서 갈라선 것은 '작년'이 아니라 '어제'였다. 그리고 발매까지는 '2개월'이 아니라 '3주'가 남아 있었다.

왜 다른 걸까? 나의 이 글은 오가타 씨의 『저 깃발을 쏴라! 아니메주 혈풍록(あの旗を撃て！アニメージュ血風録)』(2004년)에 실려 있는 것인데(이 책에는 다카하타 이사오[高畑勲] 씨와 미야자키 하야오[宮崎駿] 씨를 비롯한 관계자들의 메시지가 실려 있다), 간단하게 말하면 오가타 씨가 자기 마음대로 바꿔 쓴 것이다. 오가타 씨 역시 이런 정신 없던 상황이 밝혀지는 것이 겸연쩍었는지 미묘하게 시기를 고친 것이다. 나에게 원고를 부탁하고는 중요한 부분을 아무 말도 없이 바꾸어버렸다. 이런 행동을 아무렇지도 않게 하는 사람이 또한 오가타 씨다. 어쨌든 간행된 책을 수정할 좋은 기회라고 생각하자.

당시 나는 아동용 TV 잡지인 『월간 테레비랜드(月刊テレビランド)』를 담당하고 있었다. 그래서 『아니메주』가 처음에는 『월간 테레비랜드』의 별책 형태로 출발하니 나에게 맡아달라고 하는 것은 반드시 이치에 어긋난 이야기는 아니라고 생각했다. 하지만 별책이라고는 해도 단발성이 아닌 월간이라는 것을 강조하고 있었던 만큼 사실상 창간인 셈이었다(Vol. 3부터 '별책'이라는 두 글자가 사라지고 명실공히 독립된 잡지가 됐다). 창간까지 남은 시간이 '2개월'이라고 해도 말도 안 되는 일인데, '3주'는 정말 터무니없는 정도를 넘어서 완전히 질려버렸다고밖에 할 수 없는 수준이었다.

그렇지만 『아니메주』라는 이름은 아주 훌륭하다는 생각이 들었다. 영어와 프랑스어를 결합한 '아니메이션 이마주'의 줄임말로, 오가타 씨의 독특한 발상에서 나온 이름이었다. 그는 네이밍의 천재라고 해도 좋을 정도였다. 다카하타 이사오 씨도 나중에 이 점에는 정말 감탄했다고 말했다.

"그다음은 맡기겠네"

그 후 어떻게 되었는지 첫머리에 실린 글을 계속 보겠다.

그 후 "해주었으면 좋겠네", "안 됩니다. 무리예요"라는 말이 몇 번이나 오고 갔다. 어쨌든 시간도 없었지만 할 사람도 없었다. 그러다 보니 이야기하고 있는 사이에 나는 감쪽같이 걸려들고 말았다. 어느 사이엔가 하지 않을 수 없게 되어버린 것이다.

"스태프는 자네의 희망에 따르도록 노력해보겠네. 다만 편집장은 날세."

그때까지 나는 아동용 TV 잡지를 담당하고 있었기 때문에 애니메이션과 인연이 없지는 않았다. 그렇다고 해서 자신이 있을 리도 없었다. 아무튼 일본 최초의 본격적인 애니메이션 잡지를 2개월도 안 되는 시간 안에 만들어야 했다.

"그런데 편집 방침은 뭔가요?"

"실은 말이지. 우리 아들 녀석이 애니메이션을 좋아하거든. 그래서 고급스러운 책으로 만들어서 머리 좋은 아이들이 읽는 잡지로 만들고 싶네."

제안을 받아들인 것을 후회했지만 이미 때는 늦었다.

오가타 씨라는 사람은 아무리 생각해도 정말 천진난만한 사람이었다.

"그럼, 그 외에 다른 편집 방침은요?"

"대특집은 《우주전함 야마토(宇宙戦艦ヤマト)》로 할 걸세. 이건 아들 녀석이 아주 열성팬이어서 절대 양보할 수 없어. 그다음은 자네에게 맡기겠네."

여기에서 말한 '2개월'은 방금 말한 것처럼 정확히는 '3주'였다.

지금이야 웃으며 이야기할 수 있지만 당시에는 정말 필사적이었다. 그것도 발매까지 3주밖에 남아 있지 않았으므로 실질적으로 작업을 할 수 있는 기간은 2주 정도였다. 원고 작성이나 인쇄하는 시간 등을 생각하면 취재 기간은 일주일 정도밖에 없었다. 상상을 초월하는 바쁜 상황이란 바로 이런 것을 가리킬 것이다.

첫날은 사람을 모으는 일과 애니메이션에 대한 공부를 진행했다. 스태프를 바로 모아야만 했다. 사원 중에서 확보된 것은 5명뿐으로, 그때까지 관계가 있던 프리랜서 기자들에게 돌아다니며 부탁을 해서 그럭저럭 10여 명 정도가 모였다. 이와 동시에 서둘러 공부를 했다. 나는 『월간 테레비랜드』의 담당자였지만 하고 있던 일이 만화여서 애니메이션에 대한 지식은 거의 없었다. 그래서 오가타 씨가 소개해준, 애니메이션에 대해 잘 아는 여고생을 가정교사로 모시고 필사적으로 공부했다. 그러나 이것도 겨우 하루뿐이었다. 이틀째에는 목차와 지면 구성 등의 작업을 해야만 했다. 3일째에는 스태프를 모아서 편집 회의를 했다.

나는 지금까지 일을 하면서 언제, 무엇을 했는지를 꼼꼼히 기억하지 않는 타입이지만 이때만큼은 하루 단위로 아주 잘 기억하고 있다.

공과 사를 혼동하다, 그리고 완전히 다 맡긴다

그렇기는 해도 가장 중요한 편집 방침에 대한 설명이 '고급스러운 책으로 만들어서 머리 좋은 아이들이 읽는 잡지로 만들고 싶다', '우리 아들 녀석이 《우주전함 야마토》를 좋아해서'라는 것이었기 때문에 '그래? 자기 아들을 위해서인가? 회사 일도 공과 사를 혼동해서 해도 되는구나'라는 생각에 일이 바쁜 것과는 별개로 왠지 모르게 마음이 가벼워졌다.

결과적으로 이 말은 책을 기획하는 데 힌트가 되었다. 정가를 580엔으로 정한 것은 '고급스러운 책'이라는 말에서 연상한 것이었다. 당시에는 책이 아무리 비싸도 500엔 이하였기 때문에 580엔은 매우 비싼 가격이었다. 또한 편집 방침으로는 그림을 그린 사람이나 연출한 사람에 대한 인터뷰를 중심으로 하고자 했는데, 이것도 오가타 씨의 '머리 좋은 아이들이 읽었으면 좋겠다'라는 한마디가 계기가 되었다. 남에게 보이기 위한 이야기가 아니라 진짜 살아 있는 이야기를 듣자는 의도였다.

새삼 생각하지만 "자네가 만들어도 되네. 가격도 판형도 모두 자네가 결정해도 돼. 내용도 부탁하네"라며 모든 일을 남에게 맡기는 것은 결코 쉽지 않다. 보통은 말은 그렇게 해도 내심 걱정하게 된다. 그래서 일하는 현장을 살짝 들여다보고 "어떻게 되어가나?"라고 묻기 마련이다.

하지만 오가타 씨는 정말로 우리들에게 모든 것을 다 맡겼다. 우리가 한밤중까지 일하고 있을 때 그는 "그다음은 부탁하겠네"라는 한마디를 남기고 저녁에는 돌아가버렸다.

그는 인쇄 직전의 교정지가 만들어질 때까지 아무것도 보지 않았다. 아니 교정지조차 제대로 보지 않고 완성된 견본을 읽었다. 여기까지 모두 맡길 수 있는 편집장은 그리 흔하지 않다.

참고로 『아니메주』 창간호는 초판으로 7만 부를 찍었고, 3일 만에 매진되었다.

'계기를 만드는 역할'로서의 대단함

이렇게 이야기하면 오가타 씨가 말만 잘하고 아무것도 안 하는 사람처럼 생각될 것이다. 하지만 그렇지 않다(전술 '공과 사를 혼동하는 사람').

그는 '아이디어, 아이디어…'가 입버릇으로 호기심이 왕성하다. 여러 가지 오해를 받는 일도 많았던 오가타 씨지만 그의 아이디어 중에는 정말 뛰어난 것이 많았다. 오가타 씨의 역사적인 공적의 첫 번째는 "나우시카를 영화로 만듭시다"라고 말한 것이리라. 그런 사람이기 때문에 일의 전후 관계는 생각하지 않는다. 모두가 말도 안 되는 소리라고 생각하고 있을 때 상상력이 부족해서 그런 거라며 반대를 무마시키고 계속 일을 추진하자고 주장한다. 우리가 실무를 진행하기 시작하면 그의 관심은 이미 다른 곳으로 옮겨가 있다. 다른 스태프를 붙잡고 벌써 다른 아이디어를 이야기하고 있는 것이다. 그런 사람이었다.

그때는 잘 몰랐지만 지금은 알 수 있다. 가장 가까이에 천재 프로듀서의 본보기가 있었다는 것을 말이다. 그것은 '계기를 만드는 역할'로서 프로듀서에게는 이런 자질이 필요하다.

그가 실무를 잘하지 못하는 사람이었던 덕에 우리는 여러 가지를 배웠다. 그중에서도 가장 큰 것은 '일은 공과 사를 혼동하여 한다'는 것이다. 그리고 '일을 다른 사람에게 부탁하면 모두 다 맡기는' 것이다.

위 : 3주라는 경이적인 단기간에 준비한『아니메주』창간호의 표지. 검정색만 해도 세 가지나 사용하여 만들었다.

マンガ映画の魔術師
宮崎駿
みやざきはやお
冒険とロマンの世界

宮さんがマンガ映画で果たしたいと思っている夢ってあるでしょう。いまの宮さんには、冒険があり夢があり、少年たちを勇気づける善意のマンガ映画を実現しうる、すべてのノウハウとエネルギーがあるんですね。　（大塚康生）

아래 : 남들보다 먼저 미야자키 하야오를 대특집으로 한『아니메주』의 기사(1981년 8월호). 일러스트는 후에《바람계곡의 나우시카》로 결실을 맺는 작품의 이미지 보드. 당초에는 일본 전국시대의 검극 영화라는 설정이었다.

여기에 나오는 '나우시카'는 말할 것도 없이 《바람계곡의 나우시카(風の谷のナウシカ)》(이하 《나우시카》)다. 이 건에 대해서는 나중에 다시 이야기하겠다.

이와 관련해서 떠오르는 것은 『아사히 예능』 시절의 에피소드다. 그는 자신의 마음에 들면 누구에게나 원고를 부탁해버린다. 특집 페이지와 기획 페이지의 배분은 그때까지 7:3 정도였는데 그가 담당했을 때만 비율이 역전되었다. 잡지의 성격 등은 전혀 생각하지 않고 그때까지 해오던 방식을 완전히 무시해버렸다. 그리고 그것은 뜻밖의 결과를 가져왔다. 예를 들어 히라이 가즈마사(平井和正) 씨의 경우, 오가타 씨가 글을 쓰라고 해서 소설가가 되었다고 해도 좋을 것이다. 또 한동안 데라야마 슈지 씨의 연재가 계속되었는데 이것도 오가타 씨가 연재하게 만든 것이다. 그리고 스가와라 분타(菅原文太, 일본 배우-역주) 씨나 미쿠니 렌타로(三國連太郎, 일본 배우-역주) 씨와 같은 생각지도 못한 사람들과도 정말 친하게 지냈다.

아무튼 재미있었다

오가타 씨의 에피소드를 좀 더 이야기하고 싶어졌다. 그는 깜짝 놀랄 만한 에피소드가 정말 많은 사람이다.

『아니메주』 시절에 나와 함께해준 소중한 동료로 가메야마 오사무(亀山修)라는 사람이 있다. 《나우시카》를 영화화하려고 했을 당시의 동료다. 이제는 시간이 많이 흘렀으니 이야기해도 될 것 같다. 당시 그에게는 아직 직함도 없고 해서 나는 오가타 씨에게 그를 제대로 된 직위에 앉혀달라고 이야기했다. 오가타 씨는 "나도 그렇게 생각하고 있었다네"라고 대답했다. 그리고 지금부터가 오가타 씨만의 방식이다.

"직함은 뭐가 좋을까?"

"보통 주임 아닌가요?"

"아니, 데스크로 하지."

주임으로 시작하여 계장이 있고 과장, 차장, 부장이 있다. 데스크는 차장이다. 평사원에서 단번에 데스크, 즉 차장이 된다는 것은 회사 조직에서는 있을 수 없는 일이다. 그러나 그는 임원회의에 그렇게 제안하겠다고 이야기했다.

임원회의가 끝난 후 그는 실망한 듯한 모습으로 돌아와서 나에게 "안 됐다네"라고 말하는 것이다. 그래서 나는 "뭐가 안 됐다는 겁니까?"라고 물었다.

"차장은 안 된다고 하더군."

이는 당연한 것이었다.

"주임밖에 안 된다고 하네."

원래 내 의도는 그를 주임으로 해달라는 것이었기 때문에 성공이었다. 그러나 그는 스스로 '차장'으로 해주겠다고 말했기 때문에 거기에만 집착해서 '주임'이라는 결과에 크게 실망했다. 실제로 가메야마 씨에게 "미안하네"라고 사과까지 했으니 그 말을 듣는 쪽도 참으로 난처했을 것이다.

이 시기에는 스태프의 자리를 배치하는 데에도 특이한 기준이 있었다. 그는 자신이 좋아하는 순서대로 자리를 배치했다. 좋아하는 사람은 가까이에 앉히고 싫어하는 사람은 멀리 앉힌 것이다. 회사인데도 그런 아이 같은 행동을 아무렇지도 않게 해버린다.

그런 일들의 연속이었다. 여러 가지 혼란도 있었지만 아무튼 재미있었다.

이런 사람은 아마 두 번 다시 만날 수 없을 것이다. 앞에 예시한 글의 끝부분에 나는 '유감스럽게도 나는 아직 그 영역에 도달하지 못했다'라고 썼는데 이것은 진심이다. 어쨌든 이런 사람의 밑에서 일한 경험이 나의 역량을 키워주었다고 생각한다.

『아니메주』 창간에 참여한 것은 나에게는 정말 귀중한 경험이었을 뿐 아니라 중대한 전환기를 가져왔다.

편집 방침의 하나였던, 그림 그리는 사람과 연출하는 사람을 인터뷰하는 일을 통하여 다카하타 이사오 씨와 미야자키 하야오 씨 두 사람을 만나게 되었기 때문이다.

2. 함께 일을 하는 이상 교양을 공유하고 싶다

다카하타 이사오, 미야자키 하야오와의 만남

《태양의 왕자 호루스의 대모험》의 그림 콘티집(도쿠마쇼텐 간행) 표지.
일러스트는 미야자키 하야오 이미지 보드.

제 경우는 출판사 출신이라는 것도 관계가 있겠는데 편집자형 프로듀서라고 생각합니다. 편집자형 프로듀서가 무엇인가 하면 한 사람의 작가에게 작품을 맡기는 것입니다. 이것이 가장 중요한 일입니다. 이를 위해서는 작가와 성격도 잘 맞아야 하지만 무엇보다도 작가가 무엇인가 만들려고 했을 때 최초의 독자가 되는 자세가 가장 중요합니다.

그럼 최초의 독자가 되기 위해 해야 할 일은 무엇일까요? 포인트는 작가가 무슨 말을 했을 때 어떻게 맞장구를 치는가입니다. 그 타이밍이 잘못되면 작가와 편집자는 좋은 관계를 유지할 수 없게 됩니다. 맞장구를 잘 치기 위해서는 작가의 교양의 근원이 무엇인지 알고, 자신도 같은 교양을 쌓을 필요가 있습니다.

(『영화도락[映画道楽]』, 2005년)

한 시간 반에 걸쳐 거절을 당하다

다카하타 이사오 씨와 미야자키 하야오 씨 두 사람을 알게 된 것은『아니메주』의 창간으로 한창 정신이 없을 때의 일이다. 그들과의 첫 만남에서《바람계곡의 나우시카》가 만들어질 때까지의 이야기는 다른 곳에서도 많이 했기 때문에 또 언급하는 것이 좀 새삼스럽기는 하지만, 그래도 나의 원점이므로 아무래도 그 이야기부터 시작해야 할 것 같다.

나는 그때『아니메주』의 현장 책임자로서 한 권의 잡지를 완성해야 했는데 시간이 너무 없었다. 분량이 총 118페이지나 되었는데 그것을 어떻게 채울지 고민하다가 과거의 명작에 대한 기사를 쓰면 8페이지 정도는 어떻게 되지 않을까 하는 생각이 들었다. 사실 동기는 불순했다.

『아니메주』 창간 당시 애니메이션에 대해 가정교사를 해주었던 여고생에게 여러 가지 이야기를 물어보았더니《태양의 왕자 호루스의 대모험(太陽の王子 ホルスの大冒険)》(1968년 개봉, 이하《태양의 왕자 호루스》)이 상당히 훌륭한 작품이라고 했다. 그래서 그 연출을 맡았던 다카하타 씨에게 전화를 했다. 이때 나는 무척 충격을 받았다. 기억이 잘못된 게 아니라면 당시 다카하타 씨는 미야자키 씨가 만들고 있던《미래소년 코난(未来少年コナン)》(1978년 방영)이라는 작품의 제작을 돕고 있어서 마침 스태프실에 둘이 같이 있었다. 나는 다카하타 씨에게 전화로 그냥 만나고 싶다고 말했을 뿐이었다. 그런데 다카하타 씨는 장황하게 만날 수 없는 이유를 대는 것이다. 그것도 무려 1시간이나! 정말 놀랐다.

무슨 말을 했는지 내용은 거의 기억나지 않지만 '《우주전함 야마토》의 히트에 편승해 대중을 대상으로 하는 잡지를 만드는 일에는 협력할 수 없다, 그런 잡지에 왜 자기 같은 사람들이 나와야 하는지 모르겠다'는 뭐 그런 내용이었던 것 같다. 지금 생각하니 '어떤 핑계였는지 잘 기억해두었으면 좋았을걸' 하고 후회가 된다.

아무튼 만나고 싶지 않은 이유를 한 시간이나 말하는 사람이 있다는 사실에 놀랐다. 그래서 '할 수 없군. 포기하는 수밖에'라고 생각하고 있는데, 갑자기 마지막에 다카하타 씨가 이렇게 말하는 것이었다. "이런 이유로 저는 당신의 취재에 응할 수 없지만 실은 《태양의 왕자 호루스》를 함께 만든 미야자키 하야오라는 사람이 지금 내 옆에 있는데 그는 다른 의견을 가지고 있을지도 모릅니다. 괜찮으시다면 전화를 바꿔 드릴까요?" 인터뷰에는 응하고 싶지 않다고 그렇게 지독하게 거절을 해놓고는 그 대신 다른 사람을 소개하는 것이다. 이것을 친절이라고 해야 할지, 뭔가 묘한 기분이었다.

사실 미야자키 하야오라는 이름을 들은 것은 그때가 처음이었다. 그리고 그 미야자키 하야오=미야자키 씨는 갑자기 "대강의 이야기는 듣고 있었습니다. 결론부터 말하지요"라고 말했다. 옆에서 전화하는 소리를 계속 듣고 있었던 것이다. 나는 "네"라고밖에 말할 수 없었다. 미야자키 씨는 "저는 《태양의 왕자 호루스》에 관해 말하고 싶은 것이 산더미같이 많습니다. 그러니 16페이지를 할당해주십시오"라고 말했다. 원래 다카하타 씨에게 부탁한 것은 8페이지 중에서 아주 약간의 코멘트였다. 그런데 미야자키 씨는 16페이지나 필요하다는 것이다. 도대체 이 사람들은 어떻게 된 사람들인가 하는 생각이 들었다.

나중에 알게 되지만《태양의 왕자 호루스》는 그들이 많은 애착을 가지고 있는 작품이었고, 또한 두 사람이 함께 도에이동화(東映動画)라는 회사에서 노동조합 운동을 전개하는 가운데 만들어진 작품이기도 했다. 따라서 이 영화는 일본의 장편 애니메이션 영화 속에서 중요한 위치를 차지할 뿐 아니라 그들에게는 자신들의 젊은 시절을 떠올리게 하는 작품이기도 했다. 그렇기 때문에 그 영화를 말하는 데는 16페이지는 필요하다는 것이 미야자키 씨의 이야기였다. 이것도 나중에 안 것이지만 미야자키 씨는 숫자로 구체적으로 이야기하는 것이 장기다. 이때는 대강 짐작으로 말했겠지만 말이다.

결국 다카하타 씨와 한 시간, 미야자키 씨와 30분 정도, 총 한 시간 반을 전화로 이야기했다. 나는 결국 지쳐서 포기해버렸다. 잡지를 만들 시간도 턱없이 부족한 상황에서 이런 사람들한테 잡혀 있어서는 안 된다는 생각에 어쩔 수 없이 정중하게 "부탁은 드렸지만 그러시다면 포기하겠습니다"라고 말했다.

그렇지만 정말 특이한 사람들이어서 무척 인상에 남았다. 이렇게 되고 보니 아직 보지 못한《태양의 왕자 호루스》라는 영화가 궁금해져서 견딜 수가 없었다. 당시에는 당연한 것이지만 비디오고 뭐고 없었다. 영화관 중에 지나간 명화를 상영하는 곳이 있어서 과거의 작품을 볼 수 있었지만 그 작품이 언제 상영될지는 알 수 없었다. 그런데 창간호를 만들고 얼마 지나지 않았을 무렵 이케부쿠로의 분게자(文芸座)에서 심야 시간대에 《태양의 왕자 호루스》를 상영하고 있다는 이야기를 들었다. 나는 한밤중에 쏜살같이 달려갔다. 그러고는 깜짝 놀랐다.

영화의 배경은 베트남 전쟁이었다. 우리 세대는 정치적인 이슈가 많은 시대를 살아왔는데, 강력한 세력에 대항하여 한 마을을 지킨다는 스토리는 분명 베트남 전쟁을 바탕에 깔고 그 시대의 생각이나 주장이 뒷받침된 작품이었다. '애니메이션으로 이런 것을 만들 수도 있구나!'라는 생각에 나는 정말 감동했고, 그와 동시에 이 두 사람을 만나보고 싶다는 생각이 강하게 들었다.

그냥 옆에 앉아 있었다

미야자키 씨와 처음 만난 것은 그가 《루팡 3세 칼리오스트로의 성(ルパン三世 カリオストロの城)》(1979년 개봉, 이하 《칼리오스트로의 성》)의 작업에 매달려 있을 때다. 『아니메주』의 동료인 가메야마 씨가 그를 취재하러 갔지만 쌀쌀맞게 대해 말을 붙여볼 수가 없었다고 했다. 그래서 그로부터 SOS를 받고 함께 갔다. 그랬더니 "취재에 응하고 싶지 않습니다"라는 한마디뿐 아무 말도 통하지 않았다. 할 수 없이 의자를 가지고 와서 옆에 앉으니 "방해가 되니 옆에 있지 마십시오"라고 하는 것이다. 이렇게 되자 오기가 생겨 가메야마 씨와 함

께 계속 옆에 앉아 있었다. 그렇지만 아무 말도 하지 않았다.

옆에 앉아서 보니 그는 오전 2시 정도까지 일을 했다. 일이 끝났을 때 "내일은 몇 시에 오십니까?"라고 묻자 "아침 9시요"라고 대답한다. 《칼리오스트로의 성》은 작화 기간이 겨우 4개월밖에 없었기 때문이었지만 그는 정말로 열심히 일했다.

그래서 우리도 그에게 맞춰보기로 했다. 그와 마찬가지로 오전 2시에 돌아오고 다음 날 아침 9시에 갔다. 그리고 옆에 앉아서 조용히 지켜보았다. 며칠째였는지 정확히 기억나지 않지만 아마 일주일 정도 지난 때였을 것이다. 그는 처음으로 우리에게 그림 콘티를 보여주었다. 자동차 추격 장면이었다.

그가 "이럴 때 뭐라고 할까요?"라고 물어왔다. 가메야마 씨는 경륜 팬이어서 바로 반응을 했다. "'마쿠루(경륜, 경정에서 주로 사용하는 용어로 '앞지른다'는 뜻-역주)'라는 말이 있습니다"라고 하니까 "아, 그렇군요"라고 말하고는 그것을 그림 콘티에 그려 넣었다. 그것이 지금까지도 남아 있다(35페이지 참조). 이를 계기로 그의 말문이 트였다. 이것이 미야자키 씨와의 첫 만남이었다. 당시의 일은 아직도 선명하게 기억하고 있다. 그는 지금까지도 자주 이야기하는데, '뭐 이런 이상한 녀석들이 왔지?'라고 생각했다고 한다. 하지만 결국은 어딘가 서로 통하는 구석이 있었던 것이다.

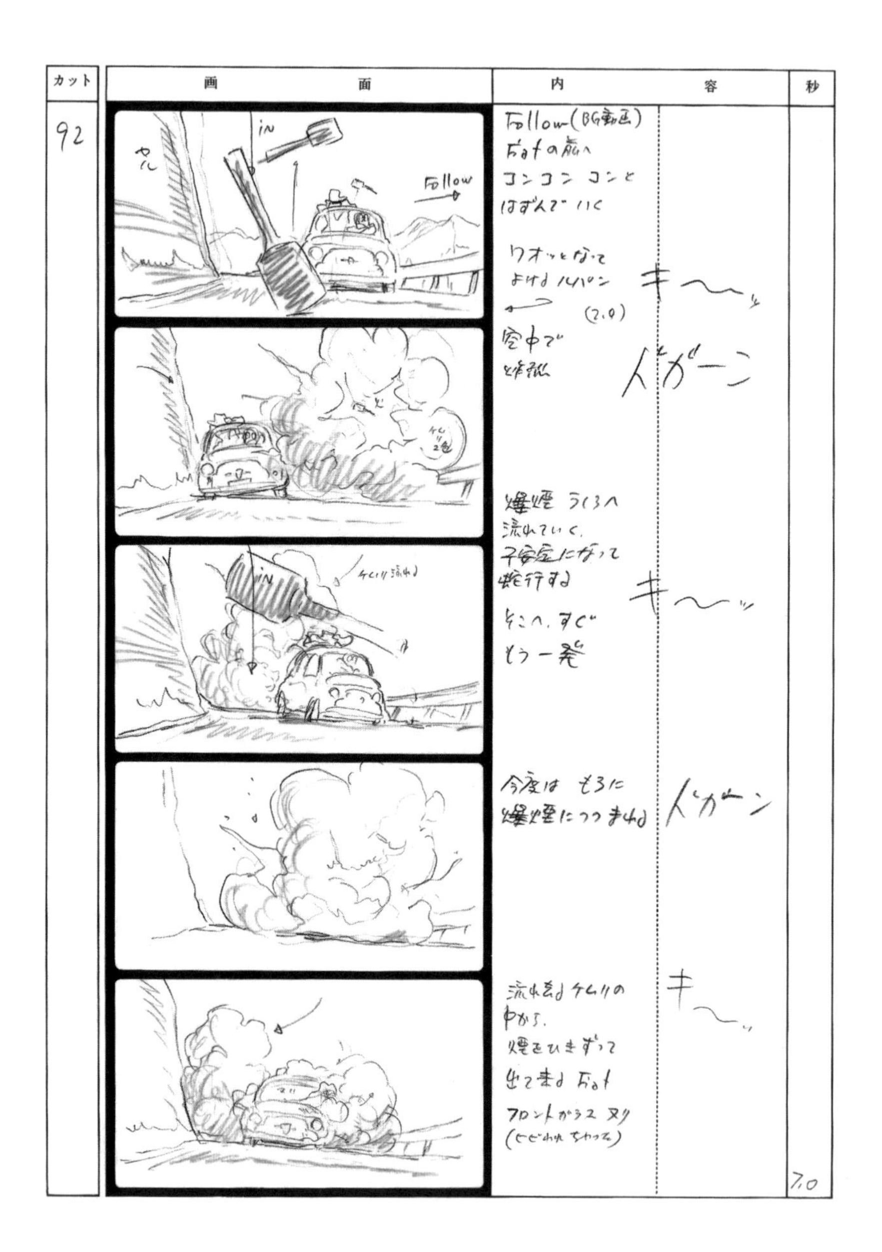

カット
画
面
内
容
秒
92
in
Follow
Follow(BG動画)
コンコン コンと
はずんでいく
ワオッとなって
よけるルパン
(2.0)
キ〜ッ
空中で
爆発
ドガーン
爆煙 うしろへ
流れていく。
不安定になって
蛇行する
in
キ〜ッ
そこへ、すぐ
もう一発
今度は もろに
爆煙につつまれる
ドガーン
流れ去るケムリの
中から、
煙をひきずって
出て来る
キ〜ッ
フロントガラス ヌリ
(ヒビ割れちゃって)
7.0

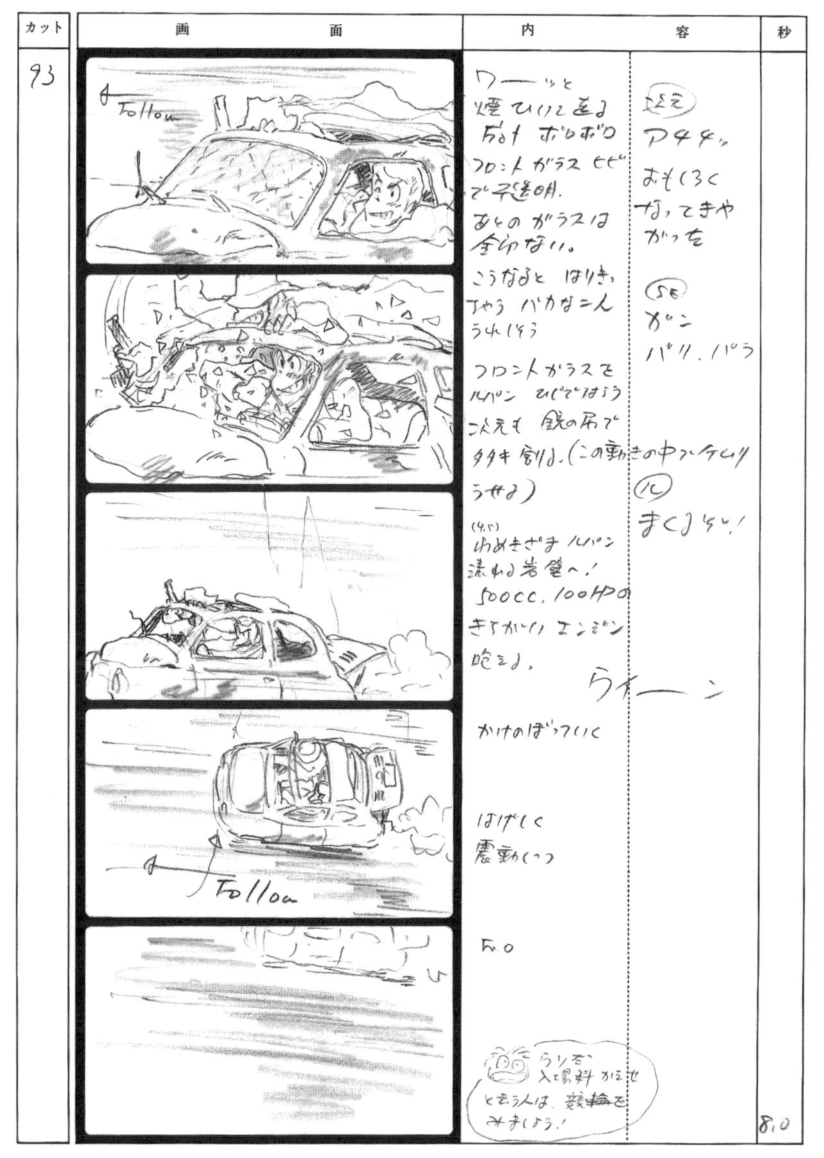

《루팡 3세 칼리오스트로의 성》 자동차 추격 장면의 그림 콘티. '마쿠루조(앞지르겠다는 뜻-역주)!'라는 대사가 컷 93에 나와 있다.

처음으로 다카하타 씨와 만나다

다카하타 씨와 만날 기회가 생긴 것은 미야자키 씨와 만나고 얼마 지나지 않아서다. 다카하타 씨가 새로운 장편 애니메이션 영화를 만들게 되었다. 하루키 에쓰미(はるき悦巳) 씨 원작의 《자린코 치에(じゃりン子チエ)》(1981년 개봉)가 그것이다. 이 사실을 알고 나는 쏜살같이 달려갔다.

고엔지(高円寺)에서 15분 정도 걸어가면 있는 야마토 육교라는 곳에 당시 텔레콤이라는 회사가 있었는데, 그곳에서 제작이 진행되고 있었다. 자리를 마련해준 것은 도에이동화에서 다카하타 씨와 함께 일했던 오쓰카 야스오(大塚康生) 씨다. 친절하고 좋은 사람으로 "밖에 카페가 있으니 거기에서 이야기하는 편이 좋겠네요"라고 말해주어 다카하타 씨와 함께 밖으로 나왔다. 그런데 나와 보니 그 부근에 카페 같은 건 없었다! 둘이서 계속 걸어가다가 간신히 카페를 발견하고 들어갔다. 그러자 이때부터 다카하타 씨다운 이야기가 시작됐다. 그는 자리에 앉자마자 첫마디가 "어차피 당신은 원작의 어디가 좋아서 이 작품을 만들려고 했느냐, 뭐 그런 시시한 것을 묻고 싶은 거지요?"라며 처음부터 거의 시비조로 나오는 것이다. 이에 나 역시 화가 났던 것으로 기억하고 있다.

첫 만남이었는데도 결국 세 시간 이상 이야기를 나누게 되었다. 정신을 차려보니 《자린코 치에》를 어떻게 만들지 등과 같은 내용에 대한 이야기를 하고 있었다. 나도 한창 건방진 때였기 때문에 "《알프스 소녀 하이디(アルプスの少女 ハイジ)》(1974년 방영, 이하 《하이디》)와

같은 명작을 만들어온 다카하타 씨가 왜 오사카의 싸구려 여인숙들 사이에 있는 곱창구이집 딸의 이야기를 만드는 겁니까? 작품에 일관성이 없지 않습니까?" 등의 이야기를 하자 다카하타 씨는 "내 안에서는 일관성이 있습니다. 무슨 소리입니까? 당신은 뭘 보고 그렇게 말하는 겁니까?"라며 화를 냈다. 우리의 대화는 그런 식이었다.

이야기가 다 끝난 후에 다카하타 씨가 무슨 말을 했는지 잘 기억하고 있다. "어떻습니까? 제 이야기는 정리가 안 되지요? 정리할 수 있으면 해보십시오." 이런 말을 들으면 나도 투지가 끓어오른다. "알겠습니다, 정리해보지요"라고 대답했다. 나는 그의 이야기를 잘 정리했고, 이 만남으로 다카하타 씨라는 사람의 매력에 이끌려 볼일도 없으면서 매일 그를 찾아가게 되었다.

어느 사이엔가 작품 제작에 참가하게 되다

다카하타 씨와 처음 만났을 때부터 이미 영화의 내용에 대한 이야기를 하고 있었다. 그의 말에 대항하지 못하면 나도 분했기 때문에 원작을 전부 이해하려고 노력했다. 원작은 전부 8권 정도였을 것이다. 진지하게 읽고 원작의 대사를 외웠다. 그리고 또 하나, 애니메이션은 그림이니까 프레임마다 인물의 배치까지 모두 외웠다. 그를 상대하려면 그 정도는 해야 한다고 생각했다. 그러지 않으면 그에게 이길 수 없었다.

그때는 아직 시나리오가 완성되지 않았다. 나중에 알게 되었지만 다카하타 씨는 시나리오나 그림 콘티를 잘 못 만드는 사람이다. 원작에 치에와 엄마가 만나는 이야기가 나오는데, 나는 이 부분이 가장 감동적이라고 생각했다. 그런데 다카하타 씨의 시나리오에서는 이 내용이 빠져 있었다. 어느 날 다카하타 씨에게 이것을 지적했다. 보통 관객들은 그 장면을 가장 보고 싶어 할 테니 그것을 넣어야 한다고 적극적으로 이야기했다. 하지만 다카하타 씨는 수긍하지 않았다. "원작자인 하루키 에쓰오(はるき悦巳) 씨의 몸 상태가 좋았으면 이런 이야기를 쓰지 않았을 겁니다"라는 등 이상한 이유를 댔다. 당시에는 잘도 그런 소리를 한다고 생각했다. 나중에 나는 그 말을 참고로 여러 사람에게 이야기하게 되었지만 말이다.

어쨌든 어느 사이엔가 취재자와 감독이라는 관계를 넘어 나는 그의 작품 제작에 참여하고 있었다. 그러나 매일 이런 식이니 당연히 진행이 늦어지게 되었다. 작업 현장에서 감독이 사라지기 때문이다. 그래서 나는 당시 프로듀서에게 혼이 많이 났다. 다카하타 씨를 데리고 나가지 말라고, 작업이 밀려서 곤란하다고 말이다.

그래도 어쨌든 작품은 완성되었고, 그 파티에 나도 초대되었다. 그때 다카하타 씨는 나에게 머리를 숙이며 고마워했다. 나는 깜짝 놀랐다. "당신과 이야기한 것이 작품 제작에 정말 많은 도움이 되었습니다. 당신 덕분에 이 작품의 방향성이 정해졌으니까요. 당신에게 감사하고 싶습니다." 정말 기뻤다. 나중에 생각하니 아마도 이것이 나의 프로듀서로서의 첫걸음이었던 것 같다.

교양을 공유하고 싶다

다카하타 씨와 미야자키 씨 두 사람과의 만남은 정말 강렬했다. 당연히 그들에 대해 더 알고 싶었다. 그러기 위해서는 어떻게 해서든 그들과 교양을 공유해야 한다고 생각했다. 말이 통하지 않으면 답답하니까 말이다.

그래서 우선은 취재기자였던 경험을 살려서 두 사람이 말한 것을 전부 '취재 노트'에 기록했다. 그들을 깊이 알기 위해서는 아마도 그것이 가장 빠른 길이고 그 길밖에 없다고 생각했다. 이야기하는 내용은 무조건 다 메모했다. 말하는 어투나 방법도 중요하기 때문에 회화체 그대로 기록했다. 이 작업은 상당히 힘들었다. 미야자키 씨는 말이 빠르고, 다카하타 씨는 오래 말한다. 항상 세 시간은 기본이다.

그래서 그들과 헤어진 후에는 반드시 카페에 들어가서 그 메모를 한 번 더 정리했다. 그러면 빠진 곳이 있고 잘 모르는 것도 있었다. 열심히 생각해내서 그것을 어떻게든 메운다. 집에 돌아간 후에 다시 한번 대학노트에 옮겨 적는다. 이렇게 총 세 번을 적는 것이다.

거의 매일 만나고 있었는데 나는 이것을 계속했다. 수면 시간이 엄청나게 줄어들었지만 당시 나는 막 30대가 된 젊은 나이였고, 어쨌든 그렇게 하지 않으면 이 사람들과 대등하게 일을 해나갈 수 없다고 생각하고 있었다. 함께 영화를 제작하게 된 후에도 이야기를 들으면서 메모하는 것은 1980년대 말 정도까지 계속되었다. 물론 그 무렵에는 옮겨 적는 것은 하지 않았지만 말이다.

게다가 두 사람 모두 "이 책 읽어봤어요?"라고 자주 물어봤다. 나도 편집자이기 때문에 내 나름대로 여러 가지 책을 읽고 있었고 원래 책을 좋아해서 자주 읽었지만, 그 두 사람은 다른 사람들이 별로 읽지 않을 만한 책을 많이 읽고 있었다. 그래서 그 책을 읽지 않으면 공통의 화제를 가질 수 없었다.

다카하타 씨가 자주 말하던 것은 앙드레 바쟁의 『영화란 무엇인가?』였다. 미술 출판사에서 나온 4권짜리 박스 세트다. 그리고 도널드 리치의 『영화의 어디를 어떻게 읽을 것인가?』라는 책도 있었는데, 나는 이 책을 읽을 때까지 스탠리 큐브릭의 《배리 린든》이라는 영화의 재미를 알지 못했다. '서툰 연기가 좋고 그것은 다큐멘터리와 비슷한 것'이라는 지적을 읽고서야 지금까지 몰랐던 사실을 깨달았다. 지금은 가장 좋아하는 영화 중 하나가 되었다. 이 책은 정말 너덜너덜해질 정도로 읽었다. 나중에 지브리에서 재출판을 했다.

한번은 미야자키 씨가 이와나미신서(岩波新書) 중 나카오 사스케(中尾佐助) 씨의 『재배식물과 농경의 기원(栽培植物と農耕の起源)』에 대한 이야기만 하던 때가 있었다. 미야자키 씨가 "스즈키 씨? 이거 읽었어요?"라고 물었을 때 "아니요, 그건 읽지 않았는데요"라고 대답하자 갑자기 "무지하군요"라는 대답이 돌아왔다. 참고로 이 책은 나중에 《모노노케 히메(もののけ姫)》의 발상으로 이어진다. 다카하타 씨로부터도 이와나미주니어신서인 이바라기 노리코(茨木のり子) 씨의 『시의 마음을 읽는다(詩のこころを読む)』에 대해서 들은 적이 있다.

어쨌든 그들이 읽어온 책을 대강 한번 읽어보기로 했다. 이해가 가든 가지 않든 좋으니 일단 읽자고 생각해서 기회가 있을 때마다 물어보고 읽고 하는 것을 되풀이했다.

맞장구를 제대로 칠 수 있도록

나는 종종 맞장구의 중요함을 이야기하는데, 그것은 그때의 경험과 관계가 있을 것이다. 상대와 교양을 어느 정도 공유하고 있느냐가 맞장구를 치는 방법에 나타나기 때문이다. "아~, 그렇군요"라는 말을 반복하는 사람이 있을 것이다. 이래서는 안 된다. 상대에 대해서 공부하고 있다면 다른 방법을 취해야 한다. 그리고 잘 알지도 못하면서 아는 것처럼 맞장구를 치는 사람이 있는데 이것은 연약함의 표현이라고 생각한다. 모르면 확실히 물어보면 된다. 이것은 지브리의 신입사원들에게 항상 하는 말이다.

맞장구를 치는 방법에 대해 말을 하면 속되게 생각하는 사람도 있을지 모르지만 그렇지 않다. 사실 나는 지금 부탁을 받아서 도쿄대 대학원 정보학환(情報学環)의 특임교수를 맡고 있는데(콘텐츠창조과학 산학 연계교육 프로그램. 2004년부터 2009년까지), 그 강의에서 '맞장구 치는 방법'을 주제로 수업을 했다. 대학원이기 때문에 수강생은 30명 정도인데 모두들 '이게 도대체 무슨 소리야?'라는 얼굴을 하고 있었다.

혹시 몰라 하는 이야기지만 여기서 말하는 교양은 결코 책만을 가리키는 것이 아니다. 예를 들어 다카하타 씨와 미야자키 씨 두 사람은 NHK에서 방송된 제1기 〈실크로드〉의 영상을 구석구석까지 전부 기억하고 있었다. "스즈키 씨, 이건 어떻게 생각해요?"라고 물어왔을 때 어설픈 맞장구 같은 건 칠 수 없었다. 당시 나는 그 프로그램을 본 적이 없어서 나중에 필사적으로 그것을 찾아서 보았다.

아무튼 나는 자신이 잘 알지 못할 때에는 쉽게 맞장구를 쳐서는 안 된다고 생각한다. 맞장구를 치기 위해서는 그 바탕이 되는 교양이 필요하고 기초와 데이터가 필요하다.

이렇게 생각하게 된 것도 역시 다카하타 씨와 미야자키 씨, 이 두 사람과 어떻게 일을 해나갈까 하는 생각에서 시작된 것이 아닐까 하고 새삼 생각한다.

3. 가장 중요한 것은 감독의 편이 되는 것이다 《바람계곡의 나우시카》 그리고 스튜디오 지브리의 설립

前略

「風の谷のナウシカ」以来、「アニメージュ」の編集とアニメーション映画の製作という二足のわらじをはいて参りましたが、諸先輩の勧めもあり、この度、アニメーションの仕事に専念することにあいなりました。

人並みに色々悩みもしましたが、そんな折、ふと想い出したのが、高校時代に愛唱した植木等の歌でした。

♪ 金の無い奴ァ　俺んとこへ来い
俺も無いけど　心配すんな
見ろよ　青い空　白い雲
そのうち　何とか　な～るだろう

ーてな具合いで、今後はスタジオ・ジブリで頑張りますので、何卒、宜敷くお願い致します。

1989年9月末日

鈴木敏夫

전략.
《바람계곡의 나우시카》 이후로 『아니메주』의 편집 일과 애니메이션 영화 제작이라는 두 가지 일을 병행해왔지만, 여러 선배들의 권유도 있고 해서 앞으로는 애니메이션 일에만 전념하기로 하였습니다. 남들처럼 여러 가지로 고민하던 중 문득 떠오른 것이 고등학교 시절에 즐겨 부르던 우에키 히토시(植木等) 씨의 노래였습니다.
돈이 없는 자는 나에게로 오라/나도 없지만 걱정하지 마라/보라 푸른 하늘 하얀 구름을/곧 어떻게든 되겠지
이리하여 앞으로는 스튜디오 지브리에서 열심히 노력하겠으니 부디 잘 부탁드립니다.
1989년 9월 말일 스즈키 도시오

1989년에 도쿠마쇼텐을 그만두고 지브리에만 전념하기로 결정했을 당시의 인사장. '곧 어떻게든 되겠지'라는 구절은 지금도 가끔씩 떠올리곤 한다.

미야자키 하야오는 정말 부지런한 사람이다. 그의 말에 따르면 나는 '엄청난 게으름뱅이의 자손'이다. 가지를 붙들고 매달려 있으려는 나의 세 손가락을 힘을 합쳐 떼어내준 고마운 동료는 많지만 그중에서도 미야자키 씨는 특별하다. 그 이유로는 첫째로 그 자신의 엄청난 노동과 아낌 없는 재능을 제공해주기 때문이고, 둘째는 그것이 만들어내는 가공할 만한 긴장감과 힘을 느끼게 해주기 때문이다.

나의 게으름을 질타하고 양심의 가책을 느끼게 하여 일을 하도록 만들고 부족한 내 능력 이상의 무엇인가를 이끌어낸 것은 미야자키 하야오라는 존재였다. 특히 젊은 그의 헌신적이고 순수하게 일하는 모습을 매일같이 접하지 않았다면 나는 분명 어중간하고 타협적인 일만 했을 것이다.

(다카하타 이사오의 『에로스의 불꽃[エロスの火花]』, 1996년)

거절당한 기획안에서 만화 『나우시카』가 탄생하다

다카하타 이사오 씨, 미야자키 하야오 씨와 함께 일을 하기 시작하고 『아니메주』가 궤도에 오르자 욕심이 생겼던 듯하다. 당시 도쿠마쇼텐의 사장이었던 도쿠마 야스요시(德間康快) 씨는 당시 영상, 음악, 활자라는 매체들을 함께 활용하는 움직임을 만들고자 좋은 기획안이 있는 사람은 언제든 자신에게 가지고 오라고 이야기했다.

내가 처음 기획안을 제안한 것은 1981년의 일이다. 당시의 일은 내가 말한 것을 정리한 『영화도락』(2005년)에 자세히 나와 있으므로 그 내용을 인용하겠다.

> 저는 애니메이션도 영화의 한 종류라고 생각해서 미야자키 하야오 씨와 의논해 기획서를 만들어 제출했습니다.
>
> 처음에 제출한 것은 《전국마성(戦国魔城)》이라는 가제의 검극 영화였습니다. 미야자키 씨의 경우 작품을 만들 때 여러 가지 이미지가 겹치는데, 이와미 주타로(岩見重太郎)의 원숭이 퇴치나 다와라노 도타(俵藤太)의 지네 퇴치와 같은 것을 만들고 싶어 했습니다. 이것은 단순히 옛날이야기라서 재미있다기보다 거대한 존재를 해치우는 것에 일본의 전통이 있지 않을까 하는 생각에서였습니다. 제목에 '마성'이라는 단어가 있듯이 성도 나오고 분위기는 영화 《모노노케 히메》를 좀 더 소박하게 만든, 《모노노케 히메》의 원형과 같은 기획이었습니다.

결국 이 기획안은 통과하지 못했다. '원작이 없어서'라는 아주 어이없는 이유 때문이었다. 회의에는 도쿠마그룹의 영화 회사인 다이에이(大映) 측 사람도 참석했는데 그가 "원작도 없는 것을 영화로 만들어 흥행에 성공할 리가 없습니다"라고 말하는 것이다. 이 이야기를 미야자키 씨에게 전하자 "그러면 원작을 만들까요?"라는 엄청난 대답이 돌아왔다. 그래서 『아니메주』에 만화 『바람계곡의 나우시카』를 연재하기 시작했다(1982년 2월호부터).

연재를 시작하기 전에도 과연 미야자키 씨답다고 생각하게 된 에피소드가 있다. 바로 그림에 대해 결정할 때였다. 원래 내용은 장대한 스토리로 하려고 정해놓았지만 그림을 어떤 식으로 그릴지는 결정하지 못한 상태였다. 그런데 어느 날 미야자키 씨가 전화를 걸어 바로 와달라는 것이다. 무슨 일인가 해서 가보았더니 『나우시카』의 처음 몇 페이지가 세 가지 패턴으로 그려져 있었다. 하나는 현재의 치밀한 터치로 그려진 것이었고, 다른 하나는 그 반대로 터치를 적게 하여 음영을 많이 주지 않은 것이었다. 미야자키 씨는 '마쓰모토 레이지(松本零士) 씨와 비슷한 기법'이라고 했다. 그리고 나머지 하나는 그 중간 타입이었다. 미야자키 씨는 "스즈키 씨, 세 개 중에서 어떤 게 좋아요?"라고 물었다. 정말 고민되었다.

왜냐하면 미야자키 씨의 설명에 따르면 치밀한 타입은 생산성 면에서 볼 때 하루에 1장을 그릴 수 있고, 그 반대 타입으로 하면 하루에 24페이지 정도 그릴 수 있다는 것이다. 미야자키 씨가 어느 쪽으로 할 거냐고 묻자 나는 정말 대답하기 힘들어 고민하고 있었다. 그랬더니 또 "스즈키 씨, 어떻게 생각해요?"라고 다그쳐 묻는 것이다. 어쩌면 연재의 진행에 차질이 생길 수도 있다는 예감이 스치고 지나갔지만 결국 나는 가장 치밀한 타입으로 선택해버렸다. 아무래도 그 독특한 터치와 그림의 정밀함에 강하게 끌렸기 때문이다. 실제로 이 만화가 발표되자 작품의 세계도 매력적이지만 그림이 훌륭해서 감동했다는 감상이 많았다.

영화화의 조건은 단 하나

이렇게 연재가 시작되었는데 미야자키 씨는 정말 진지했다. '영화의 원작을 만들어보자'라는 의도로 시작한 것인데 그는 무척이나 고민했다.

이런 말도 했다. "스즈키 씨, 영화 제작을 전제로 만화를 그리는 건 만화에 대한 실례예요. 그런 의도로 그리면 만화로서 실격이고 아무도 안 읽지 않을까요? 나는 만화로서 제대로 그릴 겁니다." 미야자키 씨는 항상 그렇지만 몇 가지 중에서 선택할 때 결국 가장 올바른 방향으로 결단을 내린다.

그렇지만 우리는 모두 영화를 만들고 싶어 했다. 이때 오가타 씨가 우리에게 이런 말을 했다. "5분 정도의 시험 작품을 만들어볼까?" 도대체 어떻게 만들 것인지, 어떤 형태로 보여줄 것인지, 오가타 씨는 아무런 구체적인 생각이 없었다. 그러나 편집부 사람들은 정말로 5분짜리 영화를 만들 생각을 하고 점점 영화화하는 방향으로 이야기가 흘러갔다. 이렇게 분위기를 조성하는 사람이 바로 오가타 씨다. 도쿠마쇼텐이 주최하는 '아니메 그랑프리'라는 행사가 있었다. 이 행사도 오가타 씨의 제안으로 시작된 것인데 거기에서 필름을 상영하면 어떻겠냐는 제안이 나왔다. 그래서 오가타 씨가 미야자키 씨에게 부탁을 하러 갔다.

"5분으로는 아무것도 그릴 수 없어요."

"잠깐 보여주는 정도라도 안 될까요?"

"그래도 나름대로 뭔가 그려서 보여줘야 하잖아요."

"그럼 10분 정도면 어떨까요?"

갑자기 시간이 배가 된 것이다. 어쨌든 이때까지는 아직 아무도 얼마나 힘들지 몰랐기 때문에 일단 그렇게 하기로 했다. 바로 여러 가지 안이 나오고 결국 장편 애니메이션을 제작하기로 결정되었다.

미야자키 씨는 모두의 열성에 떠밀린 셈이라 처음에는 그리 내키지 않아 했지만 점점 열심히 하게 되었다. 드디어 영화화가 정식으로 결정되자 미야자키 씨는 갑자기 '단 한 가지 조건'이 있다고 말했다. 뭐냐고 묻자 "다카하타 이사오 씨에게 프로듀서를 맡기고 싶습니다"라고 하는 것이다.

나는 그때 그 조건을 별로 대수롭지 않게 생각하고 있었다. 그냥 그런가 보다 했다. 두 사람은 항상 함께 애니메이션을 제작해온 동지였기 때문이다. 미야자키 씨가 새로운 애니메이션을 만들 때 다카하타 씨와 함께하고 싶어 하는 것은 매우 당연한 일이라고 생각했다.

영화 제작에서는 익숙하고 친근한 스태프와 영화를 만들면 쓸데없는 데 신경을 쓰지 않아도 되기 때문에 좋은 작품을 만들 수 있는 환경이 되어 작업하기가 수월하다는 장점이 있다. 《나우시카》를 만들려고 했을 당시에는 미야자키 씨가 여러 가지 사정 때문에 적극적으로 작업에 참가하지 못하던 시기여서 자신과 친한 스태프들과 영화를 만들 수 없는 상황이었다. 그러나 다카하타 씨의 힘은 컸기 때문에 그가 옆에 있다는 사실만으로도 크게 다를 것이었다. 나는 그냥 '그러겠다'라고 단순히 받아들이고 다카하타 씨에게 프로듀서 일을 부탁하는 역할을 맡았다.

그런데 그것은 그리 간단한 일이 아니었다.

다카하타 이사오와 미야자키 하야오가 목표로 해온 것

다카하타 이사오와 미야자키 하야오의 관계는 도에이동화 시절로 거슬러 올라간다. 다카하타 씨가 도에이동화에 입사한 것은 1959년, 미야자키 씨는 1963년으로 도에이동화의 마지막 정기 채용 입사자였다. 노동조합에서는 다카하타 씨가 부위원장을, 미야자키 씨가 서기장을 맡아 콤비를 이룬 적이 있다. 이 도에이동화 시절에 《태양의 왕자 호루스》가 만들어졌다.

두 사람은 그 후 퇴사했지만 인연은 끊기지 않고 다른 회사에서

함께 일을 계속했다. 미야자키 씨는 한때 다카하타 씨 밑에서 TV 애니메이션을 만들고 있었다. 《알프스 소녀 하이디》나 《엄마 찾아 삼만리(母をたずねて三千里)》, 그리고 《빨강머리 앤(赤毛のアン)》 등과 같은 작품을 제작했다.

미야자키 씨가 그중에서 맡은 일은 바로 레이아웃이었다. 이것은 실사 영화로 말하자면 카메라맨의 일이다. 즉, 화면과 그림을 제작하는 일이다.

그림은 당연히 평면이다. 다카하타 씨와 미야자키 씨 두 사람이 연구해온 방법 중 하나는 애니메이션의 세계에 어떻게 깊이를 주는가 하는 것이었다. 앞에서 뒤로 가거나 반대로 뒤에서 앞으로 오는 움직임을 표현하기 위해 여러 가지 형태로 시험을 해보고 아이디어를 내왔다.

이것은 매우 어려운 기법이다. 예를 들어 월트 디즈니가 만든 예전의 디즈니 애니메이션을 봐도 잘 알 수 있다. 캐릭터를 움직일 때 극단적으로 말하면 오른쪽에서 왼쪽으로, 아니면 왼쪽에서 오른쪽으로 가는 방법밖에 없다. 앞에서 뒤로 가거나 뒤에서 앞으로 오는 구도는 만든 적이 없었다. 평면에 그린 그림으로 그런 움직임에 리얼리티를 준다는 것은 매우 어렵기 때문이다. 그런데 다카하타 씨는 그것을 너무나 하고 싶어 했다. 디즈니가 하지 않은 것을 하겠다는 것이다. 그것을 미야자키 씨와 함께 연구하고 시험해왔던 것이다. 정말 선구자적인 도전이었다.

그 후 사실은 디즈니도 이 기법에 주목했고 이를 도입했다. 이것

을 나는 이렇게 말한 적이 있다(《센과 치히로의 행방불명》은 디즈니를 이겼다[「千と千尋」はディズニーに勝った]', 2002년).

1990년 전후 제프리 카젠버그를 중심으로 하여 《미녀와 야수》, 《인어 공주》, 《알라딘》 등의 작품을 계속 내놓을 무렵의 디즈니 애니메이션은 재미있었습니다. 왜냐하면 거기에 시대성이 있었기 때문입니다.

그리고 또 하나, 그 시기의 디즈니가 좋았던 것은 미야자키의 애니메이션을 공부했기 때문입니다. 원래 애니메이션에서는 세로 방향의 움직임, 즉 화면의 뒤쪽에서 앞쪽으로 나오는 듯한 움직임을 표현하는 것이 어렵습니다. 월트 디즈니는 그것을 잘 알고 있었기 때문에 그때까지의 디즈니 애니메이션에는 가로 방향의 움직임밖에 없었습니다. 그 어려운 세로 방향의 움직임에 도전해온 것이 바로 다카하타 이사오 씨와 미야자키 하야오 씨였습니다.

그것을 연구한 디즈니에도 세로 방향의 움직임이 갑자기 늘어났습니다. 《노틀담의 꼽추》 등을 보아도 거의 《칼리오스트로의 성》이 아닌가 싶은 장면이 많이 나옵니다(웃음).

미야자키 씨는 사실 평생을 애니메이터로 있고 싶어 하던 사람이다. 지금까지도 상당히 진지하게 이런 말을 한다. "나는 사실 감독이 어울리지 않아요"라고 말이다. 그렇게 말하면 나도 별로 프로듀서에 어울리지 않는다는 생각이 들지만, 아무튼 이런 두 사람의 인연이 있기에 미야자키 씨는 '프로듀서는 다카하타 이사오'라는 조건을 내걸었던 것이다.

프로듀서 다카하타의 대단함

다카하타 씨가 얼마나 논리적으로 따지기를 좋아하는지는 처음 전화 통화를 했을 때부터 파악했지만 이번 일로 나는 새삼 깨닫게 되었다. 그는 쉽게 승낙하지 않는다는 것을 말이다. 2주 동안이나 그를 설득하기 위해 찾아가본 결과 그가 나에게 내보인 것은 한 권의 대학노트였다. 그는 대학노트에 적는 것을 좋아했는데 지금처럼 워드프로세서가 없던 시절이라 한번 적으면 고쳐 쓸 수 없으므로 참 힘들겠다고 생각했다. 그는 자신이 조사한 내용을 모두 노트에 적어 넣고 있었다. 자신이 함께 일을 해온 프로듀서들에 대한 것부터 일본의 프로듀서에는 어떤 타입이 있는지, 미국형 프로듀서는 어떤지, 유럽은 어떻게 다른지 등등을 기록했다. 그리고 그것은 영화에 그치지 않고 연극에까지 이르렀다.

그러고 나서 "스즈키 씨, 이 대학노트가 한 권 끝났습니다"라며 보여주길래 노트를 쭉 넘겨보았다. 그랬더니 노트의 맨 마지막 한 줄에 '그래서 나는 프로듀서에 적합하지 않다'라고 씌어 있었다. 2주 동안이나 쫓아다녔는데 말이다. 나도 한계에 달했다.

그래서 돌아와 미야자키 씨에게 다시 말했다. "미야자키 씨, 다카하타 씨가 아니면 안 되나요?" 그랬더니 그는 잠자코 있었다. 그리고 "스즈키 씨, 술이나 한잔하러 가지요"라고 말을 꺼냈다. 나는 술을 못 마신다. 그것은 미야자키 씨도 잘 알고 있고, 미야자키 씨도 평상시에는 술집에 발을 들여놓지 않는 사람이다. 그런데 그런 말을 하는 것이다. 나도 조용히 따라나섰다.

술집에 가더니 미야자키 씨는 일본주를 벌컥벌컥 마셨다. 나는 깜짝 놀랐다. 그때까지 내가 본 적이 없는 모습이었다. 그러다 정신을 차려보니 술에 취했는지 그가 울고 있는 것이었다. 눈물이 멈추지를 않았다. 나도 참 당혹스러웠다. 무슨 말을 해야 할지 몰랐다. 그는 말도 없이 들이붓듯이 술을 마시고 있었다. 그리고 조용히 한 마디를 내뱉었다. "나는"이라며 말을 꺼내길래 무슨 말을 하나 했더니 "다카하타 이사오에게 내 청춘을 모두 바쳤습니다. 하지만 아무런 보답도 받지 못했습니다"라고 말하는 것이다. 이 말에 나는 무척 놀랐지만 달리 할 말도 없고 해서 더 이상 묻지 않았다. 그저 '아, 미야자키 씨는 이런 마음이구나'라는 생각만 했을 뿐이다.

나는 그 길로 다카하타 씨를 다시 찾아갔다.

"다카하타 씨, 역시 프로듀서를 맡아주셔야겠습니다."

그러자 다카하타 씨는 "전에 이야기했듯이 저는 적합하지 않습니다"라고 대답했고, 나는 결국 큰 소리를 내게 되었다.

"미야자키 씨가 맡아달라고 말하고 있습니다. 미야자키 씨가 이렇게까지 원한다고 말하고 있다고요. 친구가 그렇게 힘들어하고 있는데 당신은 도와주지 않을 겁니까?"

내가 다카하타 씨 앞에서 큰 소리를 낸 것은 평생에 한 번, 그때뿐이었다(아마도). 더 이상 논리 따위를 앞세우고 있을 때가 아닌 것이다. 그랬더니 다카하타 씨는 "죄송합니다, 알겠습니다"라고 대답했고, 이렇게 해서 프로듀서를 맡게 되었다.

그러나 일단 하기로 결심하자 다카하타 씨는 굉장한 힘을 발휘했다. 사실 감독이 프로듀서를 맡는다는 것은 상당히 힘든 일이다. 입장이 반대가 되어버리기 때문이다. 그러나 나는 이때 다카하타 이사오라는 사람의 프로듀서로서의 대단함을 알게 되었다.

우선 거점과 스태프를 확보하라는 지시부터 시작하여 미야자키 씨에게 부담을 주지 않는 방법을 생각해 실행해나갔다. 예산을 세우는 방법 하나만 보더라도 매우 합리적이고 현실적이어서 정말 감탄했다. 원화 한 컷에 얼마 등과 같이 모든 작업을 수치화하여 단가를 결정했다. 그것을 단계적으로 산출하여 부문별로 기준액을 설정했다. 이것은 매우 알기 쉬운 방식으로 내게도 참고가 되었다.

특히 나에게 좋았던 것은 다카하타 씨가 전문직 프로듀서가 아니라 프로듀서 일을 처음 경험한다는 사실이었다. 그는 사물을 무엇이든 원리원칙적으로 생각하는 사람이어서 지금까지의 상식이나 모두가 해오던 방법에 구애받지 않았다. 생각하고 공부하면서 작업하기 때문에 이야기가 구체적이 되고 비전문가도 알기 쉬워진다. 이는 내게 많은 공부가 되었다. 즉, 나는 다카하타 씨로부터 프로듀서의 일이 무엇인가를 배웠다고 해도 좋을 것이다.

나중에 다카하타 씨에게 물어본 것이 있다. “프로듀서에게 가장 중요한 것은 무엇입니까?” 그의 대답은 명쾌했다. “그것은 간단합니다. 감독의 편이 되는 거지요.” 감독은 고독한 직업이다. 많은 스태프들이 도와준다고는 해도 고독한 싸움을 해야만 한다. 따라서 많은 스트레스를 받기 때문에 프로듀서는 무엇보다도 먼저 감독의 편이 되어야 한다는 것이다. 정말 와닿는 말이었다.

기한에 맞추지 못하는 것은 어쩔 도리가 없다

《나우시카》에 대해 이야기할 때 늘 언급하는 에피소드가 두 가지 있다.

한 가지는 제작이 거의 끝나갈 때의 이야기다. 자꾸 제작 기간이 지연되면서 영화가 좀처럼 완성되지 않았다. 미야자키 씨조차도 초조해했다. 사실 미야자키 씨는 어떻게 해서든 기한에 맞추고 싶어 했다. 그래서 다카하타 씨와 나, 그리고 다른 주요 스태프들을 모두 모아놓고 호소했다. “이대로 가면 영화를 기한에 맞춰 만들 수 없습니다.”

진행 책임을 가진 프로듀서는 다카하타 씨다. 미야자키 씨는 프로듀서의 판단을 듣고 싶다고 했다. 그때 다카하타 씨가 조용히 앞으로 나와 한 말을 나는 지금도 생생하게 기억하고 있다.

“기한에 맞추지 못하는 것은 어쩔 도리가 없습니다.”

다카하타 씨라는 사람은 이럴 때 쓸데없는 형용사를 넣지 않는다. 게다가 목소리가 크다. 인간이란 참 재미있다. 이럴 때에는 아무도 말을 못 한다. 그저 아래를 내려다보면서 말없이 가만히 있는다. 나 역시 어찌하면 좋을지 몰라 그냥 아래만 보고 있었다.

얼마 동안 침묵이 흐른 뒤 미야자키 씨는 "프로듀서가 그렇게 말하니 이 이상 회의를 해도 어쩔 수 없겠군요"라고 말한 뒤 필사적으로 철야 작업을 계속했다. 그렇게 해서 간신히 영화가 완성되었다.

다카하타 씨의 명프로듀서로서의 모습에 대해 여러 가지 이야기를 했지만 결국 마지막에 다카하타 씨는 감독의 입장이 되어버린다. '기한에 맞추지 못하는 것은 어쩔 도리가 없다'라는 감독의 입장에서 한 다카하타 이사오의 이 말에는 정말 감동받았다.

다카하타 씨는 감독으로서 그런 시간 제한에 무신경한 정도까지는 아니더라도 정말 태연하다. 《하이디》 때에도 이런 일이 있었다고 한다. TV 시리즈인 《하이디》는 매주 방송을 해야 하는 관계로 미리 어느 정도 제작을 해두어야 한다. 모두들 그 작업에 힘쓰고 있었는데 다음 주부터 방송을 해야 하는 막바지 단계에서 아직도 중요한 오프닝의 그림이 결정되지 않았다. 미야자키 씨는 그림 담당이었기 때문에 "파쿠 씨(그는 다카하타 씨를 이렇게 부른다), 빨리 합시다"라고 말했지만 다카하타 씨는 좀처럼 행동에 옮기지 않았다. 이러저러하는 사이에 다카하타 씨가 프로듀서를 붙잡고 의논을 하기 시작했다. 들리는 소리로는 "왜 일주일에 한 편을 방영해야 하나요?"라고 묻는 것이었다. 이것이 1시간에 끝나지 않고 2시간, 3시간이 지나도 계속되었다. 스태프는 감독의 지시가 있어야 움직일 수 있으므로 그저 기다릴 수밖에 없다. 그래서 미야자키 씨는 어쩔 수 없이 다카하타 씨에게 아무런 의논도 하지 않고 오프닝을 만들었다고 한다. 이 에피소드는 미야자키 씨로부터 100만 번이나 들었다(웃음).

원래 다카하타 씨의 데뷔작《태양의 왕자 호루스》때부터 그랬다고 한다. 느긋하게 여유를 부리면서 서두르지 않기 때문에 미야자키 씨가 걱정을 한다. "파쿠 씨, 괜찮아요? 이러다가는 개봉까지 못 맞춰요." 그러면 다카하타 씨는 태연하게 "인질을 잡고 있으니까 괜찮아요"라고 말한다. "뭐예요? 인질이라는 게?", "필름요."

마지막 장면을 바꾸다

또 하나의 에피소드는《나우시카》의 마지막 장면에 관한 것이다. 오무가 돌진해오기 전에 나우시카가 내려온다. 미야자키 씨는 처음에 여기에서 끝낼 생각이었다. 그런데 거기에서 끝났다면 이 영화는 어떻게 되었을까? 너무 카타르시스가 없다고 생각되지 않을까? 이럴 때 미야자키 씨는 서비스 정신이 부족하다.

마지막 장면의 그림 콘티를 보고 '정말 이걸로 괜찮을까?'라고 생각하고 있던 차에 다카하타 씨도 그렇게 생각했나 보다. 둘이서 카페로 들어가 "이렇게 해서 괜찮을까요?"라며 이야기가 시작되었다.

3月
6 7 8 9 10 11 12 13 14 15 16 17 18 19 20 21 22 23 24 25 26 27 28 29 30 31
月 火 水 木 金 土 日 月 火 水 木 金 土 日 月 火 水 木 金 土 日 月 火 水 木 金

4月
1 2 3 4 5 6 7 8 9 10 11 12
土 日 月 火 水 木 金 土 日 月 火 水

A 2/3パート・カッティング定尺 ↓ VTR
A 2/3 M確認打合せ①
A 2/3パート 作曲及び音楽録り
A 2/3パート 効果音作り

耳をすませば

A 1/3+Bパート・カッティング定尺 ↓ VTR
A 1/3+Bパート・M確認打合せ②
4/1 PM7:30
A 1/3+Bパート

音楽・効果・台詞仕込(スタジオ・ムーン)
MAC クワドラ950使用

㊙ オール・ラッシ

本篇
動画 3/15
動画CHECK 3末
背景
仕上 3末色指定
撮影
デジタル合成

OP&ED
※OP.EDとも本篇
タイトル発注
道川さん
※担当/川端

손으로 쓴 《귀를 기울이면》의 스케줄표. 프로듀서는 이 복잡한 애니메이션의 제작 과정을 모두 파악하고 관리해야 한다.

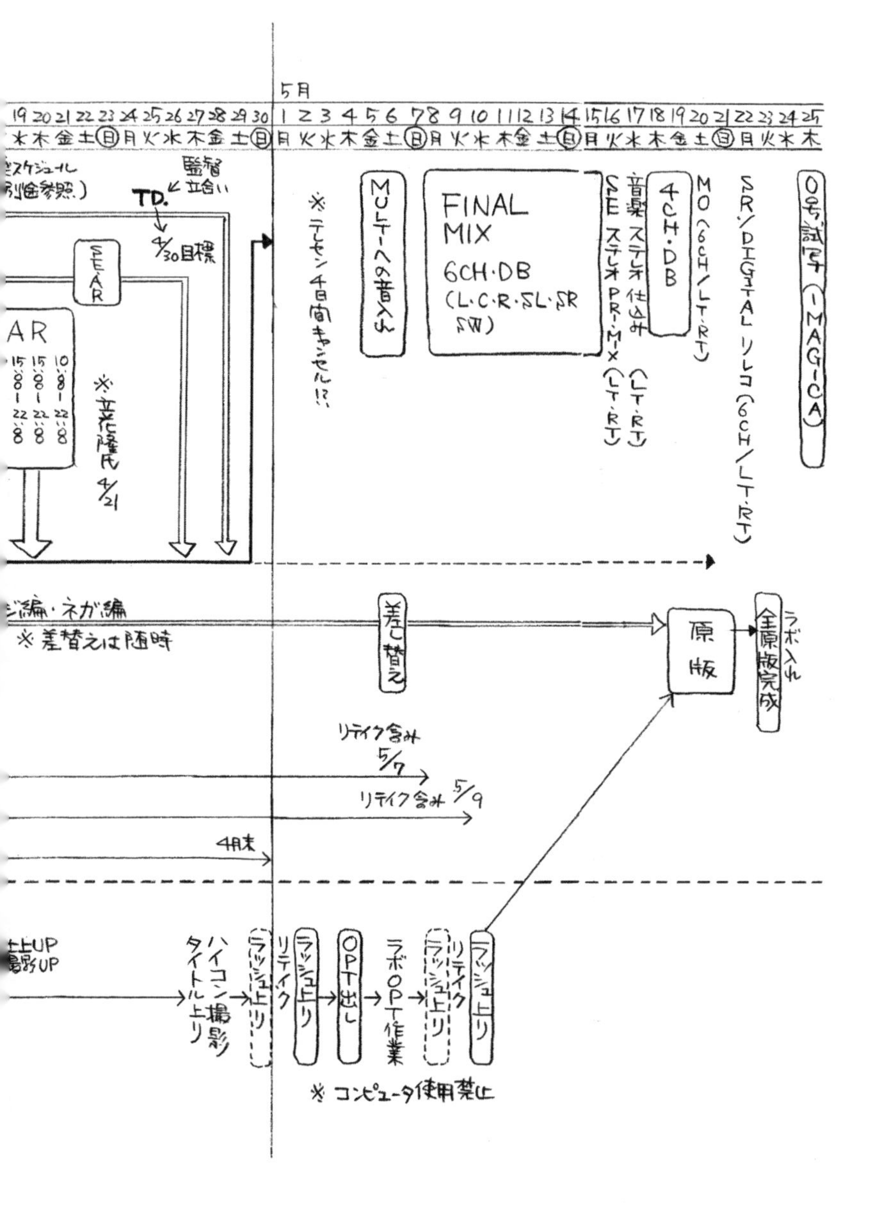
5月
FINAL
MIX
6CH·DB
(L·C·R·SL·SR
SW)
MULTIへの音入れ
4CH·DB
原
版
全原版完成
ラボ入れ
※コンピュータ使用禁止

다카하타 씨가 "스즈키 씨는 어떻게 생각해요?"라고 물었고, 나는 "마지막으로는 좀 싱겁지요. 다카하타 씨는 어떻게 생각하세요?"라고 대답했다. 다카하타 씨의 의문은 '이것은 오락 영화다, 오락 영화인데 이렇게 끝나도 되는가'라는 것이었다. 다카하타 씨는 논리적으로 따지기를 좋아하는 사람이다. 그래서 이야기가 길어졌다. 그리고 점점 이런저런 이야기를 하게 되었다. 이것도 아니다, 저것도 아니다는 등 아마 8시간 정도 이야기를 한 것 같다.

그러고 나서 "스즈키 씨, 도와주세요"라고 말해 둘이서 마지막 장면에 대해 여러 가지로 생각해보았다. 결론적으로 세 가지 안이 나왔다. A안은 미야자키 씨의 생각대로 그냥 가는 것이었다. 즉, 오무는 돌진하고 그 전에 나우시카가 내려오면서 갑자기 끝나는 것이다. 이것도 나름대로 미야자키 씨답기는 하다. B안은 다카하타 씨의 의견으로 오무가 돌진해와서 나우시카를 날려버리고 나우시카는 영원한 전설이 된다는 것이다. C안은 나우시카가 일단은 죽지만 다시 살아난다는 것이었다.

"스즈키 씨, 이 세 가지 안 중에서 어떤 게 좋을까요?"

"그거야 죽고 나서 다시 살아난다면 좋겠지요."

"그럼, 그걸로 미야자키 씨를 설득할까요?"

그래서 다카하타 씨와 나는 미야자키 씨를 찾아갔다. 이럴 때 다카하타 씨는 참 약삭빠르다. 모두 내가 이야기하게 한다. 왜냐하면 책임을 지고 싶지 않기 때문이다(웃음). 자신이 결정하고 그 결정을 미야자키 씨가 따랐다가 만약 나중에 미야자키 씨가 후회하게 되면 자신의 책임이 될 것이다. 그것이 싫어서 내가 말하도록 하는 것이다. 이런 것을 알고는 있었지만 어쩔 수 없었기 때문에 내가 미야자키 씨에게 이야기하는 역할을 맡았다.

"미야자키 씨, 이 마지막 장면 말인데요. 나우시카가 내려오고 나서 바로 끝나버리면 관객들이 이해하기 어려울 것 같지 않나요? 일단 날아가버렸다가 죽었나 하고 생각할 때 다시 살아나는 건 어떨까요?"

이미 개봉이 얼마 남지 않아 미야자키 씨도 초조해하고 있었다. 미야자키 씨는 이야기를 듣고 "알겠습니다. 그럼 그렇게 하지요"라고 바로 승낙했고, 그래서 지금과 같은 엔딩이 되었다. 《나우시카》의 마지막 장면에 감동을 받은 분들께는 죄송하지만 현장에서는 대체로 이런 식이다.

이 마지막 장면이 나중에 좋은 평가를 받게 된다. 원작과 전혀 다르지 않냐는 이야기도 있어 여러 가지 논의를 불러일으켰다. 미야자키 씨는 워낙 진지하기 때문에 또 고민을 한다. 심각한 얼굴을 하고서 "스즈키 씨, 정말로 마지막 장면은 그걸로 괜찮았던 걸까요?"라고 이야기했을 때에는 나도 정말 조마조마했다. 지금까지도 미야자키 씨는 그 장면으로 고민하고 있다.

그러고 보니 한 가지 생각나는 게 있다. 작가인 홋타 요시에(堀田善衛) 씨에게 《천공의 성 라퓨타(天空の城ラピュタ)》의 가이드북에 들어갈 원고를 부탁드리면서 참고하시라고 《나우시카》의 비디오를 보여드린 적이 있다. 흥미 있게 봐주셔서 기뻤는데, 마지막에 오무

가 나우시카를 날려버린 장면에서 "재미있었습니다"라고 말하며 일어나려고 했다. 황급히 "아직 더 있습니다"라며 끝까지 보게 했다. 영화가 다 끝나자 그가 "아, 다시 살아나는군요"라고 말한 것을 잘 기억하고 있다.

아무튼 이렇게 《나우시카》는 완성되고 1984년 3월에 극장에서 개봉했다(도에이 배급). 관객 동원 수는 91만 5,000명이었다.

다카하타 이사오의 한마디

영화가 개봉된 후 나에게 한 가지 사건이 일어난다. 그 계기는 다카하타 씨의 한마디였다.

영화 개봉 전후 도쿠마쇼텐에서 관련 서적을 7권 출판했는데, 그 중 한 권인 『로망 앨범 엑스트라 바람계곡의 나우시카(ロマンアルバムエクストラ 風の谷のナウシカ)』에 내가 프로듀서 다카하타 씨를 인터뷰한 글이 있었다. 그는 그 인터뷰에서 영화가 성공한 이유에 대해 이렇게 분석했다.

> 미야자키 씨가 의식하고 있었는지 어떤지는 모르겠습니다만, 아마 전혀 의식하지 못했을 겁니다. 하지만 이 영화는 최근 크게 성공을 거둔 영화들과 우연히도 그 경향이 일치하는 면이 있습니다.

최근에는 '종교'나 '철학' 같은 요소가 작품의 내면에 깔려 있어 '사랑'이나 '우정'을 테마로 하는 작품도 이러한 종교적, 철학적인 것을 반영할 필요가 있다고 생각하게 되지 않았나 싶습니다. 《나우시카》에도 확실히 그런 요소가 있습니다. 또한 '지금까지 본 적이 없는 새로운 것을 보고 싶다'라는 관객들의 욕구도 커지고 있습니다. 단순히 다른 세계가 아닌 '본 적이 없는 새로운 것'을 보여준다는 점에서 이렇게 풍부한 작품은 없을 것입니다.

게다가 그것들이 실제 화면에서 높은 밀도와 설득력을 갖고 전개됩니다. 극의 진행 속도도 싫증 낼 틈이 없을 정도로 빠릅니다. 이런 조건들을 모두 만족하고 있기 때문에, 조금 과장하자면 이런 영화가 성공하지 않으면 어떤 영화가 성공하겠느냐고 말하고 싶을 정도입니다.

그러고 나서 다카하타 씨는 나에게 미야자키 씨에 대한 프로듀서로서의 평점과 친구로서의 평점을 질문해달라고 했다. 그래서 물어봤더니 "프로듀서로서는 100점, 친구로서는 30점"이라고 대답했다. 다카하타 씨는 미야자키 씨가 이 영화를 통해 하고자 했던 것은 성공했지만(그래서 프로듀서로서는 100점), '미래를 통해 현대를 생각해 본다'라는 면이 충분하지 못했기 때문에 '미야자키 씨는 단순한 연출가가 아닌 작가인 관계로' 그가 이 작품으로 새로운 지평을 열 것이라고 기대했던 만큼 낮은 점수를 준다는 것이다.

이 시점에서 굳이 그런 말은 안 해도 되지 않을까 싶었는데 아니나 다를까 미야자키 씨가 버럭 화를 냈다. 뭐 이런 쓸데없는 책을 만들었냐며 내 눈앞에서 그 책을 찢어버렸다. 도대체 어디서 그런 힘이 솟아났을까 싶을 정도로 대단한 박력이었다. 미야자키 씨는 다카하타 씨에게 직접 화를 낼 수 없었기 때문에 그 책을 만든 나에게 모든 화를 쏟아부었다. 그 마음도 이해는 되었기 때문에 나는 그저 묵묵히 듣고 있다가 갑자기 생각난 것이 있어 뜬금없이 이렇게 물었다. "관객이 많이 든 것이 그렇게 기쁘세요?" 미야자키 씨는 깜짝 놀라 갑자기 화내는 것을 멈추었다. "스즈키 씨는 그렇게 생각하고 있었던 겁니까?"

사실 나는 《나우시카》가 좋은 평가를 받을 것이라고 확신하고 있었기 때문에 너무 칭찬만 받는 것도 좋지 않다고 생각했다. 미야자키 씨가 앞으로도 계속해서 좋은 작품을 만들기를 원했고, 이걸로 만족해버려서는 안 된다고 생각하고 있었다. 그래서 문득 그런 말이 떠오른 것이다.

솔직히 미야자키 씨와의 관계가 당장 끝나버릴 것 같은 사건은 이 이후에도 몇 번 정도 있었는데 이것은 그 시작이었다. 물론 그때마다 다행히 잘 마무리되었다.

스튜디오 지브리의 설립

《나우시카》가 개봉된 다음 해인 1985년 6월에 스튜디오 지브리를 설립했다. 그 이유는 다카하타와 미야자키의 애니메이션을 제작할 거점을 찾을 수 없었기 때문이었다. 좋은 작품을 만드는 것은 알고 있지만 현장 작업이 매우 힘들다는 사실이 이미 널리 알려져 있었다. 실제로 《나우시카》를 제작한 '톱크래프트(トップクラフト)'라는 회사는 그 후 문을 닫고 말았다.

그래서 《나우시카》가 흥행에 성공했음에도 다음 작품을 제작해 줄 회사가 나타나지 않았다. 그래서 이젠 회사를 만들 수밖에 없었다. 당연한 일이지만 일개 샐러리맨이 회사를 어떻게 세워야 할지 알 리가 없었다. 총무부장에게 의논을 하러 갔더니 스스로 알아보라는 소리만 할 뿐이다. 얼마 후 총무부장이 불러서 가보았더니 사장님의 지시라며 휴면 회사를 맡기는 것이었다. 그런데 그 회사는 많은 채무를 안고 있어서 그야말로 엄청난 물건을 떠맡게 된 것이다(웃음).

지브리 설립 당시에 나는 두 가지 일을 하고 있었다. 잡지 일과 지브리 일을 병행하고 있었지만 지브리에서는 정식으로 어떤 지시도 받은 게 없었다. 입장이 애매했기 때문에 어쩔 수 없이 내가 직접 명함을 만들기도 했다.

그러고 보니 회사 설립에 관해서 이야기했다가 당시 도쿠마쇼텐의 사장이었던 도쿠마 야스요시 씨에게 혼난 적이 있다. 일본 최초의 장편 애니메이션 영화는 도에이(東映)사가 만든 《백사전(白蛇伝)》

(1958년 개봉)이었는데, 당시 도에이의 사장이었던 오카와 히로시(大川博) 씨가 "나는 동양의 디즈니가 되겠다"라고 큰소리를 치며 앞으로 10년 동안 1년에 한 편씩 장편 애니메이션 영화를 만들겠다고 선언한 적이 있다. 나는 그 일을 떠올리며 도쿠마 사장에게 지브리를 설립하면서 한 편의 흥행 성적으로만 판단하지 말고 10년 후를 생각해달라고 말했다.

그러자 말이 끝나기가 무섭게 그가 호통을 쳤다. "멍청하긴. 한 편이 실패하면 다 끝이라고!" 그때는 나도 젊어서 내심 '진정한 경영자라면 그런 실패도 고려하면서 해나가야 하는 거 아닌가?'라고 생각했기 때문에 무척 화가 났지만 지금 눈앞에 있는 일을 좀 더 열심히 잘하라는 것도 모르는 바는 아니었다. 하나가 실패해도 두 번째도 있고 세 번째도 있다는 식으로 쉽게만 생각해서는 안 된다는 것은 분명 맞는 말이다.

'지브리'라는 이름

'지브리'라는 이름은 미야자키 씨가 붙였다. 이 이름에 담긴 생각에 대해서는 전에 한 번 쓴 적이 있으므로 그것을 인용하겠다('스튜디오 지브리의 10년[スタジオジブリの一〇年]', 1995년).

'지브리'는 사하라사막에 부는 열풍을 의미합니다. 제2차 세계대전 중에 이탈리아의 군용 정찰기 이름으로 쓰이기도 했는데, 비행기 마니아인 미야자키 하야오 씨가 그것을 알고 스튜디오에 이 이름을 붙였습니다. '일본 애니메이션계에 선풍을 불러일으키자'라는 의도가 담겨 있었다고 기억합니다.

지브리처럼 원칙적으로 극장용 장편 애니메이션, 그것도 오리지널 작품만 제작하는 스튜디오는 일본 애니메이션 업계뿐만 아니라 세계적으로도 매우 특이한 존재일 것입니다. 왜냐하면 흥행이 보장되지 않는 극장용 작품은 리스크가 너무 커서 계속적으로 수입을 얻을 수 있는 TV 애니메이션 시리즈를 중심으로 활동하는 것이 상식이기 때문입니다.

그런데 사실 발음이 잘못되었다. 사하라사막에 부는 'GHIBLI'는 이탈리아어이기 때문에 '지브리'가 아닌 '기블리'로 불러야 맞다. 그렇다고 이제 와서 정정하기엔 너무 늦었지만 말이다.

지브리 이름으로 발표된 첫 작품은 1986년에 개봉된 《천공의 성 라퓨타》로 77만 5,000명의 관객을 동원했다. 그리고 1988년에는 《이웃집 토토로(となりのトトロ)》와 《반딧불이의 묘(火垂るの墓)》, 1989년에는 《마녀 배달부 키키(魔女の宅急便)》로 계속 이어진다. 《마녀 배달부 키키》는 264만 명의 관객을 동원하며 큰 성공을 거두었고, 나는 그해 가을에 잡지 일을 그만두고 지브리에만 전념하게 된다(다음 해 도쿠마쇼텐 정식 퇴사). 프로듀서로 크레디트에 처음 내 이름이 올라간 것은 1991년에 개봉된 《추억은 방울방울(おもひでぽろぽろ)》이었다.

4. 가장 중요한 것은 감독의 편이 되는 것이다 미야자키 하야오의 영화 제작 방법

(푯말)또 만나, 센과 치히로 / 환갑인 게 뭐!
행방불명되고 싶다 / 당신도 나이 들면 알 거야… / 놀지 말고 빨리 일해!

《센과 치히로의 행방불명(千と千尋の神隠し)》이 개봉된 해인 2001년의 연하장(7월 개봉). 결말을 정하지 않은 채 시작하는 미야자키 감독의 제작 방법은 기한에 맞출 수 있을지 항상 마지막까지 예측 불허.

그는 자료를 보면서 그림 그리는 사람을 신용하지 않는다고 할까, 적어도 그림 그리는 일을 목표로 한다면 여러 가지 사물에 호기심을 갖고 관찰하는 것이 생활화되어야 한다고 말합니다.

그러한 것들의 축적이야말로 중요한 것이라고 이야기합니다.

('미야자키 하야오의 정보원[宮崎駿の情報源]', 2002년)

《하울의 움직이는 성[ハウルの動く城]》에서 성을 제작할 때 우선 머리 부분을 만든 다음 하나하나 부품을 더해가면서 전체적인 균형은 나중에 맞추었습니다.

게다가 성 내부에 대해서는 전혀 생각하지 않고 있다가 나중에서야 "내부는 어떻게 하지?"라며 무척 고민했습니다(웃음).

결국 밖에서 보면 그렇게 큰 성이 내부는 2층밖에 안 됩니다.

(야마다 요지[山田洋次] 대담
'영화를 사랑하는 두 사람의 영화 제작 추천
[映画を愛する二人から映画製作のススメ]', 2004년)

발상은 아주 세세한 부분부터 시작한다

영화를 만드는 과정에서 미야자키 하야오의 발상은 우선 아주 세세한 부분부터 시작된다. 어떤 옷을 입고 있는지, 헤어스타일은 어떤지, 무엇을 먹고 있는지, 어떤 집에 사는지 하는 것부터 시작하여 이미지를 확장해나간다.

예전에 '만화영화와 애니메이션 영화(漫画映画とアニメーション映画)'(2004년)라는 글을 쓴 적이 있는데, 당연히 미야자키 씨의 이러한 영화 제작 방법을 염두에 두고 썼다.

> 한 사람이 생각한 것을 모두가 힘을 합쳐 만드는 것이 일본 장편 만화영화의 가장 큰 특징인 것 같습니다. 게다가 그것은 세세한 부분에서도 마찬가지입니다. 작품의 제작은 아주 구체적인 부분부터 시작됩니다. 예를 들어 작품의 전체적인 줄거리가 아직 결정되지도 않은 때부터, 각본도 완성되지 않은 때부터 주인공이 입을 옷의 디자인, 여주인공의 헤어스타일, 그들이 사는 세계의 세계관 등에 대해 생각합니다. 그리고 그런 세세한 부분과 각본은 서로 영향을 주고받습니다. 아니 오히려 작품의 주제는 제작을 진행하면서 보이기 시작합니다. 그렇기 때문에 일본에서는 따로 각본가에게 스토리를 부탁해도 크게 도움이 되지 않습니다.

미야자키 씨는 갑자기 "스즈키 씨, 이번 여주인공은 어떻게 할까요?"라고 묻는데, 이런 경우 질문의 요지는 여주인공의 헤어스타일 같은 걸 어떻게 했으면 좋겠냐는 것이다. 즉, 양갈래로 땋아 내린 머리와 단발, 긴 머리 중에서 어떤 것이 좋을지 묻는 것이다. 하지만 나로서는 스토리도 모르는데 그런 것을 물어보면 대답할 도리가 없다. 아무튼 미야자키 씨에게는 그게 아주 중요한 문제이기 때문에 그는 조용히 생각에 잠긴다. 나중에 그 헤어스타일이 이야기 속에서 큰 의미를 갖기도 한다.

기억에서 독창적인 조형이 탄생한다

특징적인 것은 이런 것들을 그릴 때 미야자키 씨는 자료를 전혀 보지 않는다는 점이다. 지금까지 쌓아온 지식과 정보를 바탕으로 기억에만 의지하여 독창적인 것을 만들어나간다.

예를 들면《모노노케 히메》의 타타라바,《센과 치히로의 행방불명》(이하《센과 치히로》)의 온천장,《하울의 움직이는 성》(이하《하울》)의 성 등에서 건축물의 디자인이 참신하다는 평이 많은데 그것들은 그의 기억 속에서 만들어진 것이다.

그에게 중요한 것은 '기록'이 아닌 '기억'이다. 한번은 이런 일이 있었다. 벌써 20년 전(1988년)에 미야자키 씨와 나를 포함하여 몇 명이 아일랜드의 애런섬에 간 적이 있다. 그곳은 아일랜드의 서쪽 끝에 위치한 섬으로 애런 스웨터의 발상지로 유명하다. 인구는 800명이고 대중교통이 아무것도 없었다. 어느 날 밤 모두 함께 바에 갔다가 돌아오는데 눈앞에 머물고 있던 민박집이 나타났다. 이미 밤 10시쯤 되었지만 6월의 아일랜드는 아직 환했다. 별로 특별할 것이 없다고 생각하고 있던 그 숙소의 아름다움에 깜짝 놀라고 말았다. 나는 카메라를 꺼내어 사진을 찍기 시작했다. 그러자 미야자키 씨가 화를 냈다. "스즈키 씨, 셔터 소리가 시끄러워요." 그는 조용히 그곳을 바라보고 있었다. 정말 그저 가만히 바라보고만 있었다. 나도 옆에서 잠자코 바라보았다. 때마침 갈까마귀가 힘차게 날아올라 분위기는 더욱 황홀해졌다. 말로 표현할 수 없는 최고의 순간이었다. 그러는 동안에도 미야자키 씨는 말없이 바라보고만 있었다.

일본으로 돌아와서 얼마 지나지 않아 《마녀 배달부 키키》를 제작하기 시작했다. 영화 속에서 지지와 똑같이 생긴 인형을 배달하는 집이 나오는데 미야자키 씨는 그 민박집을 그리고 있었다. 거의 다 그렸을 때 그가 웬일로 나에게 그림을 가지고 왔다.

"스즈키 씨, 기억해요?"

"아, 애런섬의 민박집이네요."

"네, 맞아요. 그런데 잘 생각나지 않는 부분이 있어서요"라며 그때 내가 찍은 사진을 좀 보여달라고 했다. 그러고는 그림과 사진을 비교해보는 것이다.

그는 정말 진지하게 '본다'. 그냥 보는 것이 아니라 모든 감각을 사용하고 지금까지 쌓아온 지식과 정보를 총동원하여 기억한다. 특히 외국에 나갔을 때 더욱 그러한데, 예를 들면 지붕의 형식 같은 것은 몇 세기에 만들어졌는지에 따라 각각 다르다. 그것을 아느냐 모르느냐에 따라 건축물을 보는 재미가 달라질 것이다. 미야자키 씨는 그런 점을 잘 공부해두었다가 이를 바탕으로 저 건축물의 지붕은 무슨 양식이고, 집의 구조는 이러하며, 창문의 양식은 이렇다는 등 요소별로 많이 기억해온다. 그렇게 하면 10개나 15개 정도 기억하게 되는데, 그것이 반년 정도 지나면 많아야 7, 8개밖에 생각나지 않는다. 선명하게 기억하는 부분과 애매한 부분이 생기는데, 애매한 부분은 상상으로 그리는 것이다. 반대로 말하면 자신에게 가장 인상 깊었던 부분만이 드러나는 것이다. 이렇게 해서 독창적인 건축물이 탄생한다.

그런데 기억이 아닌 사진에 의지하여 그린다면 단순히 그대로 옮겨 그리는 것이 될 뿐이다. 미야자키 씨는 기억에만 의지하기 때문에 독창적인 것이 된다. 이런 면은 나도 영향을 받아서 요즘은 가능하면 카메라를 갖고 다니지 않는다. 카메라의 파인더를 통해 보게 되면 기억에 남지 않으므로 내 눈으로 보고 기억에 남는 것을 소중히 하는 것이 좋겠다고 생각했기 때문이다.

미야자키 씨는 가끔 재미있어하면서 이런 퀴즈를 내곤 한다. 길을 걷다 보면 재미있게 생긴 집이 있는데 그 집을 보고 "저 집은 어떤 구조로 되어 있을 것 같습니까?"라고 묻는 것이다. 정작 《하울》에서는 '성'을 만든 후에 내부 구조를 어떻게 할지 무척 고민했으면서 말이다.

사실 미야자키 씨는 영화도 그런 식으로 본다. 전에 이에 대한 이야기를 한 적이 있으니 그것을 인용하겠다(전술 '미야자키 하야오의 정보원').

미야자키 씨는 가끔 "오늘은 영화를 보러 갑니다"라며 아침 일찍 이야기한다. 그러고는 밤에 돌아와서 보고를 한다.

"다섯 편을 봤는데 재미있었던 건 한 편 정도였어요."

그는 영화를 볼 때 제목이나 시작 시간은 제대로 보지 않는다. 예를 들어 신주쿠에 가면 아무 영화관이나 눈에 띄는 대로 들어간다. 중간부터 보는 것도 전혀 주저하지 않는다. 재미가 없으면 그만 보고 곧바로 다른 영화로 바꾼다. 물론 재미있으면 계속해서 본다. 그렇지만 재미있다고 해서 앞부분을 보지는 않는다. 재미의 기준도 좀 다르다. 한번은 이런 일이 있었다.

"칭기즈칸 영화가 참 재미있었어요. 그 시대의 갑옷이 어떻게 생겼는지 전부터 궁금했는데 오늘 알게 되었어요."

"내용은 어땠나요?"

"내용은 잘 모르겠더라고요."

즉, 갑옷이 어떻게 생겼는지, 말은 어떻게 타는지에만 흥미를 갖고 본다. 그렇기 때문에 중간부터 보더라도 아무런 상관이 없는 것이다.

이와 관련된 것으로 생각되는 이야기를 하나 더 소개하겠다. 미

야자키 씨의 《칼리오스트로의 성》에 대해 제2차 세계대전 직후에 제작된 프랑스 애니메이션의 걸작 《사팔뜨기 폭군》의 영향을 받았다는 이야기가 이러쿵저러쿵 나돌았는데, 이에 대해 다카하타 씨는 이렇게 말한다. 아마도 이 말이 맞을 것이다(『만화영화의 뜻[漫画映画の志]』, 2007년).

> 여러 번 보지도 않은 이 작품의 표현을 눈 깜짝할 사이에 자신의 세계에서 살려내는 미야자키 씨의 놀랄 만한 작품 이해력과 영상 기억력에 정말 감탄했습니다.

일상적인 대화에서 발상을 얻는다

미야자키 씨는 "소재는 반경 3m 이내에 얼마든지 널려 있다"라는 말을 자주 한다. 그의 그 풍부한 발상이 어디에서 나오는지 모두들 흥미진진하겠지만 사실 그의 정보원은 두 가지밖에 없다. 그것은 바로 친구들의 이야기, 그리고 스태프들과 주고받는 일상적인 대화다.

미야자키 씨는 "지브리에서 일어나는 일은 도쿄에서도 일어난다. 그리고 도쿄에서 일어나는 일은 일본 전역에서 일어나고 있다. 일본에서 일어나는 일은 아마 전 세계에서도 일어날 것이다"라고 말한다. 이런 논리에 따라 소재는 반경 3m 이내에 널려 있다는 것이다.

예를 들어《센과 치히로》때 이런 일이 있었다. 아카데미상 수상의 이야기도 일단락되어 겨우 분위기가 정리되었을 때 미야자키 씨가 평소와 달리 조용히 나에게 이런 말을 했다. "이 이야기를 쓰게 된 계기는 스즈키 씨의 캬바쿠라('캬바레'와 '클럽'의 합성어로 여자를 불러서 술을 마시는 곳-역주) 이야기였어요." 나는 순간 당황했다. "무슨 이야기였지요?" 나는 완전히 잊고 있던 일이니 말이다. 전에 아는 사람 중에 캬바쿠라를 매우 좋아하는 한 청년이 이런 이야기를 한 적이 있다. "캬바쿠라에서 일하는 아가씨들은 소극적인 사람이 많은데 돈을 받기 위해 접대를 하면서 커뮤니케이션 능력이 향상됩니다. 그것은 돈을 내는 남자들도 마찬가지입니다. 즉, 캬바쿠라는 커뮤니케이션을 배우는 곳이지요." 나는 그의 이야기가 재미있어서 미야자키 씨에게 한 적이 있는데, 그것이《센과 치히로》의 모티브가 되었다고 한다.

확실히 주인공 치히로는 이상한 세계에 떨어져 어쩔 수 없이 주위 사람들과 사귀지 않으면 안 되게 된다. 그런 와중에 그녀의 커뮤니케이션 능력이 향상되어가는 것이다. 또한 중요한 캐릭터인 가오나시는 자신의 생각을 어떻게 전달해야 할지 몰라 난폭한 행동을 하는 상반된 관계다. 미야자키 씨는 캬바쿠라에 대한 이야기가 재미있어서 계속 기억하고 있었다. 그러다 그것이 이미지의 중심이 되었던 것이다.

스태프들과의 교류 속에서 정보를 얻는다

미야자키 씨는 평소에도 스태프들 사이를 자주 돌아다닌다. 자신의 자리에 앉아 있을 때 외에는 항상 그렇다. 지브리는 스튜디오이기 때문에 여러 스태프들이 있다. 애니메이터나 배경을 그리는 사람 등 그림을 그리는 사람만 100여 명이나 되는데 미야자키 씨는 한 사람 한 사람의 책상으로 찾아간다. 책상 위에는 일할 때 쓰는 도구뿐 아니라 여러 가지 물건이 놓여 있다.

예를 들어 만화 잡지 같은 게 있으면 그는 책 주인의 양해도 구하지 않고 책을 훑어보기 시작한다. '양해도 구하지 않는다'는 점이 참 대단하다. 그러고는 책 주인에게 그중 어떤 만화를 보고 있냐고 묻는다. 요즘 젊은이들은 잡지를 한 권 사도 반드시 다 읽지 않고 좋아하는 것만 읽거나 한다는 사실을 그는 알고 있기 때문이다. 그래서 그 책의 주인이 어떤 만화를 본다고 대답하면 "아, 그래?" 하며 그대로 그 자리에 서서 그 만화를 본다. 그 만화의 어떤 점이 재미있냐고 묻기도 한다. 그러고 나서 또 다른 자리로 간다.

그림을 그리는 사람들 중에는 음악을 들으면서 일하는 사람이 많다. 집중하고 있기 때문에 누가 와도 알아차리지 못하는 경우가 있다. 미야자키 씨는 그런 사람들에게 불쑥 얼굴을 들이대 깜짝 놀래킨다. 미야자키 씨는 얼굴이 크기 때문에 갑자기 옆에서 얼굴을 들이대면 바람마저 느끼게 된다. 얼굴을 내민 사람이 다름 아닌 미야자키 씨이기 때문에 당황해하며 귀에서 이어폰을 빼게 된다. 그러면 역시나 '양해도 구하지 않고' 이어폰을 자기 귀에 꽂고 음악을 듣는다. 그러고 나서 "이 음악의 어떤 점이 좋은가?"라고 묻는다.

그의 이런 행동들은 작업에 다소 방해가 되긴 하지만 그것은 여러 가지로 의미가 있다고 생각한다. 그 바탕에는 역시 그들이 어떤 사람인지 한 사람 한 사람에 대해 알고 싶어 하는 욕구가 있는 것이다. 아주 사소한 부분이지만 이런 행동을 매일같이 하면서 자연스럽게 '아, 요즘은 다들 이런 걸 좋아하는구나'라는 정보로 받아들이는 게 아닐까? '소재는 반경 3m 이내에 얼마든지 널려 있다'라는 것은 바로 이런 뜻일 것이다.

실제로 미야자키 씨의 작품에 등장하는 인물은 대개 모델이 있다. 스튜디오에 새로 들어온 사람, 또는 어쩌다 온 사람 중에서 조금 묘한 사람이거나 재미있어 보이면 그는 갑자기 흥미를 느낀다. 호기심이 왕성하고 사람을 좋아하는 것이다. 그 사람이 어떤 사람인지 알고 싶어서 볼일도 없으면서 옆에 다가가고는 한다. 아무튼 그의 경우에는 '알고 싶다'라는 욕구가 무척 강하다.

최근에도 이런 일이 있었다. 지금 《벼랑 위의 포뇨(崖の上のポニョ)》(2008년 여름 개봉, 이하 《포뇨》)라는 영화를 만들고 있는데 주인공은 다섯 살짜리 남자 아이이다. 미야자키 씨도 이제 나이가 들어서 주위에 그런 아이가 별로 없다. 어느 날 나의 스케줄을 관리하는 어시스턴트 시라키 노부코(白木伸子) 씨가 회사에 여섯 살 된 아들을 데리고 왔다. 그러자 미야자키 씨의 얼굴이 갑자기 환해졌다. "이리 와서 같이 놀자꾸나." 미야자키 씨는 아이와 즐겁게 놀면서 계속 관찰을 했다. '요즘 여섯 살짜리 아이들은 이렇구나'라며 말이다.

그러고 나서 시라키 씨에게 "다음엔 또 언제 오시나요?"라고 묻는다. 결국 시라키 씨는 매주 토요일에 아들을 데려와야 했으니 힘들었을 것이다. 어느 날 시라키 씨의 아들이 "나랑 같이 놀아줘서"라며 자신이 만든 선물을 미야자키 씨에게 건네주었다. 미야자키 씨는 무척 기뻐했다. 아이들에게 사랑받는 것은 정말 기쁜 일이다. 물론 이 에피소드는 영화에 사용되었다.

결말을 정하지 않은 채로 작화에 들어가다

미야자키 씨의 영화 제작에서 재미있는 점은 그림 콘티가 중간 정도 완성되면 벌써 작화에 들어간다는 것이다. 즉, 결말은 아직 모른다.

영화 제작에서는 파트를 나누어 그림을 그린다. 대개 한 파트가 20분 정도다. 20분 정도씩 A파트, B파트, C파트 이런 식으로 나누어 작업한다. 그 20분 정도라는 단위는 사실 TV 시리즈와 같다. 30분짜리 TV 방송의 내용은 대개 20분 정도다. 미야자키 씨도, 다카하타 씨도 경험자이기 때문에 20분 정도면 어느 정도 정리된 것이 만들어진다. 그 정도 진행된 상태에서 작화에 들어간다.

원래 《천공의 성 라퓨타》, 《마녀 배달부 키키》는 시나리오가 있었다. 시나리오 없이 시작한 것은 《붉은 돼지(紅の豚)》가 처음이었다. 처음에는 시간이 촉박하니 먼저 그리자고 해서 그렇게 되었다.

이야기는 이미 대강 알고 있었다. "중간에 그림 콘티를 짜면서 하면 된다"라고 말했다. 그런데 도중에 주객이 전도되었다고나 할까, 목적이 변하기 시작했다. 미야자키 씨가 "스즈키 씨, 결말을 뻔히 아는 것을 만들면 재미없지요?"라고 말하는 것이다. 그때부터 이것이 하나의 방법이 되어버렸다.

이런 방법을 의도적으로 적용하기 시작한 것은《모노노케 히메》부터다. 영화 제작은 항해하는 배와 같아서 맑은 날만 있는 것이 아니다. 비오는 날도 있고 폭풍이 몰아치는 날도 있다. 이 배에 타고 있는 것은 스태프들이고 항해의 목적지, 즉 이야기의 결말이 어떻게 될지 모른다는 스릴과 서스펜스를 감독 이하 전원이 맛보는 것이 영화를 더욱 재미있게 하고 그 작품에 행운을 가져온다고 미야자키 씨는 생각했다.

확실히 결말을 모른다는 것은 상당히 스릴 있다. 항해에 비유하는 것은 매우 좋은 방법인데 그렇게 본다면 배가 난파될 위험성, 즉 영화 제작이 실패해버릴 가능성도 있다는 것이다.

《하울》의 경우에도 재미는 있었지만 정말 난처했다. 영화는 총 1시간 59분인데 1시간 반 정도까지 그림 콘티가 완성되었는데도 결말이 보이지 않았다. 진지한 얼굴로 나를 찾아와 문을 닫고는 "어쩌지요? 어떻게 끝내야 좋을까요?"라고 물을 때의 미야자키 씨는 정말 귀엽다. 결국 이야기를 나누는 동안 딱 맞는 결말을 찾아내어 마지막 10분 정도가 완성되었다.

등장인물에 대한 애착

《모노노케 히메》 때부터 의도적으로 결말을 정하지 않은 상태에서 시작했다고 했지만 그것은 미야자키 씨에게 상당히 큰 스트레스였다. 당연히 중간에 불안해지기 마련이다. 그래서 나는 "연재만화라고 생각하세요"라고 말했다. 연재만화에서는 결말을 모르는 채 계속 이어지니까. 미야자키 씨는 나의 말을 듣고 조금 안심했다.

"그래? 연재만화란 말이지."

하지만 이야기의 결말을 정하는 것은 여전히 힘들었다. 거의 완성 단계까지 왔지만 나는 뭔가 부족한 느낌이 들어서 납득할 수 없었다. 그래서 미야자키 씨에게 주인공 중 한 명인 에보시가 죽고 타타라바 마을이 불타야 이야기가 매듭지어질 것 같다고 이야기했다. 특히 에보시 같은 인물은 역사적으로도 대부분 죽음을 맞이한다. 하지만 그의 사상에는 올바른 부분이 있으니 그 사상을 계승한 아시타카가 모노노케 히메(산)와 함께 살아간다면 전통적인 결말이 될 것이라고 생각했다. 그러자 미야자키 씨는 바로 "스즈키 씨도 그렇게 생각했어요?"라는 반응을 보였다.

사실 스케줄이 매우 촉박해서 그 에피소드를 넣어서 만들면 시간이 초과될 뿐만 아니라 개봉 날짜에 맞추지 못할 가능성이 상당히 커진다. 프로듀서로서는 큰 모험이었지만 좋은 작품을 만드는 것이 가장 중요하기 때문에 무척 힘든 작업이 될 것을 단단히 각오하고 임했다.

그로부터 3일 동안 미야자키 씨는 괴로워했다. 그런 악전고투 속에서 나온 결말은 에보시가 한쪽 팔을 잃게 된다는 것이었다. 미야자키 씨는 역시 에보시를 죽이지 못했다. 그는 이야기에 몰입하여 그 인물에 동화된다. 그래서 스토리 면에서는 죽어야 하지만 차마 죽이지를 못한다. 이때 미야자키 씨가 나에게 했던 "이걸로 좀 봐줘요"라는 말은 아직도 잊지 못한다.

미야자키 씨의 이러한 애착에 대해 다카하타 씨가 했던 이야기를 잠깐 인용해보겠다(전술『에로스의 불꽃』).

> 그의 작품의 등장인물들이 가진 놀랄 만한 현실감은 대상에 대한 냉정한 관찰에서 나오는 것이 아니다. 설령 그의 예리한 관찰 결과가 들어간다고 하더라도 그 자신이 등장인물에 동화되어 하나가 될 때 고양된 에로스의 불꽃으로 이상이 피와 살을 갖게 되는 것이다.
>
> 그렇기 때문에 그는 드라마 속 인물들에게 애착을 갖게 되고 그 인물만의 매력과 고민, 주장을 부여하여 악역조차 어느 사이엔가 악역이 아니게 만들어버리기 쉽다. 복잡하고 깊이 있는, 혹은 재미있고 인간미 넘치는 인물상을 창조한다는 점에서 우수한 작가들에게 공통적으로 나타나는 경향일지도 모르지만 미야자키 씨의 경우에는 자신이 창조하고 오랜 제작 기간 동안 함께해야만 하는 인물을 애착도 없이 매정하게 그릴 수는 없는 것이 아닐까 싶다.

"이걸로 사쓰키는 불량한 사람이 되지 않겠지요?"

과연 미야자키 씨답다고 할 만한 에피소드는 뭐니 뭐니 해도 《이웃집 토토로》(이하 《토토로》)를 제작할 때 있었던 일일 것이다.

이 영화는 많이들 아시겠지만 사쓰키와 메이 두 자매가 주인공으로 엄마가 병원에 입원해 있다는 설정이다. 사쓰키는 초등학교 6학년으로 아픈 엄마 대신에 엄마 역할을 잘해내고 있었다. 하지만 그림 콘티가 완성되어가는 것을 보면서 나는 뭔가 자연스럽지 못하다고 느꼈다.

아이들은 보통 뭔가를 하려고 해도 생각대로 되지 않고 실패를 많이 한다. 그것이 아이다운 것이다. 그래서 나는 완벽하게 해내는 사쓰키라는 아이에게 큰 위화감을 느꼈다. 이것을 미야자키 씨에게 이야기했다. "이런 아이가 실제로 있을 리 없잖아요?" 당시는 나도 젊어서 그랬는지 이런 말을 덧붙였다. "어려서부터 이런 일을 다 했다가는 사쓰키는 커서 불량한 사람이 될 겁니다."

이때 미야자키 씨는 크게 화를 냈다. "아니, 이런 아이는 있어요. 아니, 있었어요." 나는 무슨 말인가 했다. "내가 바로 그랬거든." 남자 형제만 있었던 미야자키 씨는 어머니가 병으로 계속 고생하고 있어서 그가 가족들의 식사를 준비하는 등 어머니의 역할을 대신했다고 한다. 그런 경험이 있었기에 그는 엄마 이상으로 엄마 역할을 해내는 이상적인 사쓰키를 만들어낸 것이다.

그 당시에는 화를 냈지만 원래 다른 사람의 지적을 진지하게 받아들이는 미야자키 씨는 그것을 기억하고 있었다. 어느 날 잠깐 와

달라며 나를 불렀다. 무슨 일인가 해서 가봤더니 엄마가 돌아가실까 봐 걱정되어 우는 사쓰키가 그려져 있었다. 그림 콘티가 완성되어서 나에게 보라는 것이었다.

"아, 여기서 우는군요"라고 했더니 울게 했다는 것이다. 그러고는 "스즈키 씨, 이걸로 사쓰키는 불량한 사람이 되지 않겠지요?"라고 말한다. 내가 "그렇겠네요"라고 대답하자 미야자키 씨는 다행이라며 기뻐했다. 다 큰 어른인데도 아직 어린아이 같다. 순수한 사람이라는 걸 새삼 깨달았다.

《토토로》를 둘러싼 기억

《토토로》는 너무 많아서 곤란할 정도로 에피소드가 많은 영화다.

바로 앞에서 사쓰키에 대한 이야기도 했지만 시나리오(그림 콘티)와 관련된 이야기를 하나 더 소개하겠다. 초안에서는 영화의 앞부분부터 토토로가 등장해서 큰 활약을 한다. 즉, 영화에 계속 등장하는 것이다. 이런 경우 비교적 정직한 편인 나는 그림 콘티를 보고 의문을 느껴 표정이 어두워졌다. 미야자키 씨는 "왜 그러냐?"고 물었고, 나는 "이런 캐릭터는 보통 처음부터 나오지는 않지 않나요?"라고 말했다. 아무리 그래도 "이렇게 처음부터 계속 등장시켜서 어쩌려고요?"라고 말할 수는 없으니까 말이다.

"그럼, 어떻게 하나요?"

"아니, 보통은 중간부터 등장하죠."

특별히 어떤 근거가 있었던 건 아니다. 그냥 그렇게 말해버리고 말았다. 미야자키 씨는 순간 깊은 생각에 빠지며 왜냐고 물었다. 어쩔 수 없이 "스필버그 감독의 영화 《E.T.》에서도 E.T.는 중간부터 나오잖아요"라고 하자 미야자키 씨는 그제서야 납득을 했다.

여기부터가 미야자키 씨의 대단한 점이다. 큰 종이를 꺼내어 중앙에 선을 하나 긋고 거기에 '토토로 등장'이라고 썼다. 주변에 스태프들이 많이 있었는데 모두 우리의 이야기를 듣고 있었다. 미야자키 씨는 전혀 부끄러워하지 않고 "그런가? 중간부터?"라고 말하는 것이다. 이런 행동은 가능할 것 같지만 아무나 하지 못한다. 정말 대단하다고 생각했다.

그러고 나서는 질문을 한다.

"그럼 그때까지는?"

"손 같은 걸 조금씩 보이는 거지요."

다시 말하지만 특별히 깊게 생각한 건 아니었다. 그저 단순히 《E.T.》에 대해 이야기한 것뿐이다. 어쨌든 그 결과 토토로가 중간부터 등장하게 된 이상 그 앞의 장면들을 어떻게 할지 고민해야 했다. 그래서 이사 오는 장면이나 집에 도착한 첫날의 장면 등이 더해지게 되었다.

그리고 이런 일도 있었다. 여러 가지 이유 때문에 《토토로》는 다카하타 씨의 《반딧불이의 묘》(이하 《반딧불이》)와 함께 동시 상영하게 되었다. 이 두 작품을 함께 상영하는 것은 지브리에는 큰 모험이나 마찬가지였다. 하지만 그것은 차치하고 미야자키 씨는 다카하타 씨가 문예 작품을 만든다는 사실에 신경을 쓰기 시작했다. 진지한 얼굴로 이렇게 말하는 것이다.

“스즈키 씨, 《반딧불이》는 문예 작품이지요?”

“그렇지요.”

“나도 문예 작품을 만들어야겠어요!”

“아니, 어떻게 하시려고요?”

“고양이 버스 같은 건 등장시키면 안 되겠어요. 그런 게 등장하면 문예 작품이 아니잖아요.”

정말 깜짝 놀랐다. 고양이 버스뿐 아니라 팽이를 타고 하늘을 나는 장면도 다 그만둔다는 것이다. “팽이를 타고 하늘을 날다니 그런 바보 같은 건 못 하겠어요.” 정말 난처했다. 나는 ‘고양이 버스’가 정말 좋았고 그걸 등장시키지 않으면 어떻게 하겠다는 것인지 걱정이 되었다. 그래서 《반딧불이》를 제작하고 있던 다카하타 씨에게 이야기를 했다.

“다카하타 씨, 정말 골치 아파졌어요.”

“무슨 일인가요?”

“다카하타 씨도 《토토로》에 대해 알고 계시죠?”

“아, 그거야 알죠.”

“지금 미야자키 씨가 고양이 버스와 팽이를 등장시키지 않겠다고 그러네요.”

“너무 아깝잖아요.”

"그렇죠? 저도 아까워요."

나는 바로 미야자키 씨에게 갔다.

"미야자키 씨, 고양이 버스랑 팽이 말인데요."

"그게 왜요?"

"다카하타 씨가 정말 아깝다고 하시던데요."

원래 미야자키 씨는 다카하타 씨의 한마디에 약하다. "그럼, 등장시켜야겠네요." 이렇게 한 건 해결되었다.

《토토로》에 그려진 자연

《토토로》에서 미술을 담당한 것은 당시 아직 30대였던 오가 가즈오(男鹿和雄) 씨다. 《토토로》의 큰 매력 중의 하나가 영화 속에 그려진 산골의 자연이라는 사실에는 아무도 반론을 제기하지 않을 것이다. 그만큼 그 배경은 멋있었다. 그 자연 풍경을 통해 이를 보고 있는 이들은 자신도 모르는 사이에 계절의 변화, 시간의 경과를 느끼게 된다. 그는 대단한 역량을 가진 그림의 장인이다. 얼마 전(2007년 7~9월) 도쿄도 현대미술관에서 지브리 작품을 중심으로 한 그의 전시회가 열렸는데 그야말로 대성황을 이루었다. 미술관이 개관한 이래 가장 많은 인원이 찾았다고 한다. 토토로 때문만은 아니겠지만 '토토로의 숲'의 팬도 많았을 거라 생각한다.

그런 오가 씨에게 미야자키 씨가 딱 한 가지 주문을 했다. 그건 바로 땅의 색깔이다. 작품에 나오는 배경은 간토 롬(loam)으로 설정되어 있어서 땅의 색깔이 붉어야 하는데 오가 씨가 검게 그렸던 것이다. 이는 오가 씨가 아키타(秋田) 출신이라 땅은 당연히 검다고 생각했기 때문이었다. 미야자키 씨는 그것을 붉은색으로 해달라고 주문했다. 오가 씨가 묵묵히 땅의 색깔을 수정하던 모습이 생생하다.

이렇게 산골을 무대로 한 《토토로》가 만들어졌다. 완성 시사회 때 있었던 재미있는 에피소드가 하나 있다. 그것은 오가타 히데오 씨의 반응이었다. 시사회가 끝나고 미야자키 씨는 잔뜩 긴장하고 있었다.

"오가타 씨, 어땠나요?"

"마지막에 다 같이 목욕을 하는 한 장의 그림이 참 좋았습니다."

이런 무뚝뚝한 대답에 미야자키 씨는 화를 냈지만, 그것을 지켜본 다카하타 씨가 냉정하게 "오가타 씨는 자연 속에서 자란 사람이라 그 추억을 떠올리게 하는 영화가 아니었다는 이야기겠지요"라고 말했다.

즉, 시골의 자연을 실제로 경험하며 자란 오가타 씨에게는 확 와닿지 않았던 것이다. 산골 풍경은 둘째 치고 현실성을 따진다면 덤불 속이나 숲속에는 벌레가 있기 때문에 그런 반팔 차림으로는 들어갈 수 없다. 아무리 덥더라도 긴팔에 긴바지를 입는다. 그런 자연이 있었으면 좋겠다는 생각에서 모든 것을 이상적으로 그린 것이니 오가타 씨가 이 영화에서 어린 시절을 떠올릴 수는 없었던 것이다. "전 무슨 영화인지 모르겠습니다"라고 말하는 오가타 씨는 정말 솔직한 사람이었다. 참고로 미야자키 씨는 시골을 동경해서 도쿄에서 자란 것에 콤플렉스를 갖고 있다. 그 때문에 나고야에서 자란 나를 놀리곤 한다. "스즈키 씨도 안 돼요, 도시에서 자랐으니까"라고 말이다.

다카하타 씨는 그땐 그렇게 말했지만 나중에 토토로의 의의를 이렇게 이야기하고 있다. 이는 맞는 말이다(전술 『에로스의 불꽃』).

> 나는 미야자키 하야오가 가져온 최고의 은혜는 '토토로'라고 생각한다. 토토로는 보통의 캐릭터가 아니다. 그는 도코로자와(일본 사이타마현의 도시, 《토토로》의 무대-역주)뿐 아니라 일본 전국에 있는 우리 주변의 숲 구석구석에 토토로를 살게 했다. 토토로는 전국 아이들의 마음속에 살고 있으며, 아이들은 나무를 보면 토토로가 숨어 있을 것이라고 생각한다. 그런 대단한 일은 흔치 않다.

다카하타 씨는 "《토토로》는 우리가 목표로 한 것의 정점이다"라는 말도 했다. 이 말을 들은 미야자키 씨는 무척 기뻐했다.

영리를 목적으로 하지 않는 것이 가장 큰 수익을 가져온다

《토토로》는 흥행과 수익이라는 두 가지 측면에서 귀중한 것을 선사해준 작품이다. 사실 '이익을 보지 않아도 좋다'라는 마음으로 임한 것이 결과적으로 최대의 수익을 올리는 작품을 만든 것이다.

미야자키 씨가 항상 말하는 영화 제작의 3대 원칙이 있다.

'재미있을 것.'

'만들 만한 가치가 있을 것.'

'돈을 벌 것.'

영화란 우선 재미있어야 한다. 그리고 그다음으로 주제가 좋아야 한다. 마지막으로 이것도 장사이므로 돈을 벌어들여야 한다. 그는 젊은 스태프들에게 이 3대 원칙을 반드시 이야기한다. 하지만 미야자키 씨는 《토토로》 때만은 이 원칙을 깼다. 이렇게 말하면 오해를 살지도 모르겠지만 그는 이 영화로 이익을 보지 않아도 좋다고 생각했다.

그것은 이런 이유 때문이었다. 예전 촬영소 시절의 감독과는 달리 현대의 감독들은 정말 힘든 상황에서 작품을 만든다. 한 번 실패하면 두 번 다시 기회가 없을지도 모른다. 관객을 끌어모으기 위해 필사적으로 서비스를 한다. 그 스트레스는 상상을 초월한다. 내용적으로 아무리 성공하더라도 흥행에 실패하면 작품에 대한 평가까지 떨어지게 된다. 하지만 이때에는 두 편 동시 상영이었다. 형 같은 존재이자 동료였던 다카하타 씨도 함께였다. 혼자서 모든 것을 짊어지지 않아도 된다는 점이 미야자키 씨의 마음을 편하게 해주었다.

사실 토토로를 중간부터 등장시키자는 것도 이와 관련이 있었다.

미야자키 씨가 "그런가? 중간부터?"라고 납득했을 때 그 뒤에 또 한 말이 있었다. "동시 상영으로 《반딧불이》도 있으니까 그래도 좋겠지요, 스즈키 씨?"

관객이 들지 않으면 안 된다, 실패하면 안 된다는 스트레스가 있었기 때문에 '토토로'라는 매력적인 캐릭터를 처음부터 풀가동시켜야 한다고 생각한 것이다. 그래서 미야자키 씨는 항상 주인공이 영화 전체에서 활약하도록 만들어 관객들에게 서비스를 했다. 《칼리오스트로의 성》도 《나우시카》도 《라퓨타》도 그랬지만 《토토로》 때에는 그런 스트레스에서 해방되었던 것이다. 의외일지 모르지만 《토토로》에는 그의 서비스 정신이 평소만큼 발휘되지 않았다. 물론 재미있는 작품을 만든다는 신념은 변함없었지만 말이다. 그 때문인지 지브리에서 미야자키 감독의 모든 작품을 함께 제작해왔지만 《토토로》 때만큼 미야자키 씨가 즐겁게 일하는 것을 본 적이 없는 것 같다.

예를 들어 어떠했는지 과거에 썼던 글 중에서 그 분위기를 잘 알 수 있는 에피소드를 소개하겠다. 앞서 말한 오가 씨와 관련된 이야기다(《붉은 대지[赤い土]》, 2007년).

> 미야자키 감독은 작품 제작에 들어가면 평소와는 다르게 엄한 표정이 되는데 《토토로》 때만은 그렇지 않았다. 《반딧불이의 묘》와 함께 동시 상영이었기 때문에 마음이 편하다고 미야자키 씨가 말하던 것이 떠오른다.

모두가 묵묵히 그림을 그리는 가운데 미야자키 씨는 가까운 스태프들을 상대로 즐겁게 이야기를 나누면서 그림을 그리고 있었다. 그때 갑자기 성난 목소리가 들렸다.

"시끄러워요. 조용히 좀 해주세요."

오가 씨였다. 그 말만 하고 오가 씨는 한눈도 팔지 않고 아무 일 없었다는 듯이 계속 그림을 그렸다. 스튜디오엔 긴장감이 감돌았고 아무도 얼굴을 들지 않았다.

잠시 후 미야자키 씨가 조용히 자리에서 일어났다. 분필을 들고 가서 오가 씨의 책상 주변에 하얀 선을 그렸다.

"이 선을 넘어서는 안 됩니다." 미야자키 씨는 집게손가락을 입에 대고 장난꾸러기 아이처럼 "쉿!" 하며 나를 쳐다봤다.

사실 오가 씨는 그때 지브리 작품에 처음 참가하는 것이었다. 당연히 긴장되고 그래서 무심코 "시끄러워요!"라고 소리친 것이다. 그 기분은 이해하고도 남았고 유머로 해결한 미야자키 씨도 멋졌다. 즐겁다 보니 마음의 여유도 생겼을 것이다. 아무튼 당시 미야자키 씨는 해방된 상태였다.

이렇게 완성된 《토토로》는 그해의 영화상을 거의 휩쓸며 높은 평가를 받았다. 동시 개봉했던 《반딧불이》도 문에 영화로 절찬을 받았다. 그러나 4월 중순이라는 어중간한 시기에 개봉한 탓도 있어 흥행 성적은 결코 좋지 않았다. 그냥 좋지 않았던 정도가 아니라 지브리의 전체 작품 중에서 《토토로》와 《반딧불이》는 관객이 가장 적게 든 작품이다. 원래 두 편 모두 아주 재미있을 것 같지는 않다는 인상이 있어서(격투 장면이 없는 등) 망설이는 배급사에 도쿠마 사장이 힘을 써 억지로 팔아 넘겨 간신히 실현된 만큼 흥행 면에서는 큰 기대를 받지 못했다.

그러나 중요한 건 지금부터다. 《토토로》가 큰 인기를 얻기 시작한 것은 TV에서 방영된 다음부터다. 닛폰TV의 금요 로드쇼에서 방영되었을 때 큰 반향이 있었다. 여기에서 생각지도 못했던 부산물이 탄생한다. 바로 토토로 인형이다. 처음부터 기획된 것이라고 오해하는 사람도 많지만 이것은 영화를 제작할 때 만든 상품이 아니다. TV 방영 후, 영화를 개봉한 지 2년 후쯤에 처음 등장한다.

그때까지 지브리에서는 캐릭터 상품에 대해 생각한 적이 없다. 한 인형 회사 관계자가 토토로의 매력을 알아차리고 적극적으로 노력한 결과 탄생한 것이다. 그 저작권 사용료는 지브리를 매우 윤택하게 해주었다. 그 결과 개봉 당시에는 결코 좋은 성적이라 할 수 없었던 《토토로》가 지금은 가장 많은 수익을 올린 영화가 되었다. 좋은 작품은 만들어둘 필요가 있다는 생각을 하게 되었다.

참고로 그 후에 지브리는 캐릭터 상품부를 개설했다. 하지만 영화가 먼저고 캐릭터 상품은 그다음이라는 원칙은 그대로다. 상품화를 위해 작품의 내용을 바꾸는 일은 결코 있어서는 안 된다고 지금도 생각한다.

새로운 도전과 집대성

《모노노케 히메》가 완성된 것은 1997년으로 미야자키 씨가 50대 중반이었을 때다. 나는 옆에서 그가 그리는 그림 콘티를 보고 있다가 깜짝 놀라고 말았다. 그 나이에 마치 신인 감독과 같은 작업 방식을 취하고 있었기 때문이다.

우선 그는 자신의 주특기를 모두 봉인했다. 좀 더 알기 쉬운 예를 들자면 아무도 하늘을 날지 않았다. 그의 캐릭터들은 등장만 하면 바로 하늘을 날아오르는데 《모노노케 히메》에서는 그런 장면이 한 번도 없다. 즉, 지금껏 자신이 키워온 것들을 모두 버리고 새로운 것에 도전한 것이다. 요컨대 지금까지의 실적들은 모두 잊는 것이다. 나는 거기에서 신인 감독 같은 초심을 느꼈다.

주제와 관련해서도 그러했다. 해결하기 어려운 장대한 주제를 설정하여 열심히 도전한다. 감당하기가 버거워 때때로 힘들어하기도 했지만 이를 두려워하지 않는 젊음이랄까, 그런 것을 느끼게 한다.

내용이 아직 공개되기 전의 프로모션 필름에는 '미야자키 애니메이션의 집대성!'이라는 문구가 나오는데 사실은 그렇지 않다. 《모노노케 히메》는 집대성이 아닌 새로운 도전이다. 다카하타 씨는 역시 대단하다. 이것을 알고 있었다. 완성 시사회의 인사에서 다카하타 씨는 이렇게 말했다. "이것은 집대성이 아니다. 미야자키 씨는 젊다. 아니 젊음을 되찾았다."

이 영화를 제작할 때에도 미야자키 씨에게서 어떻게 생각하냐는 질문을 많이 받았다. 그중 내가 고민했던 것은 무대 설정이었다.

'일본의 무로마치 시대'라고 하면 역사를 왜곡하는 게 되지 않을까? 일본이라는 나라에서는 나무를 베어도 다시 자랄 것이고, 타타라바에서 일하는 사람이 모두 여자라는 점도 잘못되었을 것이다. 왠지 그렇게 설정해서는 안 될 것 같았다. 그래서 "가공의 나라로 하면 어떨까요?"라고 한번 제안해보았다. 미야자키 씨는 곧바로 그렇게 하자고 했다. 이런 면이 그의 대단한 점이다. 아무런 의문도 없이 받아들여준다.

나는 말을 하긴 했지만 고민에 빠졌다. 이제 슬슬 홍보에 관해서 생각해야 할 단계가 되었는데, 이 이야기에서 '일본'이라는 요소를 빼면 관객이 별로 안 들 것 같다는 생각에서였다. 고민 끝에 결국 다시 일본으로 설정하기로 했다. 미야자키 씨는 바로 승낙했다. 사실 지금도 그게 잘한 건지는 잘 모르겠다.

내가 끝까지 주장했던 것은 영화의 제목이었다. 홍보를 시작하기 직전에 미야자키 씨는 '아시타카 셋키'로 제목을 바꾸고 싶다고 했다. '셋키'란 미야자키 씨가 만들어낸 단어로 귀에서 귀로 전해져온 이야기를 의미한다고 한다. 이럴 때 미야자키 씨는 참 막무가내다. "모두들 이게 좋다고 했어요"라며 몰아붙인다. 그 모두가 도대체 누구냐고 묻고 싶지만 그건 미야자키 씨 특유의 말버릇이다. 아무튼 나는 '모노노케 히메'라는 제목이 그 자체로 임팩트가 있는 광고 문구가 될 것이라고 확신하고 있었기 때문에 좀 곤란했지만 절대 양보하지 않았다. 의견이 대립된 상태였지만 나는 실력 행사로 해결했다. 미야자키 씨는 특보나 예고편에는 전혀 관심이 없었기 때문에 닛폰TV에서 특보 제1탄을 방송할 때 '모노노케 히메'라는 제목으로 내보낸 것이다(98페이지의 오른쪽 하단 그림 참조). 여기에 미야자키 씨가 어떤 반응을 보였는지는 전에 쓴 것이 있으므로 그것을 인용한다('모노노케 히메라는 제목', 1997년).

> 미야자키 씨가 그것을 알게 된 것은 연초였다. 엄청난 기세로 이렇게 말했다.
>
> "스즈키 씨, '모노노케 히메'라는 제목으로 내보냈습니까?"
>
> 일을 하고 있던 나는 천천히 고개를 들며 아무 일 없었다는 듯이 차분한 목소리로 "네"라고 대답했다.
>
> 미야자키 씨는 기가 막히다는 얼굴로 자신의 책상으로 돌아갔고, 그 후 그 일에 대해서는 일절 입을 열지 않았다.
>
> 미야자키 씨에게는 그런 면이 있다. 그러나 이는 때와 경우에 따라 다른데 나에게 이번 일은 도박이었다.
>
> 홍보 활동을 하다가 영화 제목에 관한 질문이 나오면 미야자키 씨는 매번 이렇게 이야기했다.
>
> "그건 프로듀서에게 물어보세요."

실력 행사로 기정사실화해버리는 방법은 정말 '때와 경우에 따라' 잘 써야 한다. 나는 이 작품을 위해서는 이 제목이 좋고 그것을 언젠가 미야자키 씨도 알아줄 것이라고 믿었기 때문에 이런 도박을 했던 것이다.

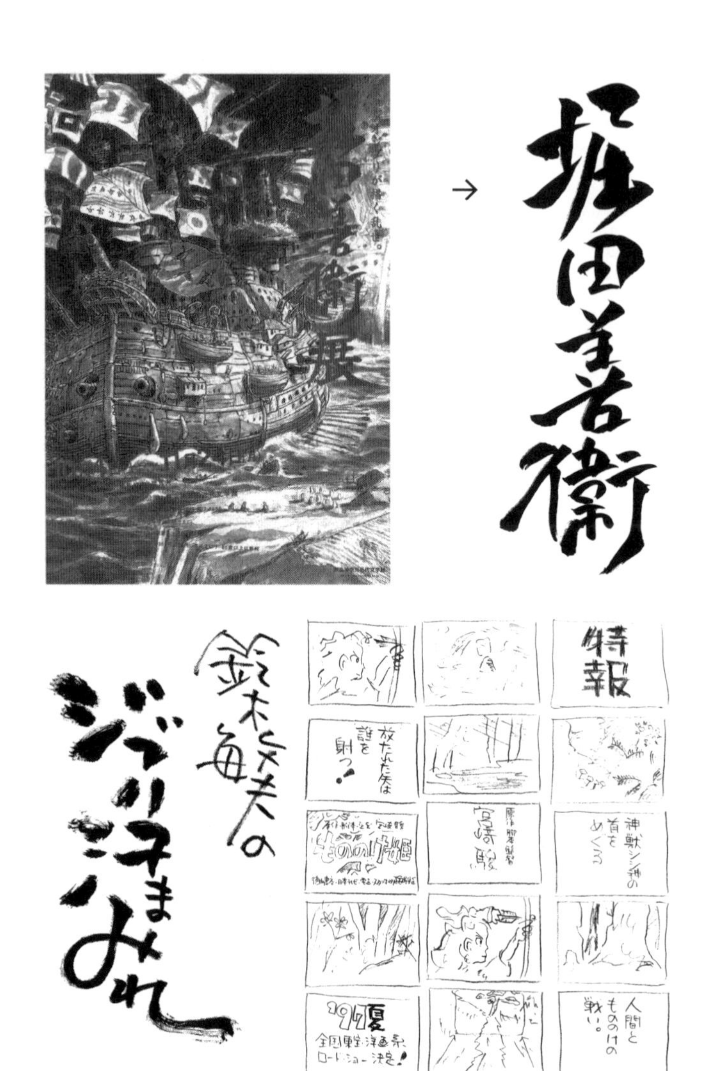

(위 오른쪽 글씨) 홋타 요시에
(아래 왼쪽 글씨) 스즈키 도시오의 '지브리 아세마미레(ジブリ汗まみれ)'
프로듀서는 그림을 그리고 글자를 쓴다. 왼쪽 위 : 홋타 요시에 씨의 전시회 전단지 오른쪽 위 : 저자가 쓴 제목 글씨 오른쪽 아래 : 1995년《이웃집 토토로》의 TV 방영 후에 나간《모노노케 히메》특보의 그림 콘티. 여기에서 처음으로 '모노노케 히메'라는 제목이 세상에 알려졌다. 왼쪽 아래 : 저자의 라디오 프로그램 '지브리 아세마미레'의 로고도 직접 썼다.

《모노노케 히메》가 미야자키 하야오의 집대성이 아니라고 했다. 집대성은 바로 《센과 치히로》일 것이다. 그는 이 영화에서 지금까지 자신이 키워온 모든 것을 총동원하고 있다. 자유롭게 하늘을 날고 있는 것이다. 그러고 보니 이 두 편은 나에게도 매우 즐거웠던 작품이다.

《센과 치히로》의 경우는 이름을 빼앗긴 채 일을 하게 된 치히로라는 설정까지는 좋았지만 그다음을 어떻게 진행해야 할 것인지가 문제였다. 즉, 가오나시의 이야기를 중심으로 할 것인지, 모험 활극으로 나아갈 것인지가 문제였는데 미야자키 씨가 그것을 갑자기 물어와서 순간 고민했다. '장기적으로 보면 모험 활극이 오래 남고 위험도 적을 거야. 하지만 가오나시를 중심으로 하면 누군가를 고민에 빠뜨릴지도 모르지만 그 편이 관객을 더 끌겠지?'라는 생각이 들어 가오나시 중심으로 가자고 했다. 이렇게 글로 쓰니 상당히 긴 시간 같아 보이지만 정말 순간이었다. 미야자키 씨는 정말 갑자기 "어떻게 생각해요?"라고 물으면서 바로 대답하기를 바란다.

지금 문득 떠올랐는데, 평론가인 가토 슈이치(加藤周一) 씨는 《센과 치히로》를 보고 나서 일본은 신이 많아서 큰일이라며 웃었던 적이 있다.

그건 그렇고 미야자키 씨는 《모노노케 히메》에서는 일본으로 설정하지 말자고 해도 좋다고 하고, 가오나시로 가자고 해도 그냥 순순히 받아들이니 이쪽이 오히려 조마조마해진다. 그렇게 쉽게 결정해서는 안 되는 중요한 것이라고 미야자키 씨에게 말하고 싶다

(웃음).

여성과 연애를 그리는 방법

시점을 조금 바꾸어 미야자키 씨 영화의 특징과 매력에 대해 간단하게 이야기해보겠다.

우선 여성에 대해 살펴보겠다. 《모노노케 히메》를 보면 타타라바에서 일하는 사람들이 모두 여성인데, 미야자키 씨에게 여성이 차지하는 위치는 상당히 흥미롭다. 그는 무조건 여성을 소중히 하는 페미니스트다. 어머니 한 분에 남자 넷인 가정에서 자란 것과 관계가 있을지도 모른다. 어떤 의미에서 여성을 이상화하는 면이 있다.

타타라바에서 여성이 일하는 것은 역사적으로는 없었던 사실이라는 점을 미야자키 씨도 잘 알고 있다. 그러나 어쩌면 일을 했을지도 모른다고 그는 생각하고 싶어 한다. 여성의 힘을 빌리지 않으면 사회가 돌아가지 않는다는 것을 그는 작업 현장에서도 실감하고 있다. 애니메이터 중에는 여성이 많고, 애니메이션을 만들 때 분골쇄신해가면서 끝까지 열심히 일해주는 것은 여성이라는 생각이 그의 마음속에 자리 잡고 있다.

《붉은 돼지》 때에는 그 전 작품인 다카하타 씨의 《추억은 방울방울》과 작업이 겹쳤기 때문에 주요 스태프들이 모두 그쪽에 가 있었다. 그때 미야자키 씨는 생각지도 못한 사람들을 뽑았다. 말로 표현하기가 좀 어렵지만 어느 정도 힘을 갖고는 있으나 톱은 아닌, 그러나 성실하게 일해줄 사람으로 영화를 만드는 각 포인트의 메인 스태프를 전부 여성으로 채웠다. 여성이 만든 《붉은 돼지》. 미야자키 씨는 이것을 광고 문구로 사용했다.

미야자키 씨는 분명 마지막에 기댈 수 있는 것은 여성이라는 신념을 갖고 있을 것이다. 그것은 이미 《나우시카》에 잘 나타나 있다. 이것은 내부 자료지만 이 점에 관해 쓴 글이 있으므로 잠깐 소개하겠다('《귀를 기울이면》의 홍보를 생각하는 데 있어서[《耳をすませば》の宣伝を考えるにあたって]', 1995년).

> 현실보다 한 발 먼저 남녀평등, 아니 오해를 무릅쓰고 말하자면 여존남비를 실현한 영화가 실은 《바람계곡의 나우시카》가 아니었을까 하는 것이 여기까지 글을 쓰면서 든 생각이다. 왜냐하면 《나우시카》는 남자들이 모여들어 엉망으로 만든 지구를 혼자의 힘으로 구하려 했던 소녀의 이야기이기 때문이다. 이를테면 남자들에 대한 복수극이라고도 볼 수 있다. 이 영화가 성공한 이유에 대해서 지식인들은 '인간과 자연'의 문제를 강조했다. 그러나 실제로는 강렬하고 장렬한 나우시카라는 새로운 시대의 도래를 예감하게 하는 여성 캐릭터의 등장이 여성들의 잠들어 있던 의식을 일깨웠기 때문이라고 볼 수도 있다.

나중에 하는 해석들은 종종 억지로 갖다 붙이는 경우가 있기 때문에 조심해야 하지만 지브리의 작품 특히 미야자키 씨의 작품은 여성의 관점에서 보면 상당히 많은 것을 알 수 있을 것 같다. 남녀 관계에 대한 표현도 매우 독특하다. 보통은 만나서 상대의 기분을 살피는 등의 순서나 전개가 있다. 그런데 미야자키 씨의 애니메이션에서는 만나는 순간 100% 서로 사랑에 빠진다. 그리고 어느 영화에서든 바로 육체적인 접촉이 있다. 하울은 등장하자마자 소피의 어깨에 팔을 두르고, 치히로도 곧바로 하쿠가 어깨를 안고 위로해준다. 《라퓨타》에서는 하늘에서 떨어지는 시타를 파즈가 받아주고 함께 비좁은 비행기에 올라탄다. 그런 표현이 정말 뛰어나다.

연애에 관해서 좀 더 이야기하겠다. 《귀를 기울이면(耳をすませば)》은 중학생들의 러브 스토리인데 세이지가 연수를 떠나고 여자 주인공은 소설을 쓴다. 보통은 그 소설을 보여주는 상대가 세이지일 것이다. 그러나 완성되었을 때에는 그가 곁에 없었기 때문에 할아버지에게 소설을 보여준다. 소설을 읽고 난 할아버지는 안쪽에서 돌을 가지고 나온다. 그리고 "너는 원석이란다"와 같은 말을 한다. 보통 이런 말은 사랑 고백이 아니던가? 그러나 여기에서는 할아버지가 자신이 젊었을 때 독일에서 만난 한 여성과의 일들을 이야기하며 함께 냄비 우동을 먹는다. 이것은 러브 신이 아닌가? 도대체 이 할아버지는 누구인가? 미야자키 씨에게 이런 이야기를 했더니 무척 부끄러워하면서 "스즈키 씨, 이 할아버지는 원석을 많이 갖고 있어요"라고 말하는 것이다(웃음). 하지만 아마도 이것이 홍행에 성공한 원인이었을 것이다.

인간에 대한 신뢰에서 오는 '관능성'

미야자키 애니메이션의 큰 매력은 '관능성'이라고 다카하타 씨는 말한다. 《나우시카》에 이어 프로듀서를 맡았던 《라퓨타》 때에 그는 이런 글을 썼다('모든 현대인에게 전하는 우애 이야기[現代人全体への友愛の物語]', 1985년).

> 진정한 웃음을 모르는 현대의 어린이들을 마음속 깊은 곳에서부터 웃게 만들고 손에 땀을 쥐게 하며 온몸과 마음으로 주인공에게 몰두하게 한다. 그리고 밝은 모습으로 영웅이 된 것마냥 당당하게 성큼성큼 영화관을 걸어 나오게 만든다. 이것은 모든 영화인들의 꿈이었다.
>
> 과연 최근 수년간 광고 문구가 아닌, 정말로 이런 인간주의적인 '유쾌하고 살아 숨쉬는 모험 활극'이 애니메이션에 등장한 적이 있었는가? 얼핏 보면 모험 활극의 즐거움을 제공하고 있는 것 같은 많은 SF 메카닉 작품에서 인간의 육체적인 능력이란 것이 인간들이 만들어낸 거대한 기계의 비인간적인 마법 같은 능력 앞에서 얼마나 보잘것없는지를 계속해서 각인시켜오지 않았는가? 거기에서 인간은 단지 기계를

TV 게임처럼 조작하는 신경증적인 긴장만을 짊어지고 있어서 '살아 숨쉬는' 관능성은 어디에서도 찾아볼 수 없다고 할 수 있다.

미야자키 하야오 감독의 《미래소년 코난》과 다른 작품들은 인간을 찬양함으로써 관객들의 목마름을 달래왔다.

어른부터 아이까지 비인간적인 디지털적인 것에 억지로 적응하려고 눈물겨운 노력을 기울이고 있는 지금, 모든 면에서 아날로그적인 것이야말로 인간적인 것이라고 믿고 철저하게 작품 세계에서 이를 되찾기를 꿈꾸는 열혈한 미야자키 하야오의 작품은 현대인 모두에게 보내는 우애의 이야기이며 모험 활극을 둘러싼 불행한 현재의 상황에 과감하게 도전하는 야심작인 것이다.

전작인 《나우시카》가 지구 환경 문제를 다루었던 만큼 《라퓨타》에 대해서 낡아빠진 어린이용 동화로 회귀했다고 하는 견해도 있었다. 다카하타 씨는 그런 견해를 정면으로 반박한 것인데, 여기에서 말하는 '관능성'은 분명 미야자키 애니메이션의 커다란 매력이라고 생각한다.

수수께끼를 풀지 않는 대단함

미야자키 씨의 영화 제작 방법에서 정말 대단하다고 느끼는 것 중 하나는 수수께끼를 풀지 않는다는 점이다. 예를 들어 《모노노케 히메》의 앞부분에서 큰 멧돼지가 돌진해왔을 때 마을 사람들은 "재앙신이다!"라고 소리친다. 재앙신이라는 걸 어떻게 아는 걸까? 재앙신이 되는 경위는 나중에 명확해지지만 그때는 아직 알 리가 없다. 그런데도 마을 사람들은 제 마음대로 재앙신이라고 정해버린다.

《붉은 돼지》에서는 더하다. 돼지의 얼굴을 한 사람이 거리를 걸어다니고 있다. 그런데 왜 그 누구도 아무 말도 하지 않는 것인가? 여기에 대해서는 전혀 설명해주지 않는다. 어째서 그가 돼지가 되었는지조차 말해주지 않는다. 사실 나는 이 영화를 만들 때 '자신에게 마법을 걸어 돼지가 되어버린 남자의 이야기'라는 문구를 만들었는데 이걸 보고 다카하타 씨가 한마디 했다. "그런 내용이 이 영화의 어디에 나옵니까? 그건 홍보의 영역을 넘었어요." 나는 관객을 끌기 위해 필요한 문구라고 생각했지만 분명 다카하타 씨가 말한 대로 영화 속 어디에도 그런 내용은 없다.

'수수께끼의 해결'과는 좀 다르지만 미야자키 애니메이션의 '수수께끼'랄까, 매력에 대해 마지막으로 한 가지 더 이야기하겠다.

그것은 몇 살로 보이게 하느냐에 관한 것이다. 전형적인 예로 루팡 3세를 들 수 있다. 전에 다카하타 씨와도 이야기한 적이 있는데 루팡 3세가 몇 살이라고 생각하는가? 보는 사람에 따라 전혀 다르다는 점이 참 재미있다. 아이들에게는 아저씨, 10대에게는 20대,

20대에게는 30대로 보인다고 한다. 모든 세대의 사람들이 자신보다 조금 위라고 생각하는 것이다. 몇 살로든 보인다는 게 참 대단하지 않은가?

미야자키 애니메이션을 분석한다면 이런 것이 정말 재미있을 것 같은데 아무도 그렇게 하지 않는다. 정말 아깝다.

존경하지 않기 때문에 함께할 수 있다

미야자키 씨와는 이래저래 30년을 함께해오면서 거의 매일같이 이야기를 서로 나눈다. 많은 일들이 있었지만 사이 좋게 지내고 있다고 할 수 있을 것 같다. 왜 그런지 그 이유에 대해 미야자키 씨가 좋은 걸 알아냈다.

몇 년 전 어느 날, 미야자키 씨가 달려왔다. 그는 무언가 생각이 나면 혼자서 담아두지 못하는 성격이어서 어떻게든 이야기하고 싶어 한다. 그것도 그 당사자에게 말이다.

그럴 때면 미야자키 씨는 내 자리까지 달려와서 "스즈키 씨, 저기 있잖아요"라며 나를 안달나게 한다. 어차피 이번에도 별 얘기 아닐 거라는 생각에 냉정하게 "뭔데요?"라고 대답했더니 이런 말을 하는 것이다.

"스즈키 씨, 알아냈어요!"

"뭘 알아냈다는 거예요?"

"나랑 다카하타 씨랑 스즈키 씨가 계속 함께 일해올 수 있었던 가장 큰 이유!"

"그게 뭔데요?"

"서로 존경하지 않는다는 거예요."

이런 말을 할 때 그의 얼굴은 정말 밝다. 존경한다면 함께 일할 수 없다는 점에는 나도 전적으로 동감한다. 서로 아무 거리낌 없이 마음껏 이야기를 나누며 일을 하고 있기 때문에 '존경'이라는 단어가 끼어들 여지가 없다. '존경'하면 '조심'하게 되기 마련이다.

중요한 것은 하고 싶은 말을 하고 그것이 그대로 받아들여지는 것이다. 서로 믿지 않는 상태에서 이야기를 하면 제대로 전해지지 않는다. 있는 그대로 받아들이기 위해서는 신뢰 관계가 필요하다. 즉, 신뢰는 하지만 존경은 하지 않는 관계인 것이다.

참고로 미야자키 씨가 이런 말을 하러 오고, 내가 그것을 반박하는 일은 자주 있다. 《포뇨》 이야기에서 등장한 나의 어시스턴트 시라키 노부코 씨의 말에 따르면 이럴 때마다 나의 백전백승이란다. 그러면서 "그렇지만 미야자키 씨도 정말 대단해요. 그렇게 스즈키 씨에게 매번 지면서도 아무렇지 않게 또 오는 게"라고 말했다. 하지만 거기에는 중요한 전제가 있다. 즉, 두 사람 다 잘 잊어버린다는 것이다. 특히 미야자키 씨는 잘 잊어버리는 걸로 아주 유명하다. 그렇기 때문에 안심하고 하고 싶은 말을 다 하는 면이 있다. 전부 다 기억하고 있다면 이런 관계는 유지될 수 없을 것이다(웃음).

5. 모두 함께 언덕에서 굴러떨어지는 것이 영화 제작이다

다카하타 이사오의 논리와 실천

날개가 없으면 하늘을
날 수 없다.
용이라면 구름도
탈 수 있을 것이다.
호조키(方丈記) 2006년 정월 초하루

미야자키 고로 감독의 작품《게드전기》가 개봉된 2006년의 연하장. 영화 속의 용이 하늘을 나는 인상적인 장면이 떠오른다.

《반딧불이의 묘》, 《추억은 방울방울》 등을 포함하여 저는 그때까지도 관객을 완전히 작품 세계에 몰입시키는 것이 아니라 한 발짝 물러선 곳에서 관객이 등장인물과 세계를 바라보며 '자아'를 잊지 않고 생각할 수 있는 작품을 만들기 위해 노력해왔다고 생각합니다.

작품을 보고 두근거리게 만드는 것뿐 아니라 객관적으로 상황을 제시하고 조마조마하게 만들고 싶습니다. 경우에 따라서는 주인공을 비판적으로도 보게 하고 싶습니다. 그래서 그리모를 만난 직후부터 제작을 시작한 《폼포코 너구리 대작전(平成狸合戦ぽんぽこ)》에서는 확실히 그런 점을 의식하여 영화를 만들었습니다. 하지만 그리모는 영화가 개봉된 1994년에 세상을 떠났습니다.

(다카하타 이사오 『만화영화의 뜻』, 2007년)

'소신 있는' 사람

다카하타 씨는 '소신 있는' 사람이다. 예를 들어, 여러분은 의외라고 생각할지도 모르겠지만 다카하타 씨는 단 한 번도 지브리의 정식 멤버가 된 적이 없다. 지브리를 설립할 당시에 다카하타 씨는 "반드시 지브리를 설립해야 한다"라고 말했지만 '~해야 한다'라는 것은 그저 그의 말버릇일 뿐 자신이 지브리에 참여하겠다는 말은 하지 않았다. 그는 영화감독은 한 회사의 멤버로 속해서는 안 된다고 주장한다. 대신 다카하타 씨는 나에게 "전속 작가라는 것이 있잖아요, 그거라면 괜찮아요"라고 말했다.

그래서 지브리를 설립했을 때 모두가 도장을 들고 와야 하는 날에 다카하타 씨는 당연히 도장을 들고 오지 않았다. 그뿐만 아니라 그날 도장을 들고 온 미야자키 씨에게 "미야자키 씨, 작품을 만드는 사람은 그런 데에 도장을 찍으면 안 돼요"라는 말까지 했다. 맞는 말인지도 모르지만 정말 못 말리는 사람이다(웃음). 그래서 그는 계속 지브리의 '고문'이라는 직함으로 남아 있다.

그렇지만 실제로 지브리를 설립할 때 다카하타 씨는 지대한 공헌을 했다. 무엇을 어떤 식으로 할 것인가에 대해 정말 많은 도움을 주었다. 그런 부분에서는 탁월한 능력을 가지고 있다.

앞서 이야기했지만 《나우시카》를 제작할 때 다카하타 씨의 프로듀서로서의 모습은 정말 훌륭했다. 하나하나에 충분히 논리가 있었다. 단계적인 방식으로 예산을 산출하는 방법 등은 그 후에도 많은 참고가 되었다.

장면 하나하나에 대한 고집

프로듀서로서의 다카하타 씨는 뛰어난 능력을 가졌지만 일단 본인이 감독을 맡게 되면 프로듀서를 정말 애먹이는 사람이다. 철저하게 완벽주의자적인 성향을 보였다. 내가 처음으로 프로듀서로서 영화 크레디트에 이름을 올린 것은 1991년에 개봉된 《추억은 방울방울》(이하 《추억은》)인데, 이때 역시 그의 완벽주의를 질릴 정도로 실감할 수 있었다.

과연 다카하타 씨답다고 할 수 있는 에피소드가 두 가지 있다. 그 중 하나가 《뜻밖의 표주박섬(ひょっこりひょうたん島)》에 관한 에피소드다. 《추억은》의 원작에 이노우에 히사시(井上ひさし) 씨의 NHK 인형극 《뜻밖의 표주박섬》(이하 《표주박섬》)이 잠깐 나온다. 다카하타 씨는 그 프로그램이 방영될 당시 막 일하기 시작한 무렵이었고, 집에 텔레비전이 없어서 그 프로그램을 한 번도 본 적이 없었다. 그런데 《추억은》의 촬영을 시작할 때 마침 잡지에 《표주박섬》 특집이 실렸다. 거기에는 극중에 나온 노래의 가사들이 실려 있었는데, 그 가운데 다카하타 씨의 마음에 든 곡이 2개 있었다. 그는 "이게 어떤 노래였는지 알고 싶어요"라고 말했다. 이야기는 여기서부터 시작된다.

감독이 알고 싶다고 하니 프로듀서인 나로서는 찾아볼 수밖에 없다. NHK에 있는 지인에게 연락해서 4회분의 녹화 테이프를 받았다. 다카하타 씨는 이것으로 처음 《표주박섬》을 보게 되었고, 프로그램이 정말 재미있다며 영화 속에 사용하자고 말했는데 정작 원하는 두 곡이 그중에 없었다.

다카하타 씨는 어떻게 해서든 그 노래를 듣고 싶어 했다. 어쩔 수 없이 다시 한번 NHK에 물어보았다. 하지만 오랫동안 방송되었던 프로그램인데도 녹화 테이프가 전부 합쳐 8편밖에 남아 있지 않았다. 남은 4편도 받아와봤지만 거기에도 원하는 노래는 없었다.

다카하타 씨는 "앨범이 어디에서 나왔나요?"라고 물었다. 콜롬비아사에서 나왔길래 문의해봤지만 주제가만 남아 있을 뿐 삽입곡은 앨범으로 만들지 않았다는 대답이 돌아왔다. "작곡가는 가지고 있지 않을까요? 자신이 만든 곡이니까"라고 말해서 내가 작곡가인 우노 세이이치로(宇野誠一郎) 씨의 메구로 자택을 방문했다. 우노 씨는 정말 좋은 분으로 여러 가지 것들을 알려주셨지만 너무나 많은 곡을 작곡했기 때문에 모든 곡을 정리해놓지도 않았고 기억도 나지 않는다고 했다. 우노 씨의 부인까지 나서서 함께 찾아봤지만 결국 발견되지 않았다.

이런 것은 잘 남지 않는다. 그러나 다카하타 씨는 절대 포기하는 법이 없다. "어떻게 해서든 듣고 싶어요." 좋은 방법이 없어서 어찌할 바를 모르고 있을 때 소위 '마니아'인 사람이 나타났다. 그 사람에게 사정을 이야기하고 어떻게든 노래를 들을 수 있는 방법이 없냐고 묻자 일본 전역에 있는 마니아들에게 물어봐주었다. 그러자 5일 정도 후에 노래를 찾을 수 있었다!

노래를 가지고 있던 사람은 홋카이도에 살고 있었다. 테이프를 보내왔는데 그 안에는 다카하타 씨가 듣고 싶어 하던 그 곡이 들어 있었다. 하지만 정말 신기한 일이다. NHK에도 없고, 콜롬비아사에도 없고, 작곡가조차 가지고 있지 않은 그런 노래가 어떻게 홋카이도에서 발견된 것일까? 어찌 된 일인지 물어보니 10년 전 한 라디오 프로그램에서 《표주박섬》 특집을 했을 때 그 노래가 나와 녹음을 했다고 한다.

하지만 역시 신기하다. 어딜 가도 찾을 수 없었던 이 곡이 라디오 방송을 할 때 어떻게 나왔던 것일까? 그 마니아인 사람을 통하여 물어보자 겨우 수수께끼가 풀렸다. 그 방송극에서는 나카야마 지나쓰(中山千夏) 씨가 '박사'역을 맡았다. 아직 어린아이였던 지나쓰 씨를 위해서 어머니가 항상 따라왔고 노래를 부르면 테이프에 녹음을 했다고 한다. 그래서 그 테이프로 라디오 방송을 한 것이다.

다카하타 씨는 무척 기뻐했다. 그는 음악에 재능이 있기 때문에 노래를 듣자마자 곧 악보에 옮겨 적었다. 그러고 나서 "음, 이랬었구나"라며 만족해했다. 보통은 "정말, 잘됐다"라며 끝이 나지만 다카하타 씨는 다르다.

"그런데…."

나는 순간 흠칫했다.

"이 노래를 부를 때 어떤 안무를 했을까요?"

인형이니까 당연히 안무가 있었을 것이라는 말이다. 영상이 남아 있지 않다는 것은 알고 있었다. "인형을 조종했던 사람이 있겠지요?" 그래서 인형극을 담당했던 '히토미좌(ひとみ座)'로 갔다. 그런데 그 인형을 조종했던 사람은 이미 그곳을 그만둔 후였다. 연출가에

게 물어봤지만 기억하지 못했다. 여러 가지 방법을 동원해서 찾아 본 결과 그 사람을 만날 수 있었다. 다행히도 그 사람이 안무를 기억하고 있어서 안도의 한숨을 내쉬었다. 그래서 겨우 그 장면이 완성되었다.

그 장면은 정말 짧다. 그러나 반향은 매우 컸고 "그 시절이 생각나서 그리웠다"라는 감상이 많았다. 시대의 분위기를 잘 느낄 수 있는 인상적인 장면이었다.

홍화 연구서를 만들다

《추억은 방울방울》에 대한 또 하나의 에피소드가 있다.

무대는 야마가타(山形)로 테마는 홍화(紅花) 따기다. 다카하타 씨는 어떻게 만들고 있는지에 흥미가 있는 사람이기 때문에 실제로 작업하는 모습을 보고 싶어 했다. 그래서 아직 아무것도 만들지 않았을 때 시나리오 헌팅을 하고 싶다고 했다. 어쩔 수 없이 둘이서 야마가타에 가게 되었다. 현지 관광과에서 농가를 소개받아 촬영도 하면서 여러 가지를 물어보았다.

다카하타 씨는 야마가타에 있는 동안에 조연출에게 이야기해서 일본에서 발매된 홍화에 관련된 책을 전부 모으게 했다. 그는 야마가타에서 돌아오자마자 홍화 관련 책을 열심히 읽었다. 그러면서 홍화에 대해 정리한 대학노트가 한 권 완성되었다. '홍화는 이렇게 만든다'라는 홍화 연구책이 만들어진 것이다.

야마가타에서 취재를 위해 들른 곳은 세 군데였는데 다카하타 씨의 말에 따르면 이 세 곳과 다른 홍화 작업 방법이 있다고 했다. 요네자와(米沢) 지역에 홍화의 달인이 살고 있다는 사실을 알고 다카하타 씨는 "대단하지 않나요? 만나러 가고 싶군요"라고 말했다. 물론 영화를 제작하고 있는 도중이었다. 하지만 농담이 아니었다. 본인이 직접 가겠다는 것을 필사적으로 말려 대신 조연출들에게 그 농가에 가보게 했다. 그랬더니 그 달인은 다카하타 씨가 쓴 것을 읽고 "이것이 가장 옳은 방법이다"라고 말했다고 한다.

홍화 꽃을 따는 방법부터 가공하는 방법까지 모두 영화 속에 잘 나와 있다. 이것은 다카하타 씨의 연구 성과다.

철저한 리얼리즘

다카하타 씨는 철저한 리얼리즘을 추구하기 때문에 《하이디》에 나오는 빵조차도 전부 실제 빵을 다 조사해서 만들었다. 다카하타 씨와 미야자키 씨는 이런 점이 다르다. 미야자키 씨는 '~인 듯하게' 보이는 걸 잘한다. 《모노노케 히메》에 나오는 타타라바의 경우도 그럴듯하게 그렸지만 사실은 거짓말도 꽤 들어가 있다(웃음). 하지만 미야자키 씨는 "다카하타 씨는 그게 취미인 사람이니까 별로 대단한 게 아니에요. 내가 비행기를 좋아하는 것과 마찬가지지요"라고 말한다.

어찌 되었든 단 한 장면을 위해서 그 정도까지 조사를 한다. 그것을 상당히 즐기고 있는 것 같다. 함께 작업을 하는 쪽은 종종 힘이 들지만 함께하다 보면 재미있어지는 것도 사실이다.

《반딧불이의 묘》에서도 공습 장면에서 B-29가 날아오는 방향이 마음에 걸렸나 보다. "어느 방향에서 날아왔을까?" 다카하타 씨는 당시의 기록을 전부 찾아보았다. 주인공인 세이타의 집에서 올려다보았을 때 어느 쪽이 될까? 그것을 문제삼는 것이다. 그 영화를 보신 분들도 아마 눈치채지 못했겠지만 사실 이러한 방위와 방향 등이 정확하게 되어 있다.

이건 좀 다른 이야기인데 다카하타 씨는 항상 구체적이고 현실적이어서 그림을 그릴 때도 구체적으로 지시를 내린다. 추상적인 말은 일절 하지 않는다. "여기는 이런 상황이니까 이런 분위기다" 등의 이야기는 절대 하지 않는다. "눈을 산 모양으로 그려주세요, 여기는 동그랗게 해주세요", "하이디의 눈은 삼각형으로 해주세요" 등과 같이 지시한다. 그렇게 해서 얻어지는 효과를 잘 알고 있는 것이다. 그래서 무척 알기 쉽다.

《반딧불이의 묘》의 에피소드

지금 《반딧불이의 묘》에 대해서 언급했는데 지브리의 작품 중에

송춘(頌春) / 1999년 정월 초하루
즉, 개봉에 맞출 수 있을지 그것이 문제다…!? / 미술관도 만들어야 하고…
쌀은 어디에 있지! / (말풍선)야마다군은 여름 영화였지… / 50도 지나버렸다…
무단 전재해서 죄송합니다. / 미야자키 씨의 신작…!?

1999년 다카하타 감독의 작품인 《이웃집 야마다군(ホーホケキョ となりの山田くん)》을 한창 제작하고 있을 때의 연하장(7월 개봉). 저자의 초상화는 이시이 히사이치 씨가 그렸다.

서 단 한 작품, 개봉일까지 완성하지 못한 영화가 있다. 그것이 바로《반딧불이의 묘》다. 이것은 정말 아픈 기억이다.

개봉 당시에 이 영화를 보신 분들은 알겠지만 도중에 미완성된 장면이 있다. 일부 사람들은 이것이 영화적인 효과라고 생각해주었지만 사실은 완성되지 않은 부분이다. 당시에는 이 일로 상당히 시끄러웠다.

《반딧불이의 묘》는《토토로》와 함께 동시 상영되었는데, 여러 가지 이유로《반딧불이의 묘》는 신초샤(新潮社)가 제작하기로 했던 기획이었다. 그것이 지지부진하게 되었다. 신초샤로서는 처음 제작하는 영화이므로 개봉일에 맞추지 못하는 건 아닌지 걱정이 이만저만이 아니었다.

그러던 어느 날 신초샤의 한 간부가 나에게 의논을 하러 왔다. "신초샤가 처음으로 제작하게 된 영화가 개봉일에 못 맞추게 되면 이건 스캔들입니다. 어떻게든 다카하타 씨를 설득하고 싶습니다. 어떻게 하면 될까요?"라며 나에게 아이디어를 달라고 했다. 나는 다카하타 씨의 입장도 알고 그분에게도 많은 신세를 진 터라 정말 난처했다.

이때 문득 떠오른 것이 평소에 다카하타 씨가 하던 이야기였다. 다카하타 씨만이 가진 프랑스식 사고방식일지 모르겠지만 그는 "영화감독은 자신이 먼저 그만두어서는 안 된다"라는 말을 했다. 스스로는 절대 그만두지 않는다, 그만두는 것은 유일하게 프로듀서로부터 해임되었을 때이고 이것은 받아들여야 한다. 이것이 다카하타 씨의 생각이다.

그러고 보니 《반딧불이의 묘》는 신초샤의 사장이 프로듀서를 맡고 있었다. 최고 권력자인 프로듀서가 머리를 숙여 부탁하면 어떻게든 되지 않을까? 프로듀서가 이야기하면 다카하타 씨도 받아들일 수밖에 없을 것이다. 나는 그렇게 하는 게 어떻겠냐고 이야기했다.

하지만 그때 절대로 "작품의 질을 떨어뜨리더라도 개봉일에만 맞춰주십시오"라고 말해서는 안 되고 반드시 "작품의 질을 떨어뜨리지 않고 개봉일에 맞춰주십시오"라고 말해야만 한다고 덧붙였다. 이것이 매우 중요한 포인트라고 귀띔해주었다.

신초샤 사장과의 미팅 당일에 다카하타 씨가 아침부터 안절부절못하고 있었다. 그러더니 나에게 "스즈키 씨, 같이 가주세요"라고 말했다. 당시 나는 그럴 입장이 아니었기 때문에 "무슨 소리세요?"라고 답했지만 결국은 그날이 되자 갑작스럽게 동행하게 되었다. 원래 같이 가야 하는 사람이 작업이 늦어지면서 다카하타 씨와 험악한 분위기가 형성되어 결국 다카하타 씨가 나에게 머리를 숙여가며 '부탁'을 했기 때문이다. 다카하타 씨는 나에게 고마워했다. 하지만 나는 확실히 못을 박았다. 그에게 "저는 오늘 영화를 제대로 만들어주지 않는 감독을 둔 프로듀서의 대리인으로서 가는 겁니다. 저에게 동의를 구하지는 마십시오. 저와 다카하타 씨는 적대 관계에 있다는 사실을 잊지 말아주세요"라고 말이다. 그러자 다카하타 씨는 "냉정한 사람이네요"라며 쓴웃음을 지었다.

신초샤에 도착하여 사장실에 들어간 나와 다카하타 씨는 신초샤 사장님과 함께 잠시 세상 돌아가는 이야기를 나누었다. 그러고 나서 다카하타 씨는 "지금까지 완성된 영상을 봐주시기 바랍니다. 이런 작품을 만들고 있으니 개봉일을 좀 늦춰주시면 좋겠습니다"라고 말했다. 이것이 그의 주장이었다. 나는 어쨌든 나의 역할이 있기 때문에 그저 힘없이 고개를 떨구고 있었다. 이때 사장님이 "다카하타 씨, 작품의 질을 떨어뜨리지 않고 개봉일에 맞춰주시기 바랍니다"라고 말했다. 그러자 다카하타 씨는 사장님의 말이 끝나기 무섭게 "개봉일을 늦춰주십시오"라고 말했다. 타이밍이 아주 절묘했다. 좀 조심스럽지는 못했지만 정말 멋있다고 생각했다.

지금 생각해보아도 신초샤 사장님께는 죄송스러운 마음이고 두 번 다시 있어서는 안 되는 일이라고 생각하기 때문에 이 에피소드를 재미있는 듯이 이야기해서는 안 되지만 이럴 때의 다카하타 씨는 정말 대단하다. 참고로 그 후로는 개봉일에 맞출 수 없을 때에는 개봉을 연기했다.

모두 함께 언덕에서 굴러떨어지는 것이 영화 제작이다

다카하타 씨는 프랑스라는 나라를 매우 좋아하는데, 프랑스는 논리를 잘 따지는 성향이 있는 듯하다. 그 영향을 받아서인지 어쩐지 다카하타 씨도 논리, 특히 핑계를 댈 때의 논리는 천하일품이다.

《반딧불이의 묘》를 제작할 때에는 나도 어떻게든 기한까지 영화를 완성하려고 필사적이었기 때문에 영화의 일부분을 잘라내면 기한을 맞출 수 있다는 이야기를 한 적이 있다. 다카하타 씨의 신경을 거스르는 말이라는 것은 잘 알고 있었지만 그만큼 긴급 사태였기 때문에 일부러 강력하게 주장했다. 그러자 재미있다고 할까, 묘한 논리가 돌아왔다.

영화 제작은 언덕을 굴러 내려오는 것이다. 언덕은 다시 말해 시나리오다. 시나리오는 프로듀서가 승인하고 모두가 함께 정한 것이다. 스태프는 모두 이 언덕을 함께 굴러 내려간다. 감독도 굴러 내려가고, 작화감독도 굴러 내려가고, 미술감독도 굴러 내려간다. 굴러 내려가면서 최종 목표로 향하고 있다. 자기 일만으로도 벅차다. 그럴 때 옆에 굴러 내려가는 사람에게 "이 부분을 이렇게 하는 건 어떠냐고 말할 수 있습니까?"

알 듯 모를 듯한 이상한 논리이지만 이것이 바로 다카하타 씨인 것이다. 시나리오는 모두가 함께 "이게 좋겠네요"라고 정한 것이기 때문에 그것을 감독의 생각만으로 변경하는 것은 엄청난 위반이다. 그렇기 때문에 일부를 자를 수 없다는 것인데, 이것을 이렇게 비유해서 이야기하는 것이다. 그런 걸 생각할 여유가 있다면 한 장이라도 더 체크해달라고 이야기하고 싶지만 그는 무척 진지하다.

원래 다카하타 씨는 때와 장소에 따라 정말 불같이 화를 내기도 한다. 사실은 얼마 전 도쿠마쇼텐의 부사장 이하 간부들이 기한에 맞추어달라고 이야기하려고 다카하타 씨를 찾아간 적이 있다. 오가타 히데오 씨가 "다카하타 씨, 예산도 많이 들어가잖아요? 부탁

좀 드려요"라고 말하자 다카하타 씨는 몹시 화를 냈다. "이런 식으로 만들 거라는 계획을 봤다면 어느 정도 들지 잘 알고 있을 텐데 그걸 이유로 대다니 무슨 소리입니까!"라며 큰소리쳤다. 오가타 씨는 "아니, 그렇게 화만 내지 마시고"라며 화가 난 다카하타 씨를 달랬다. 그때 나도 함께 있었기 때문에 서슬이 시퍼렇게 화를 내던 다카하타 씨를 생생히 기억하고 있다. 다카하타 씨는 아무리 나이를 먹어도 불같이 화를 낸다. 그것도 그만의 논리로 말이다.

영화 제목을 둘러싼 찬반 논쟁

다카하타 씨가 감독한 지브리의 작품 중에 《반딧불이의 묘》(1988년), 《추억은 방울방울》(1991년)에 이어 제작된 것이 《폼포코 너구리 대작전》(1994년, 이하 《폼포코》)이다.

이 제목은 미야자키 씨가 처음부터 끝까지 반대했던 것이다. 미야자키 씨는 근본이 진지한 사람이다 보니 왜 지브리에서 그런 제목의 영화를 만들어야 하냐고 계속 이야기했다.

하지만 이것은 다카하타 씨의 생각으로, 그는 "'폼포코 너구리 대작전'이라는 제목은 정말 품위가 없는 제목입니다. 저도 잘 알면서 붙인 겁니다"라고 말했다.

이노우에 히사시 씨의 너구리를 주인공으로 한 소설 『훗코키(腹鼓記)』(1985년 간행)는 굉장히 평판이 좋았던 소설이다. 나는 그 책을 상당히 재미있게 읽었기 때문에 이노우에 씨에게 기획을 도와달라고 부탁했다. 이노우에 씨는 흔쾌히 승낙해주셨고 다카하타 씨와 나, 그리고 이노우에 씨 이렇게 셋이서 서너 시간 동안 너구리에 대해서 이야기한 적이 있다. 이노우에 씨는 정말 좋은 사람이다. 여러 가지 안을 생각해주셨는데 다카하타 씨는 그 제안을 하나씩 부정해나갔다. 나름대로 재미있었는데 모처럼 제안해준 것을 그렇게 부정하다니 다카하타 씨도 참 너무했다.

그 후 미야자키 씨와 이노우에 씨가 처음으로 만날 기회가 생겼다. 이노우에 씨가 "다카하타 씨가 제작하는 《폼포코 너구리 대작전》 말인데요. 그거 제목이 별로지 않나요?"라는 말을 꺼내자 둘이서 갑자기 신이 났다. 제목을 '바꿔라, 바꿔라' 합창을 했다. 이노우에 히사시, 미야자키 하야오 두 사람이 이렇게까지 이야기하면 보통은 동요하기 마련이지만 나는 다카하타 씨가 감독인 이상 그를 지켜야만 한다고 각오하고 있었다. 미야자키 씨가 제작하는 것이 아니기 때문이다. 이노우에 씨에게 이 사실을 편지로 쓰자 "정말 죄송했습니다"라고 답장해주셨다. 정말 좋은 분이라고 생각한다.

나는 이 제목이 가지는 임팩트에 대해 사내 문서에 이렇게 썼다 ('보제병산만복사본당우목판지악희[菩提餅山万福寺本堂羽目板之悪戯]'-《폼포코 너구리 대작전》의 총천연색 이미지 보드집 제목, 1994년).

이 제목, 많은 관계자분들이 너무 많이 들은 탓인지 불감증에 빠져 있지만 처음 들었을 때를 생각해보길 바란다. 사람을 우습게 만든다고 할까? 바보로 만든다고 할까? 원래 상당히 임팩트가 강한 제목이다.

제목의 강렬함으로 보면 결코 《붉은 돼지》에 뒤지지 않는다.

일찍이 이토이 시게사토(糸井重里) 씨가 이런 말을 한 적이 있다.

"《붉은 돼지》는 그 제목만으로 충분히 멋진 카피다."

《폼포코 너구리 대작전》도 마찬가지라고 할 수 있을 것이다.

이 작품의 독기(毒氣)란 바로 제목을 말하는 것이다.

이런 이유에서 경박한 것은 제목만으로 충분하다. 나머지는 그림이건 카피건 서브 카피건 진지함을 강조해야 한다. 진지함을 강조하면 할수록 제목과의 사이에서 생기는 불일치로 말미암아 작품의 폭이 넓어진다. 반대로 모든 것을 '재미있고 우스꽝스럽게' 만드는 순간 작품의 이미지가 불분명해지면서 싸구려 작품이 된다. 이렇게 되면 '도에이 만화축제(東映まんが祭り, 도에이가 어린이용 만화를 여러 편 모아 방학 시즌에 극장에서 개봉하는 것-역주)'로 대표되는 어린이용 작품과의 구별이 사라진다. 이것이 가장 무섭다. 흥행에 성공하기 위해서는 먼저 어른들을 끌어들여야 할 것이다.

이 문장에서 나는, 이 영화는 '인간의 자연 파괴를 고발한 영화'도 아니며 '너구리 대 인간의 이야기'도 아닌 너구리의 힘겨운 싸움을 그린 일본 최초의 순수 '너구리 영화'라고 했다. 아무튼 '지브리 작품=미야자키 애니메이션=우등생'이라는 이미지를 타파하는 '독기' 가득한 작품이라고 생각했다.

결과적으로 《폼포코》는 그해의 일본 영화 흥행 수입에서 1위를 차지했는데 관객의 70% 이상이 20세 이상의 성인이었다는 것은 정말 기쁜 사실이었다.

참고로 다카하타 씨는 저서 『만화영화의 뜻』에서 이 영화를 제작하면서 주인공의 시점만을 중심으로 하지 않는 작품을 만들기 위해 노력했다고 말했다(이 장의 첫머리 부분 참조). 그는 젊은 시절 폴 그리모, 자크 프레베르가 만든 《사팔뜨기 폭군》을 보고 감동을 받아 애니메이션의 세계에 발을 들여놓았기 때문에 그런 의미에서 이 작품은 다카하타 씨에게는 매우 중요하다고 할 수 있다. 미야자키 씨의 경우에는 항상 철저하게 주인공의 시점에서 그리기 때문에 이런 점도 다카하타 씨와 좋은 대조를 이룬다.

다카하타 씨와 미야자키 씨의 콤비

다카하타 씨와 미야자키 씨의 콤비는 정말 재미있는 관계다.

사실 미야자키 씨는 단 한 명의 관객을 의식해서 영화를 만들고 있다. 미야자키 씨가 작품을 가장 보여주고 싶은 사람은 바로 다카하타 씨다. 이것은 미야자키 씨가 하는 말 곳곳에서 알 수 있다.

미야자키 씨는 지금도 지브리 3층에 올라와 젊은 친구들을 상대로 자주 이야기를 나누는데, 그의 이야기의 절반 이상은 다카하타 씨에 관한 것이다. 언젠가 그는 카메라 앞에서 이야기했다. "미야자키 감독님, 꿈을 꾸시나요?"라는 질문에 "물론 꾸지요. 하지만 제 꿈은 한 가지밖에 없습니다. 항상 등장인물은 다카하타 씨니까요"라고 말이다. 미야자키 씨는 평생 다카하타 씨의 영향을 받아왔다. 선배이면서 라이벌이고 때로는 애증이 교차하는 그런 존재다. 그림 콘티를 그리면서 아직까지도 "스즈키 씨, 이러다가는 파쿠 씨에게 혼나겠지요?"라는 말을 하는 예순일곱 살의 감독. 하지만 이런 모습을 보고 있자면 왠지 기분이 좋아진다.

6. 인간이란 무거운 짐을 짊어지고 살아가는 존재다
도쿠마 야스요시의 삶의 방식

어떻게도 안 되는 것은
어떻게도 안 된다.
어떻게든 되는 것은
어떻게든 된다.
2008년 정월 초하루
스튜디오 지브리 스즈키 도시오

2008년의 연하장. 《벼랑 위의 포뇨》를 제작 중인 저자의 마음은 어떠했을까?

문학 작품을 원작으로 오락 영화를 만든다. 이것은 도쿠마 사장의 큰 특징 중 하나였습니다.

『둔황(敦煌)』(이노우에 야스시의 소설-역주)과 『오로시야코쿠수이무탄(おろしや国酔夢譚)』(이노우에 야스시의 장편소설-역주) 두 문예 작품 모두 일반적으로 제작하면 '문예 영화'가 되는 것을 일부러 '오락 영화'로 제작한 것이 도쿠마 사장다운 발상입니다. …

제2차 세계대전 이후 '레드 퍼지(공산주의자 추방 운동-역주)'로 요미우리신문에서 쫓겨난 도쿠마 사장은 1948년에 나카노 세이고(中野正剛)의 아들이자 학창 시절 친구였던 나카노 다쓰히코(中野達彦)의 권유로 신젠비샤(真善美社)에 전무로 입사하게 됩니다. 신젠비샤는 전후 문학에 큰 역할을 한 '전설적인 출판사'입니다. …

그런데 그가 만든 책들은 지나치게 고상해서 전혀 팔리지 않았습니다. …

그 후 여러 가지 일을 겪고 『주간 아사히 예능』을 창간하면서 도쿠마 사장은 경영자로서 성공하게 됩니다.

여기서부터는 상상인데 여기에서 도쿠마 사장이 배운 것은 아마도 '대중은 훌륭한 문학을 원하지 않는다, 원하는 것은 오락이다'라는 철학이었을 것입니다. 하지만 그렇다고 해서 인간은 젊은 날에 품었던 꿈과 희망을 쉽게 포기하지는 못합니다. 그 모순을 한 번에 해결하고자 한 것이 문학 작품을 원작으로 오락 영화를 만드는 것이었습니다. 그것이 '이상주의자 도쿠마 사장의 인생이 아니었을까' 하고 생각해봅니다.

('도쿠마 사장과 노마 히로시[徳間社長と野間宏]', 2001년)

"돈은 종이 조각이다"

도쿠마쇼텐의 사장, 도쿠마 야스요시 씨에게서 정말 많은 영향을 받았다. 그는 1921년생으로 2000년 가을에 세상을 떠났다. 지브리가 설립된 시기에 그는 60대 초반으로 경영자로서 한창 왕성한 활동을 하고 있을 때였다.

도쿠마 사장은 무슨 일을 하기에 앞서 할지 말지를 망설일 때 "그냥 해버려!"라고 말하는 사람이다. '지브리를 설립해도 괜찮을까?'라는 고민으로 그를 찾아갔을 때도 그는 역시 망설임 없이 하라고 했다. 그는 나에게 많은 힘을 실어주었다. 지브리의 설립 전후부터 직접 이야기를 나눌 수 있게 되어 어느 사이엔가 그는 나를 "도시오!"라고 친근하게 부르게 되었다.

분명 프로듀서의 기초는 다카하타 씨에게 배웠지만 도쿠마 씨에게서도 많은 것을 배웠다. 그는 프로듀서로서 매우 뛰어난 사람이었다. 기본적으로 현장에 맡기고 스튜디오에는 좀처럼 얼굴을 비치지 않다가 중요한 때에만 등장했다. 그래도 《나우시카》의 영화화와 지브리 설립에 대한 결단, 그리고 난항을 겪고 있던 《토토로》와 《반딧불이》의 배급을 실현시킨 협상력, 이는 모두 도쿠마 사장 덕분이었기에 그가 없었다면 지금의 지브리는 존재하지 않았을 거라고 해도 좋을 것이다.

그런데 경영자로서는 어땠을까? 그는 여기저기서 돈을 빌려다 쓰면서도 사업에는 계속 실패했다. 그러나 그의 금전 감각은 매우 독특했다. 지금도 기억하고 있는 그의 명언 중 하나는 "돈은 종이 조각이다"라는 말이다. 처음에는 무슨 말인가 했다. 그렇지만 '그렇군, 그렇게 생각할 수도 있겠군'이라고 생각하니 마음이 편해졌다.

문제는 돈을 어떻게 쓰느냐다. 그는 "은행에 있는 돈 같은 건 제대로 된 돈이 아니다. 내가 제대로 된 곳에 쓰겠다"라는 생각을 가지고 있었다.

예를 들어 중국의 주목할 만한 감독들에게 많은 자금을 지원하고 있었다. 그리고 "전쟁 중에 일본군이 얼마나 나쁜 짓을 했는지 찍어주시오"라고 말한다. 장이머우(張藝謀) 감독의 데뷔작 《붉은 수수밭》(1987년)은 당시 상황에서는 정식으로 출자할 수 없었지만 몰래 지원을 했다고 들었으며, 《국두(菊豆)》(1990년)에는 확실히 출자한 것으로 알고 있다. 톈좡좡(田壯壯) 감독 때에는 문화대혁명을 그린 영화 《푸른 연》(1993년)을 그해에 열린 도쿄국제영화제에 출품했다. 중국을 자극하고는 그것을 즐기는 것이다. 중국 감독들의 생활비까지도 지원해주었다. 그래서 도쿠마 사장에게 감사하는 사람들이 지금도 상당히 많다.

나는 절대로 흉내조차 낼 수 없지만 이런 사람 옆에 있다 보면 자연스럽게 영향을 받게 된다. 특히 한때 내가 은행 담당을 맡고 있을 때 둘이서 함께 은행에 간 적이 몇 번이나 있어서 돈을 빌리는 장면을 자주 보게 되었는데 빌리는 방법이 정말 능숙했다.

"돈은 종이 조각이다." 이 말은 정말 지당한 말이다. 나는 근본이 소심한 편이어서 항상 적자를 내서는 안 된다는 생각에 사로잡혀 있지만, 가끔은 이렇게 생각을 바꾸는 것도 필요할 것이다. 이런 여유를 가질 수 있게 된 것만도 도쿠마 사장의 영향이 컸다고 할 수 있다.

자고로 인간은 무거운 짐을 짊어지고 살아가는 존재다

지브리에 하나의 큰 전환점이 된 것은 스튜디오 건립이었다. 《마녀 배달부 키키》의 흥행 성공 후 1990년에 스태프의 사원화와 고정급 제도, 신입사원 정기 채용과 육성이라는 방침을 내세웠다. 그다음 해에 미야자키 씨가 "새로운 스튜디오를 건설합시다"라는 제안을 해왔다. 사실 《추억은 방울방울》의 제작이 막바지에 이르고 있었고, 《붉은 돼지》의 제작을 시작하려고 하던 때라 지브리로서는 처음으로 두 편의 영화 제작이 겹치는 매우 힘든 시기였다. 미야자키 씨는 무언가 큰 문제가 있을 때 그 문제를 해결하기 위해 어려운 문제를 하나 더 만들어 지금 안고 있는 문제를 작게 만들려고 하는 면이 있다. 다시 말해 힘든 시기에 더 어려운 문제를 들고 나와 문제를 해결하려고 한다.

미야자키 씨가 스튜디오를 건립하자고 주장하는 이유는 명백했다. 사람을 모집해서 고용한다고 해도 거점이 없다면 인재를 제대로 육성할 수 없다, 제대로 건물을 마련하는 것이 중요하다는 것이다.

그러나 이 생각은 정말 상식을 넘어서는 것이었다. 나는 내심 말도 안 되는 일이라고 생각하면서도 도전해봐야겠다는 생각에 단단히 각오를 하고 도쿠마 사장님을 찾아갔다.

"사장님!"

"무슨 일인가?"

"이러저러한 이유로 미야자키 씨가 스튜디오를 짓고 싶다고 하는데요."

"그거 좋은 생각이네, 하게나."

"사장님, 스튜디오를 짓는 것은 좋지만 그러기 위해서는 토지가 필요하고 돈도 필요한데 현재 자금이 없습니다."

"아, 돈이라면 은행에 가면 얼마든지 있지 않은가."

이건 실화다. 하지만 이때에는 쉽게 돈을 빌릴 만한 상황이 아니었다. 도쿠마 사장님은 "그거 참 곤란하군. 어떻게 할지 한번 생각해보자고"라고 말했다. 결국 여기저기서 자금을 끌어모아 스튜디오를 건립하게 되었다. 그렇지만 아무래도 상식을 넘어선 결단이었기 때문에 당시 지브리의 스튜디오 책임자였던 하라 도루(原徹) 씨는 맹렬히 반대하다가 결국 "나와는 생각이 다르다"라는 말을 남기고 지브리를 떠났다.

이때 도쿠마 사장은 "돈은 은행에 가면 얼마든지 있다"라고 한 뒤 나에게 "자고로 인간은 무거운 짐을 짊어지고 살아가는 존재다"라고 말했다. 이런 인생관도 있구나 하는 생각에 묘한 감동을 받았던 것이 생각난다.

참고로 스튜디오 건립이 결정된 후 미야자키 씨의 노력은 그야말

야노 아키코(矢野顕子) 씨와 저자. 미타카의 숲 지브리 미술관(三鷹の森ジブリ美術館)의 한정 상영 《야도사가시(やどさがし)》에 이어 《벼랑 위의 포뇨》에서 성우로 출연하기로 결정되었다. 매번 작품의 이미지에 가장 적합한 성우를 찾는 것도 프로듀서의 일이다.

로 대단했다. 《붉은 돼지》를 제작하면서 자신이 직접 설계도를 그리고 건설회사와 여러 차례 미팅을 거쳐 주문한 건축 자재를 직접 점검하기까지 모든 일을 소화했다. 과연 미야자키 씨라고 생각하게 하는 것은 스태프의 남녀 비율이 거의 같은데도 여자 화장실을 남자 화장실의 2배 크기로 만든 것이랄까? 녹지도 많이 조성하고 주차공간을 줄이는 등 미야자키 씨의 생각이 철저하게 담긴 스튜디오가 만들어졌다.

정말 불가사의한 어린아이 같은 모습

도쿠마 사장이 가진 꿈 중 하나는 문예 작품을 오락 영화로 제작하는 것이었다. 1988년에 개봉한 《둔황》은 초대작이었기 때문에 그는 프로듀서로서 전력을 다했다. 같은 해에 《토토로》와 《반딧불이》도 개봉했는데 이 역시 도쿠마 사장이 프로듀서를 맡았다. 이미 말했듯이 《토토로》와 《반딧불이》는 배급사들이 취급하기를 꺼렸다. 그것을 도쿠마 사장이 직접 배급사 측에 쳐들어가서 "배급하지 않으면 《둔황》도 그만두겠소"라며 강경한 태도로 담판을 지어 배급이 실현된 만큼 은인이라고 할 수 있다. 하지만 그의 마음은 《둔황》에 가 있었다.

《토토로》와 《반딧불이》의 개봉은 4월, 《둔황》은 6월이었다. 막상 뚜껑을 열어보니 《토토로》가 영화상을 휩쓸고 《반딧불이》도 문예 영화로서 높은 평가를 받았다. 도쿠마 사장에게는 《둔황》이야말로 중요한 작품이었고 이노우에 야스시 씨의 대표작 중 하나이기도 하니 흥행적인 면에서도 크게 성공하고 내용적으로도 높은 평가를 받기를 바랐다. 그런데 정작 《토토로》가 모든 상을 휩쓸어버렸으니 그는 상당히 복잡한 심경이었을 것이다.

그런 생각을 반영한 것일까? 《붉은 돼지》 때에는 정말 깜짝 놀랄 만한 일을 벌였다. 같은 해에 《둔황》에 이은 초대작 문예 영화 《오로시야코쿠수이무탄》을 개봉하기로 되어 있었는데 도쿠마 사장은 이 영화의 개봉 시기를 《붉은 돼지》와 겹치게 했다. 《붉은 돼지》의 개봉일은 이미 7월 18일로 정해져 있었다. 이것은 바꿀 수 없다. 그래서 일부러 그 직전인 6월 27일에 《오로시야코쿠수이무탄》을 개봉했다. 이것은 상식적으로 있을 수 없는 일이다. 도쿠마 사장은 《오로시야코쿠수이무탄》의 프로듀서인 동시에 《붉은 돼지》의 프로듀서이기도 하다. 양쪽 모두에 투자를 한 만큼 두 영화를 모두 성공시켜야만 한다. 그렇다면 개봉 시기가 겹치지 않도록 조정하는 것이 상식이다. 그런데 같은 시기에, 그것도 《붉은 돼지》가 개봉되기 바로 직전에 영화를 개봉한 것이다.

다시 말해 그는 "어느 쪽이 이길까?", "승부다!"라고 말하고 있는 것이다. 사장이라는 위치에 있으면서 일반 사원인 나에게 싸움을 걸어오는 것이다. 경영자로서는 있을 수 없는 태도지만 프로듀서의 입장에서라면 이해가 된다. 좀 어린아이 같지만 말이다

"그래, 그럼 승부다!"

《붉은 돼지》 때의 이야기를 좀 더 하겠다.

한번 승부해보자는 태도로 나온 것은 비단 개봉 시기만이 아니다. 무슨 일이 있을 때마다 그는 이 말을 하고는 했다. 어느 날 《오로시야코쿠수이무탄》의 제작을 위한 대회의가 열리니 참석하라는 말을 들었다. 이 영화는 막대한 제작비가 들어가기 때문에 덴쓰(電通)와 다이에이(大映) 등 여러 출자회사의 사장들이 모두 참석하는 큰 회의였는데, 도쿠마 사장은 거기에서 30분 이상 이 영화가 일본의 영화사를 다시 쓸 거라는 말을 운운하며 일장 연설을 했다. 그 직후였다. 갑자기 "스즈키!" 하며 나를 부르는 것이다. "스즈키! 자네는 지금 내 말을 어떻게 받아들였나?"

나는 회의실 한쪽 구석에 앉아 있다가 갑자기 그런 질문을 받고 당황했다. 내가 아무런 대답도 하지 못하고 있는 동안에 도쿠마 사장은 "자네가 마음속으로 생각하고 있는 걸 내가 말하지. 자네는 이 초대작이 영화로서는 실패하고 《붉은 돼지》가 흥행에 성공하면 된다고 생각하고 있지!"

정말 어이가 없었다. 같은 회사 사람들끼리, 그것도 정작 본인이 《붉은 돼지》의 프로듀서이면서 다른 회사 사장들이 있는 대회의에서 그런 말을 꺼내니 말이다. 나는 어쩔 수 없이 "네, 말씀하신 그대로입니다"라고 대답했다. 그러자 도쿠마 사장은 "그래, 그럼 승부다!"라고 말하는 것이다. 나는 나도 모르게 "네?"라고 말해버렸다.

한번은 이런 일도 있었다. 닛폰TV에서 《붉은 돼지》를 위한 회의를 하고 있을 때 도쿠마 사장으로부터 전화가 걸려왔다. 30명 정도가 모인 회의로 닛폰TV의 간부도 자리를 함께했는데 그 간부를 바꾸어달라고 했다. 회의 중이었지만 도쿠마 사장의 전화라면 어쩔 수 없어서 그는 전화를 받았다. "네, 네, 알고 있습니다." 그는 연신 머리를 숙이며 전화를 받았다. 전화가 끝난 후 무슨 이야기였는지 물어보았더니 "지금 도쿠마 사장님께 혼이 났습니다"라고 하는 것이었다. 그 이유는 "자네는 《오로시야코쿠수이무탄》은 전혀 신경 안 쓰고 《붉은 돼지》에만 신경을 쓰고 있지 않은가!"라는 것이었다. 이렇게 되면 그는 더 이상 경영자가 아니다. 정말 재미있었다.

드디어 개봉일이 되었다. 결과는 《붉은 돼지》의 압도적인 승리였다. 이건 정말 잊혀지지 않는 이야기인데, 영화가 개봉되고 얼마 후 도쿠마 사장으로부터 전화가 걸려왔다. 전화를 받자마자 대뜸 "그래, 이겨서 기쁜가!"라고 말하는 것이다.

물론 나는 기쁘다고 말할 수 없었다. "네, 말씀하신 그대로입니다"라고 대답하는 것은 실례라고 생각했다. 나는 전부터 생각했던 것이 있어서 그것을 이야기했다. "지금까지의 《오로시야코쿠수이무탄》의 홍보 방법이 잘못되었다고 생각합니다." 그러고 나서 그 이유를 이야기했다. "영화를 보러 온 관객이 어떤 부분에서 감동을 받았는지 그 감상을 제대로 조사해서 홍보에 반영하지 않으면 안 됩니다"라고도 말했다. 그러자 도쿠마 사장은 나의 말에 수긍하며 "자네 말이 맞네. 알겠네. 지금부터라도 당장 그렇게 하지"라고 대답했다.

어이없던 사원 총회

지브리의 작품 가운데 흥행 성적이 가장 좋지 않았던 것은 다카하타 씨의 《이웃집 야마다군(ホーホケキョ となりの山田くん)》(1999년)이다. 흥행 수입이 15억 6,000만 엔으로 일반적인 기준에서 보면 나쁜 편은 아니다. 단지 기대치가 높았기 때문에 별로 좋지 않았다는 인상이 남는 것이다.

사실 여기에는 배급사가 쇼치쿠(松竹)였다고 하는 핸디캡이 있었다. 당연한 말이지만 영화의 흥행은 배급사의 영업력에 의해 좌지우지되는 면이 있다. 가장 뛰어난 보급력을 가진 것은 당시나 지금이나 역시 도호(東宝)다. 그런데 도쿠마 사장이 도호 측 사람과 싸우는 바람에 쇼치쿠에 맡길 수밖에 없었다. 당시 쇼치쿠는 별로 힘이 없는 데다 영업 담당자가 영업에는 초보여서 개봉 영화관이 간토와 기타니혼에는 있지만 오사카 서쪽으로는 거의 없는, 정말 말도 안 되는 상황에서 승부할 수밖에 없었다. 이래서는 개봉 전부터 실패할 것이 불 보듯 뻔했다.

그 원인이 도쿠마 사장이라는 것은 너무나 명백한 사실이었다. 자신의 고집만 내세운 결과 도호에 배급을 맡기지 못하게 되었으니 말이다. 이 사실은 도쿠마 사장 스스로도 잘 알고 있었다. 도쿠마 사장은 사원 총회가 열리는 날 아침, 나를 사장실로 불렀다.

"이봐, 도시오. 《이웃집 야마다군》의 흥행이 잘 안 됐지?"

"죄송합니다."

"아니, 그건 전부 내 책임이야. 도호에서 배급을 맡았다면 결과는 전혀 달라졌을 테니까."

사원 총회라는 것은 도쿠마쇼텐의 관례로 한 달에 한 번 전 사원이 모이는 행사다. 모이는 인원은 200명에서 300명 정도다. 그 자리에는 사장님도 이야기를 하지만 다른 사람들도 많이 나와서 이야기를 한다. 이미 《이웃집 야마다군》의 흥행 결과가 나온 때여서 도쿠마 사장은 "내가 쇼치쿠를 배급사로 정해서 이런 일이 일어나 버렸네"라더니 "이 말을 자네에게 하고 싶었어"라고 말했다. 그러고 나서는 "자, 이제 슬슬 시간이 되었으니 가야겠군"이라며 총회가 열리는 곳으로 향했다.

사원 총회가 열리는 홀에 들어서서 도쿠마 사장이 가장 처음 한 말은 다음과 같았다. "지브리는 지금까지 연전연승해왔지만 이번 영화 《이웃집 야마다군》은 처음으로 크게 실패했습니다. 그 모든 책임은 스즈키 씨에게 있습니다!"

항상 예상하지 못한 말이나 행동을 하는 사람이었기에 어느 정도 각오는 하고 있었다. 하지만 이때는 정말 깜짝 놀랄 수밖에 없었다. 게다가 바로 다음 차례가 나였기 때문에 "지금부터 스즈키 씨가 무슨 이야기를 할지 기대됩니다"라는 도쿠마 사장의 말에는 정말 어처구니가 없었다.

하지만 도쿠마 사장으로서는 나름대로 세심한 주의를 기울인 것이다. 일부러 사원 총회가 열리기 전에 나를 불러 "내가 잘못했다"라고 사과했고 사원 총회 때에도 바로 내 옆자리였는데 단상에 나가기 전에 나에게 "자, 갔다 오겠네"라며 밝은 목소리로 말을 걸었다. 게다가 보통 때보다 언성을 높여 질책을 했다.

이번에는 내가 입을 열 차례다. "방금 사장님께 질책을 받았습니다. 모두가 사장님께서 말씀하신 대로입니다." 이렇게 말한 뒤 나는 "다시 한번 영업이 제대로 이뤄지지 않으면 아무것도 되지 않는다는 것을 배웠습니다. 책을 팔 때도 마찬가지이며 영화도 배급사 문제가 중요합니다. 아무리 좋은 것을 만들어도 영업을 못하면 아무것도 되지 않습니다. 이번 실패로 정말 많은 것을 배웠습니다"라고 말했다. 사장님이 배급사를 정했다고 말하지는 않았다. 하지만 굳이 말하지 않아도 도쿠마 사장은 잘 알고 있다.

이렇게 말하고 단상을 내려오자 도쿠마 사장은 싱글벙글 웃고 있었다. 정말이지 장난기 가득한 어린아이의 얼굴이다. 도쿠마 사장은 이미 일어난 일은 어떻게 되든지 상관하지 않았고 이런 경우가 되면 뭐랄까, 어떻게 대처할지 그것을 재미있어한다. 뭐, 이렇게 단련되는 것이다.

사원 총회라고 하니 생각나는 일이 또 하나 있다. 《나우시카》 때의 일이다. 당시 도쿠마쇼텐에는 인텔리 야쿠자(극히 이지적, 현실적, 타산적인 이미지의 인텔리들을 비유한 표현-역주) 같은 사람이 많이 있었는데 도쿠마 사장은 "세상이 변했습니다"라고 말하며 오가타 씨를 치켜세웠다. "오가타 씨가 하는 일은 《나우시카》든 뭐든 모두 잘 풀립니다. 머리가 좋은 인텔리들이 이런 일을 잘할 거라고 생각했는데 이제 인텔리의 시대는 지났습니다. 그렇지 않나요, 오가타 씨!" 이 말을 듣고 오카타 씨는 기뻐했다. 정말 정직한 사람이다.

새삼 생각하는 거지만 도쿠마 사장, 다카하타 씨, 미야자키 씨, 오가타 씨는 모두 정직하고 장난스러우며 자신이 하고 싶은 말을 하고 사는 사람들이다. 그리고 모두 아이디어맨이다. 뭔가 공통점이 있다.

세심함을 바탕으로

도쿠마 야스요시라는 사람을 무척 호탕한 사람이라고 느꼈을지 모르지만 사실은 매우 세심한 사람이기도 하다. 이건 나도 영향을 받은 부분인데 도쿠마 사장은 사람들과 만나면 반드시 일기를 쓰는 습관이 있다. 그것도 대충 적는 것이 아니다. 어떤 이야기를 했는지 그 내용까지 기록한다. 그 덕분에 시간이 지나 오랜만에 만나도 "전에 이야기했던 그 이야기는"이라며 말을 꺼낸다. 그러면 상대방은 깜짝 놀란다. 게다가 그런 것까지 기억해주었다는 사실에 감격한다. 아마 상대방이 감격할 거라는 것도 계산에 넣었다고 생각하지만 어쨌든 도쿠마 씨는 계속 그렇게 일기를 썼다.

언젠가 한번은 나도 깜짝 놀란 적이 있다. 《모노노케 히메》가 크게 성공한 뒤였다. 흥행에 성공했을 뿐 아니라 내용 면에서도 높은 평가를 받아 다양한 영화 관련 상을 수상했다. 그 사실은 정말 기쁜 일이었지만 계속되는 행사에 참석하는 것은 여간 피곤한 일이 아니었다. 특히 3월에 행사들이 몰려 있다 보니 어떻게 잘 넘어갈 수 없을까 하는 생각이 들었다.

그래서 일본을 탈출해보려고 계획을 짜고 있었는데 마침 테레비만유니온(일본의 TV 프로그램 제작회사-역주)에서 미야자키 씨를 테마로 프로그램을 만들고 싶다는 제의가 들어왔다. 정말이지 절호의 찬스였다. 테마는 미야자키 하야오 감독의 '세계, 내 마음의 여행'으로 하자고 정해졌다. 생텍쥐페리가 우편 비행사였던 때의 항로를 따라가보는 것으로 무대는 프랑스에서 스페인, 그리고 북아프리카였다.

이때 가장 재미있었던 기억은 복엽비행기를 탔던 것이다. 안토노프라는 기종으로 농약 살포용으로 사용되는 것인데 이미 낡을 대로 낡았지만 9명이 탈 수 있었다. 미야자키 씨는 지상 50m나 100m 정도에서 아래를 내려다보고 싶어 했으므로 딱 좋았다. 게다가 속도는 최대 200km 정도로 바람이 강하게 불면 멈추어버린다. 그래서 전혀 아무런 계획을 세우지 않고 어디에 묵을 건지도 정하지 않은 채 그저 하늘을 날았다. 모로코에서 아틀라스산맥을 넘기도 하는 등 미야자키 씨가 "내 평생 이렇게 즐거운 여행은 처음이다"라고 말할 정도로 즐거운 여행이었다.

가장 먼저 간 곳은 프랑스의 툴루즈였다. 생텍쥐페리가 단골로 묵었던 곳에 갔는데, 그곳으로 도쿠마 사장의 전화가 걸려왔다.

"여행은 어때? 잘하고 있지?"

"네, 건강하게 잘 다니고 있습니다."

"그래, 그래."

이때 내가 "내일부터 연락이 안 될 겁니다"라고 말했다. 바람이 강하게 불면 멈추어버리는 비행기이기 때문에 일정을 알 수 없다는 말은 설득력이 있었다. 그러자 도쿠마 사장은 "아 그래, 천천히 즐기다 오게나"라고 대답했다. 사실 내심 이날은 이런 시상식이 있고 이런 모임이 있다는 것을 계산해서 그 기간에는 돌아가지 않는 일정을 짰던 것이다.

여행을 무사히 마치고 돌아오자 도쿠마 사장으로부터 호출이 왔다. 그때 나는 깜짝 놀랐다. 메모 한 장 없이 그때까지의 모든 모임과 시상식을 거론하면서 "자네가 어디어디를 간 이날과 이날, 그리고 이날은 이런 일이 있었다네"라며 쭉 나열하는 것이다. 이 모든 걸 아무것도 보지 않고 이야기했다. 그러고는 "자네, 계획적으로 한 거지? 내 눈은 장식으로 달려 있는 게 아니야!"라며 상당히 진지하게 화를 냈다. "자네의 꿍꿍이는 알고 있었다고! 이 시상식에 누가 갔을 것 같나! 바로 나네, 나!" 여행지로 걸려온 전화에서는 온화한 목소리로 화난 기색조차 없었다. 도쿠마 사장은 내가 돌아오면 어떻게 혼내줄 것인지만을 계속 생각했던 것이다.

이때는 나도 도쿠마 사장에게 많이 익숙해져 있었기 때문에 "사장님, 메모가 없네요. 역시 대단하십니다. 미리 연습하셨지요?"라고 맞받아쳤다. 아무튼 그 많은 걸 전부 암기했다는 것은 정말 대단한 일이다. 감탄해 마지않았다.

만년을 함께 보내다

도쿠마 사장이 세상을 떠나기 3년 전부터 나는 저녁에 자주 불려 나가 그와 만나곤 했다. 다른 사람과 만날 약속이 있을 때는 괜찮았지만 아무런 약속이 없을 때에는 비서실에서 전화가 걸려왔다.

즉, 저녁 식사를 같이하자는 것이다. 오쿠라 호텔에 '야마자토(山里)'라는 곳이 있는데 도쿠마 사장은 항상 이곳에서 식사를 했다. 그때는 육체적으로 상당히 힘들었다. 아침에 함께 회사에 갔다가 그 후에 스튜디오가 있는 고가네이(小金井)에 가고, 저녁에는 호출을 받아 신바시(新橋)로 갔다. 그리고 식사가 끝나면 지브리로 돌아온다. 정말 힘들었지만 도쿠마 사장의 이야기는 재미있었다. 그에게서 여러 가지 좋은 가르침을 받았고, 이것은 매우 귀중한 경험이었다.

그러고 보니 도쿠마 사장은 여자들에게도 상당히 인기가 있었다. 내가 직접 들은 것은 아니고 한 여성에게서 전해 들은 이야기인데 그녀가 도쿠마 사장에게 "만약 누군가 당신한테 반해서 쫓아오면 그땐 어떻게 할 건가요?"라는 질문을 했다고 한다. 여기에 대한 대답이 아주 재미있다. 그는 "좀 곤란하다 싶을 때에는 그냥 넘어져버리는 거야. 그러면 그냥 지나가겠지"라고 했다고 한다. 구체적으로 어떻게 하는지, 어떻게 넘어지면 되는지 잘은 모르겠지만 도쿠마 사장다운 대답에 나도 모르게 수긍이 갔다.

17. 좋은 작품을 만드는 데는 작은 회사가 좋다

'작은 공장' 지브리

《벼랑 위의 포뇨》 개봉 기념 페어
(말풍선) 몇 살이 되더라도 자식에게는 어머니의 존재가 매우 크다.
새해가 오면 67세가 되는 미야자키 하야오 씨가 작년 말에 이런 말을 자주 했다.
"죽을 날을 셀 수 있는 나이가 되었다."
그러면 돌아가신 어머님을 다시 만나겠구나, 아마도.
만나면 무슨 이야기 할까?
《벼랑 위의 포뇨》를 만들면서 미야자키 씨는 계속 그것을 생각하고 있었다. 그러던 어느 날 영화 속에 '재회 장면'이 등장했다. 그렇지만 직접 재회 장면을 그리는 것도, 미야자키 씨가 그대로 등장하는 것도 아니다. 다섯 살짜리 소스케의 모습을 빌려 한 할머니와 만난다. 무슨 이야기를 하는지는 말하지 않겠다. 영화를 보고 즐겨주기를 바란다.
스튜디오 지브리 프로듀서 스즈키 도시오 2008. 5. 7.

《벼랑 위의 포뇨》 개봉 기념으로 서점 앞에서 열린 페어를 위해 저자가 그린 그림. 실물과 비슷한 미야자키 감독의 비틀거리는 모습이 인상적이다.

많은 시간과 예산을 들여 작품 하나하나에 항상 최선을 다하고 작은 것 하나까지 주의를 기울인 타협 없는 작품을 만들어갑니다. 그것도 미야자키와 다카하타라는 두 명의 감독을 앞세워 감독 중심주의로 만듭니다. 지브리의 10년은 이런 자세를 유지하면서도 상업적인 성공과 스튜디오의 경영을 양립시키는 어려운 과제를 두 감독의 탁월한 능력과 스태프들의 노력으로 힘들게 지켜온 역사라고 말할 수 있을지도 모릅니다.

솔직히 말해서 지브리가 여기까지 올 수 있을 것이라고는 아무도 생각하지 않았습니다. 한 편이 성공하면 다음 편을 만들지만 실패하면 그것으로 끝이다, 설립 당시에는 그렇게 생각했기 때문입니다. 그렇기 때문에 위험을 줄이기 위해 사원을 고용하지 않고 작품마다 70명 정도의 스태프를 모아서 작품을 만들고 완성되면 해산하는 방식을 취했습니다.…

좋은 작품을 만드는 것, 이것이 지브리의 목적입니다. 회사의 유지와 발전은 그다음 문제입니다. 이런 점이 지브리가 보통 회사와 다른 점이라 할 수 있습니다.

('스튜디오 지브리의 10년', 1995년)

구경꾼 정신으로 임한다

새삼 드는 생각이지만 나는 항상 어딘가 구경꾼 같은 입장이다. 내가 당사자임에도 나 자신을 방관자의 입장에 놓는 것이랄까? 보통 구경꾼이라고 하면 나쁜 의미다. 하지만 이 말을 좋게 평가해도 좋을 것 같다. 대개 구경꾼은 호기심이 왕성하고 게다가 상당히 정확하게 사물을 판단하지 않는가?

그러고 보면 닛폰TV의 우지이에 세이이치로(氏家齊一郎) 씨는 올해(2008년) 82세가 되었는데 그럼에도 아직도 호기심이 넘쳐난다. 그는 '현대를 파악하고 싶다'라는 한 가지에 집중하고 있다. 원래 요미우리신문의 기자였던 만큼 무엇이 어떻게 되어가는지 지켜보는 구경꾼 정신이랄까, 기자 정신을 가지고 있다. 나와 우지이에 씨는 마음이 잘 통하는데 아마도 그런 면이 일치하기 때문일 것이다. 이와 관련해서 이야기하자면, 어쩌면 잘못 읽은 것인지도 모르겠지만 홋타 요시에 씨의 작품『광장의 고독(広場の孤独)』을 읽었을 때 뭔가 납득이 가는 점이 있었다. "제3자의 입장이 있다는 것은 참 좋은 것이구나"라고 말이다.

가끔 "부담을 많이 느끼지 않으세요?"라는 질문을 받는데 그런 일은 별로 없다. 지브리라는 회사를 어떻게 할까라는 생각을 할 때에도 왠지 남의 일 같은 느낌이 든다. 그래선지 심각해지는 일이 별로 없고 냉정하게 바라보게 된다. 이것은 의외로 아주 중요한 자질이 아닐까 싶다. 그래서 나는 나를 이렇게 낳아주신 부모님께 감사하고 있다.

역설적으로 들릴지도 모르지만 그런 구경꾼 기질이 있었기에 직면한 문제에 대해 철저하게 시뮬레이션을 하고, 생각할 수 있는 것은 모두 생각해보는 자세로 살아올 수 있었다고 생각한다. 과제에 직면했을 때 불안이나 의욕은 오히려 방해가 되기도 하기 때문이다.

"이제 끝이겠군요"

《나우시카》의 성공으로 스튜디오 지브리가 설립된 것은 1985년의 일이다. 아마 스튜디오를 설립한 이후 모든 일이 순풍에 돛 단 듯이 잘 풀려왔다고 생각하는 사람이 많을 것이다. 그러나 그건 어디까지나 보이는 결과일 뿐 사실은 오히려 그 반대였다. 영화 관계자 특히 흥행 관계자는 지브리가 언제 끝날 것인가 하는 관점에서만 바라보았다. 이전 작품의 몇 퍼센트까지 관객을 확보하면 괜찮지만 그보다 적게 되면 끝나버릴 거라고 생각했다. '한 편이 성공하면 다음 편을 만들지만 실패하면 그것으로 끝'이라는 생각은 단순한 과장이 아니라 정말 그렇게 될 위험성과 항상 마주하고 있었던 것이다.

그 사실을 뼈저리게 느끼게 된 것은 《토토로》와 《반딧불이》를 동시 상영한 직후였다. 한 영화 관계자로부터 "이것으로 지브리의 작품은 끝이겠군요"라는 말을 들었다. 그 이유는 관객 수가 《나우시카》의 경우 91만 5,000명, 《라퓨타》의 경우 77만 5,000명이었는데 이때에는 45만 명이었기 때문이다(제2차 개봉으로 추가 15만 명). 관객 수가 점차 줄어들어 결국 《나우시카》의 절반이 되어버린 것이다. 그 바람에 "이것으로 지브리도 이제 끝이겠군요"라는 말이 나온 것이다.

나는 깜짝 놀랐다. 그런 식으로도 생각한다는 것을 알았다. 그때까지 나는 항상 좋은 작품을 만드는 것만 생각했다. 작품 제작에만 관심이 있었지 흥행 성적은 그다지 신경 쓰지 않았다. 하지만 내용적으로 좋은 평가를 받을 수 있는 작품인 만큼 영화관으로 관객을 끌어들여 흥행적으로도 성공시켜야만 한다. 뒤늦게나마 그 사실을 통감한 것이다. 내가 홍보에 대해 진지하게 생각하게 된 것은 사실 이때부터였다.

무엇보다 제목이 먼저다

작품의 홍보를 생각할 때 제목이 매우 중요한 위치를 차지한다는 사실은 알고 있었다. 제목은 방향성을 정하고 때로는 최고의 카피가 되기도 한다. 여기에는 잡지 편집을 하던 시절에 쌓았던 경험도 관계가 있다. 특집의 제목 하나로 잡지의 판매 부수가 180도 달라졌기 때문이다.

다만, 제목은 작품의 방향성을 나타내는 것이기에 어디까지나 이 점을 가장 중요하게 생각한 후에 정해야 한다. 제목은 작품의 강점을 잘 나타내주기 때문에 좋은 카피가 되어야 한다. 이런 생각은

《나우시카》를 제작하던 때부터 있었다(전술『영화도락』).

> 《바람계곡의 나우시카》 때에도 영화 제목 때문에 옥신각신했습니다. 이 영화의 홍보 프로듀서였던 도쿠야마 마사야(徳山雅也) 씨가 "'바람계곡의 나우시카'라는 제목으로는 흥행이 안 됩니다. '바람의 전사 나우시카'로 하지요"라고 제안했습니다. 저는 그와 크게 다투었습니다. 도쿠야마 씨를 비롯하여 배급사인 도에이 측에서 강력하게 제목을 바꿔달라고 요구해서 딱 잘라 거절하기까지 상당한 시간이 걸렸습니다. 영화 제목은 작품의 본질과 관계가 있습니다. 그래서 이것을 지키는 것은 우리가 만들고 싶은 작품을 지키는 것이기도 합니다. 여기에서 타협한다면 그것으로 끝이라는 생각에 최후의 순간까지 언쟁을 계속했습니다.
>
> … 미야자키 씨가 생각한 제목 가운데 가장 멋진 것은《붉은 돼지》입니다. 이토이 시게사토 씨에게 이 제목을 보여주자 이토이 씨는 "스즈키 씨, 이 이상 좋은 카피는 없습니다"라고 말했습니다. 영화의 제목은 그만큼 중요합니다.

이렇게 중요한 영화 제목을 정하고 나면 그다음에는 제목을 어떻게 알리는가가 중요해진다. 이때 과제가 된 것이 '특별 협찬'이었다. 요즘은 영화 제작에서 특별 협찬이 매우 당연한 것이어서 영화 크레디트에 반드시 '특별 협찬 ○○'라는 문구가 나온다고 해도 과언이 아니다. 하지만 지브리 작품의 경우에는 사정이 다르다. 보통 특별 협찬은 제작비 출자와 관련이 있는데, 지브리의 작품에서는 금전적으로 관계가 없는 홍보 협력과 공동 광고에 한하고 있다. 이는 '제휴'라는 생각으로, 다시 말해 '특별 협찬'이라는 명목의 '제휴'인 것이다. 제작비까지 의지하게 되면 작품 제작 과정에서 조심스러운 면이 생길 수 있어서 어디까지나 홍보에만 한정하고 있다. 《라퓨타》와 《마녀 배달부 키키》를 제작할 당시에는 아직 일반적인 생각을 하고 있었는데, 그 후 이에 대한 반성이 있어서 이런 방식으로 바뀌었다.

홍보에 한정하는 특별 협찬이라고 해도 이로써 얻는 이익은 정말 크다. 업계의 일반 상식으로 신상품의 광고비로는 10억 엔의 돈이 필요한데 '제품의 이름을 알리는 데 5억 엔, 그 제품이 무엇인지 알리는 데 5억 엔'이 든다고 한다. 우리도 어쨌든 많은 사람들이 영화를 보러 와줘야 하는 이상 홍보를 해서 영화 제목을 알려야 하는데 그런 의미에서는 신상품과 같다. 하지만 아무래도 그런 큰 금액을 마련할 수는 없다. 그렇게 생각하면 기업이 대신 홍보해주는 것은 정말 고마운 일이다. 동시에 기업도 지브리 작품을 응원하고 있다는 것으로 회사의 이미지 향상에 큰 도움이 된다. 이렇게 닛폰TV 등과의 협력 관계가 생겨나고 매번 다른 여러 기업들과도 협의하면서 특별 협찬을 부탁해 그 작품에 가장 좋은 홍보 협력 체제를 만들기 위해 노력해왔다.

《폼포코 너구리 대작전》에서 주장한 것

제목 선정으로 언쟁을 벌인 예로서 《폼포코 너구리 대작전》을 이야기했다. 제목은 작품의 방향성을 단적으로 나타내는 것이어서 제목 선정으로 옥신각신하는 경우는 대개 모두가 완전히 자신하지 못했을 때다. 이때에는 제목 선정에 갈피를 못 잡고 있을 뿐만 아니라 긴장감이 부족하게 느껴졌다. 이는 최악의 상황이다. 그래서 도호나 닛폰TV의 사람들을 포함한 홍보 관계자 약 20명에게 프로듀서의 입장에서 문서를 배포했다(전술 '보제병산만복사본당우목판지악희').

기자회견의 기사가 다음 날 아침 스포츠신문에 대서특필되지 않은 것은 우연일까?

대답은 No다. 사장 이하 다른 사람들의 발언은 승승장구하는 지브리의 작품에 한결같이 자만하여 결국은 '배급 수입 목표 최소 30억 엔, 가능하면 50억 엔까지 노리고 싶다'라는 오만불손한 것이 되었다. 이래서는 나조차도 응원해주고 싶은 마음이 싹 사라진다. 정말 '마음대로들 해보라고'라는 생각이 들었다. "재미있는 작품을 만들었습니다. 이것을 많은 사람들에게 보여주기 위해서는 여러분의 협력이 반드시 필요합니다"라는 겸허한 발언은 결국 단상 위에 선 어느 누구에게서도 나오지 않았다. 마가 낀 걸까?

기자회견 후 보통 때 같으면 지브리에 쇄도했을 매스컴의 취재가 이번에는 거의 없었다. 이것 역시 우연이 아니다. 그 대신 등장한 것은 작품을 응원하기보다는 작품의 인기를 등에 업으려는 편승형 제의였다. …

요즘 잊고 있었는데 확인하는 차원에서 말해두자면 지브리 작품의 가장 큰 매력은 항상 신선하며 생각지도 못한 것을 만든다는 점에 있다. 홍보에서도 이 점을 강조해왔다. 이번 작품 《폼포코 너구리 대작전》 역시 무척 신선한 기획이었다. 그런데 웬일인지 그것이 느껴지지 않는다. 대체 왜일까? 구체적으로 방침이 정해지지 않아서일까? '실패는 용서되지 않는다'라는 것에서 오는 부담감 때문일까?

과거를 되돌아보자. 《마녀 배달부 키키》에서는 사춘기 소녀의 이야기라는 점을, 《추억은 방울방울》에서는 스물일곱 살의 여성을 주인공으로 한 여성 영화라는 점을, 《붉은 돼지》에서는 지금까지의 미야자키 애니메이션과는 다르다는 점을 강조했다. 아무래도 '어른들의 사랑 이야기'이니 '어린이들은 안 봐도 괜찮습니다!'라는 것을 어필해왔다. 냉정하게 생각해보면 모두 큰 모험이었지만 이것이 성공의 열쇠였던 것이다.

그 후 이 작품의 매력인 '독기'를 내세워야만 한다는 생각에 아주 상세하게 생각나는 것들을 거침없이 적었다. 가장 무서운 말은 '지브리는 매너리즘에 빠졌다', '이제 지브리 작품은 질렸다'라는 것이다. 그렇게 만들지 않는 힘이 바로 이 작품에 있기 때문에 그것을 정면에 내세우려고 한 것이다. 지브리의 매력은 '도전'이라고 말하고 싶었다.

그렇지만 지금 다시 읽어보니 나도 참 젊었다는 생각이 든다. 퇴고도 거의 하지 않고 단숨에 써내려갔다. 이 문서의 마지막에 예전에 썼던 리포트를 인용했다. 이것은 다시 한번 작품의 원점을 분명히 하고 싶었기 때문이다.

> 이 영화의 홍보에서 누구나 금방 떠올리는 것은 전편에 걸쳐 너구리가 계속 변신을 하고 귀신이나 요괴가 대활약하는 유쾌하기 그지없는 영화 또는 유사 이래 일본 최대의 너구리 대 인간의 전쟁을 그린 포복절도할 정도로 재미있는 만화영화라는 것이었다. 또한 인간의 자연 파괴를 고발하는 영화라는 사람도 있고, 멍청해서 안쓰럽고 미워할 수 없는 너구리들이 노력하는 이야기라고 하는 사람도 있었다. 여러 가지 요소가 복합적으로 얽힌 작품인 만큼 이 모든 이야기가 맞는 의견이라고 생각되지만 "무엇이 가장 유효한가?"라고 하면 이야기는 달라진다.
>
> 이 영화는 '전쟁'이라는 것을 내걸고는 있지만 내용에서 확실히 알 수 있듯이 너구리가 '전투 집단'으로 변신하여 인간과 어깨를 나란히 하고 싸우다 결국 장렬한 최후를 마친다는 이야기가 아니다. '변신'이라고는 해도 이를 본 관객은 미소

를 짓고 배꼽을 잡고 웃는다. 그들의 '변신학'은 "굉장해!"라며 감탄의 눈으로 바라볼 만한 대상은 되지 않는다.

너구리들은 열심히 노력하지만 거의 아무런 성과도 올리지 못하고 결국 멍청하다고 할까, 어이없는 최후를 맞이한다. 흑흑. 진지하게 싸움에 임한 것은 일방적으로 너구리들뿐이었다. 즉, 너구리의 '헛수고'로 끝나버렸지만 많은 관객들은 거기에서 비로소 감동을 느낀다.

항상 단언한다

《폼포코》를 통하여 홍보의 중요성을 다시금 인식한 1990년 이후 나는 매번 중대한 전환기에는 그 작품의 홍보에 대한 내부 문서를 작성하고 있다. 그 이유 중 하나는 물론 의견의 일치를 위해서인데, 또 하나는 출자자와 흥행 관계자를 설득하기 위해서다.

특히 흥행 관계자는 대개 비관적인 견해를 가지고 있다. 좋게 말해서 반신반의하는 것이다. 앞 작품의 흥행 성적의 몇 퍼센트를 확보할 수 있는지에만 관심을 가진다. 미야자키 씨의 작품이든 다카하타 씨의 작품이든 마찬가지다. 그렇기 때문에 《폼포코》 같은 것은 그저 너구리 영화일 뿐이었을 것이다. 관계자들이 모두 불안해하는 바람에 강력하게 이야기해야 한다고 생각했다.

참고로 나는 이런 문서를 작성할 때나 직접 입으로 설명할 때 기본적으로 항상 단언을 한다. 일단 리더인 만큼 커뮤니케이션에서 애매모호한 부분을 보여서는 안 된다. 그렇지 않으면 모두가 곤란해지기 때문이다.

나는 원래 우유부단한 사람이다. 그래서 결론에 도달할 때까지 상당히 많은 고민을 한다. 그렇지만 그것은 어디까지나 결론에 도달할 때까지의 고민이다. 따라서 일단 결론을 내리게 되면 그것으로 된 것이라고 깨끗이 받아들인다. 더 이상 망설이지 않는다. 무슨 일이든 그렇지만 보통 100% 옳은 일이란 건 없다. 비유적으로 말하자면 90 대 10이거나 80 대 20이거나 한다. 그렇게 보면 궁극적인 양자 택일은 51 대 49라고 할 수 있다. 이쪽이 좀 더 좋아 보이지만 완전히 자신하기는 힘들 때다. 게다가 꼭 그럴 때에만 비교·검토한 과정을 이야기할 여유가 없어 어느 쪽이 좋은지 이야기해야 하기도 한다. 이런 때에도 일단 정해버리면 100%의 자신감을 가지고 이야기한다. 전달하기 위해서는 그래야 한다. 다만, 입 밖으로 내뱉은 이상 그것을 실행할 힘이 필요하다.

실제로는 그러한 판단이 잘못되었거나 궤도 수정이 필요해지기도 한다. 그때에는 떳떳하게 사과한다. 그러면 된다고 생각한다. 미리 "자신은 없지만, 아마도 그럴 겁니다" 등과 같은 자세를 보이면 현장의 사람들을 움직일 수 없다. 사람에 따라서는 51을 100이라고 말하는 것에 스트레스를 받기도 하는 것 같지만 나는 아무렇지도 않다.

회의의 방법

홍보의 중요성을 다시 한번 인식한 후, 그 점을 의식해서 회의를 하게 되었다. 특히 《마녀 배달부 키키》, 《추억은 방울방울》 때부터 그렇게 했는데 생각지도 못한 발상이 떠오르곤 해서 무척 즐거웠다. 지금까지 다 셀 수 없을 만큼 무수히 많은 회의를 해왔는데 그 방법에는 공통점이 있다. 그 공통점을 몇 가지 들어보겠다.

△회의를 즐겁게 만들 것 — 어차피 해야 하는 회의라면 즐겁게 하고 싶고, 참가한 사람들이 나중에 좋았다고 생각할 수 있는 회의로 만들고 싶다. 그렇지 않으면 좋은 아이디어가 나오지 않고, 좋은 작품을 만들 수 없다고 생각한다. 게다가 대개 심야까지 회의를 하는 경우가 많아 근무 시간 이후에 하게 되므로 회의가 즐겁지 않으면 참가한 사람들에게 미안하다.

△젊은 인재들의 참가 — 회의에는 지브리뿐만 아니라 닛폰 TV, 하쿠호도(博報堂), 덴쓰 등 관계된 각 회사의 사람들이 함께 참석하는데 이렇게 여러 회사의 사람들이 모이는 것 자체에 의미가 있다. "오늘 회사에서 이런 일이 있었습니다"라는 이야기에 이미 '현대'가 포함되어 있기 때문이다. 이때 반드시 "젊은 사람들을 데려와주십시오"라고 부탁한다. 프로일 필요는 없다. 젊고 경험이 없기에 나올 수 있는 발상이 있다. 그것이 도움이 된다. 회의의 멤버 중에는 '이

런 의견을 말할 것이다'라는 생각이 드는 사람과 무슨 말을 할지 전혀 알 수 없는 사람, 이른바 프로와 아마추어가 필요하다. 사실 이 둘 중 반드시 필요한 사람은 후자다. 괜히 어설프게 아는 사람이 가장 필요 없는 사람이다. 경험은 없지만 센스가 좋은 사람이 있다면 그 회사의 윗사람에게 말해서 그 사람 좀 빌려달라고 하는 경우도 있다. 하나의 작품에서 한두 사람 정도 그런 인재가 발견되면 그 사람들이 열심히 잘해주어 일도 잘 진행된다. 그들의 신선한 아이디어로 홍보도 점점 변화해간다.

△전원에게 의견을 말하게 한다 — 아무리 작은 문제라도 그 자리에 있는 사람 전원에게 의견을 듣는다. 물론 그만큼 시간은 많이 걸리게 된다. 전단지 초안 한 장에 대해 이야기하는 데 네댓 시간이나 걸린 적도 있다. 그러나 이것은 기본이다. 기본을 잘해두면 나중에 편하다. 이것은 잡지사에서 쌓은 경험이 많은 도움이 되었다. 당시 편집부원 이외에 기자가 50~60명 있었는데 그 사람들 개개인에게 '지금 무엇을 하는 것이 좋을지'를 일일이 물어보았다. 차례대로 생각을 물어본다. 내가 하는 일은 모두에게서 들은 의견 가운데 어떤 것으로 할지 선택하는 것뿐으로 "내 일은 사람들의 가르침을 받는 것이구나"라고 생각했다. 이른바 교통정리를 계속해온 것이다. 일을 진행할 때에는 물론 아이디어를 낸 사람이 담당하도록 한다. 그렇게 하면 일을

맡게 된 사람은 최선을 다하므로 재미있는 결과가 나오게 된다.

△자신의 의견은 준비하지 않고 임한다 — 테마와 방향성은 제시하지만 내용에 대해서는 내 의견을 준비하지 않는다. 가능한 한 머릿속을 비운 상태에서 회의에 임한다. 그렇게 해두는 편이 자유롭게 의견을 내기 쉽고 신선한 발상이 떠오르기 때문이다. 나는 일단 사람들에게 생각을 묻는다.

어차피 마지막에는 의견을 정리해야 하는데 내 생각에 바로 이거다 싶을 때 모두를 설득한다. 가능한 한 모두가 납득할 수 있을 때까지 이야기를 나누고 그 시간을 공유한다. 아침까지 회의가 계속되는 경우도 있다. 하지만 그것이 오히려 즐겁게 느껴진다. 계속 이야기를 하는 것이 고통스럽다고 생각할 만한 사람은 처음부터 부르지 않는다. 계속 이야기를 나누고 싶어 하는 사람만 부른다.

참고로 나는 기록을 하지 않는다. 메모도 하지 않고 머릿속에 남는 것이 중요한 내용이라고 생각한다. 그렇지만 객관적으로 기록하는 사람의 이야기를 나중에 들으면 또 다른 공부가 되기도 한다.

좋은 작품일수록 홍보가 의미를 갖는다

본격적으로 홍보에 힘쓴 《마녀 배달부 키키》는 기록을 크게 경신하며 대성공을 거두었다. 그 후 《추억은 방울방울》, 《붉은 돼지》,

《폼포코 너구리 대작전》이 계속 성공하여 1995년에 지브리 설립 10주년을 맞이했을 때 프랑스 안시에서 개최된 국제 애니메이션 영화제에서 강연을 하게 되었다(안시는 프랑스 동부에 위치한 아름다운 마을로 매년 6월에 세계적인 애니메이션 영화제가 열린다). 그때 지브리의 홍보 활동에 대해서 정리한 내용을 소개하겠다.

참고로 그날은 일본어 원고를 영어로 번역한 것이 있어서 그것을 읽기만 하면 되었다. 그런데 웬일로 그곳에 다카하타 씨가 참석해 있었다. 앉아서 나의 강연을 듣고 있는 것이었다. 나는 당황했다. 다카하타 씨가 말하기를 "발음은 대체적으로 괜찮았어요. 그런데 《바람계곡의 나우시카》를 말할 때 바람(wind)이 창문(window)으로 들렸어요." 정말 쓸데없는 소리를 잘하는 사람이다(웃음). 이하는 일본어 원고에서 가져온 것이다(전술 '스튜디오 지브리의 10년').

스튜디오 지브리의 특색은 '내용적인 평가'와 '흥행적인 성공'이라는 두 가지를 양립시키고 있다는 것입니다. 제아무리 높은 뜻을 가지고 좋은 작품을 만든다고 해도 특히 일본처럼 국가가 자국 영화 보호에 힘쓰지 않는 나라에서는 작품성만 추구해서는 결국 경영난으로 작품 제작을 계속하기가 어렵게 됩니다. …

최근의 지브리 작품은 늘 어느 정도의 흥행 성적을 올리고 있습니다. 그 포인트로는 크게 세 가지를 들 수 있습니다.

첫 번째는 당연한 말이지만 작품의 높은 완성도입니다. …

내용에 깊이가 없으면 아무리 대대적으로 홍보를 해도 계속 홍행에 성공할 수 없습니다.

두 번째는 과거에 쌓아올린 실적입니다. … 회를 거듭할 때마다 전작의 내용적인 성공이 다음 작품의 홍행 성공을 뒷받침해주는 행복한 연쇄작용이 생겨나고 있습니다.

세 번째는 확고한 방침에 따라 이뤄지는 대대적인 홍보입니다. … 단순히 좋은 영화라는 사실만으로는 관객들이 영화를 보러 오지는 않습니다. 그것을 돌파하기 위해서는 대대적인 홍보를 통해 영화를 이벤트화할 필요가 있습니다. 즉, 지브리 작품은 대부분이 여름에 개봉되고 있는데 '이 여름에 꼭 봐야 할 화제의 중심'이라는 분위기를 전국적으로 만들어나가는 것입니다. …

일본에서도 애니메이션은 아이들이나 보는 것이라는 인상이 강합니다. 그러나 일본 영화는 젊은 여성층을 확보하지 못하는 한 큰 성공을 기대할 수 없고 부모와 아이를 함께 끌어들이는 것이 매우 중요합니다. 따라서 지브리의 작품은 아이부터 어른까지를 타깃으로 한 모든 세대를 아우르는 홍보를 하고 있습니다. 이 경우 특히 어른들도 볼 만한 수준 높은 작품임을 강하게 어필하는 것이 중요합니다.

외국인을 대상으로 한 강연이라는 점도 있고 해서 내 글치고는 보기 드물게 정리된 문장으로 되어 있다. 그런 탓에 "모든 것이 계획대로 잘 진행되었던 것처럼 들렸다면 그것은 사실과 다릅니다. 어떤 흐름 속에서 결과적으로 그렇게 되었다는 부분이 많습니다. 이런 점을 감안하고 들어주십시오"라고 미리 양해를 구했다. 그렇지만 '작품의 높은 완성도가 가장 중요하다는 것은 초지일관된 생각이다'라는 것은 말하고 싶었다. 홍보도 작품의 완성도가 높을 때 비로소 의미가 있기 때문이다.

전환기가 된 《모노노케 히메》

안시 영화제의 강연에서 말한 것처럼 지브리의 작품은 꾸준하게 흥행 성적을 올려왔지만 흥행적인 면에서 그렇게 큰 기대를 받은 것은 아니다. '지브리=기대'라는 공식이 생긴 것은 《모노노케 히메》(1997년)가 대성공을 거둔 후였다. 그리고 지금 생각하면 좀 의외라고 생각할지도 모르지만 가장 부정적인 반응을 보였던 작품이 바로 《모노노케 히메》였다. 사실 이 작품에는 다른 작품과는 비교도 되지 않을 정도로 거액의 제작비가 들어갔기 때문이다.

안시에서의 강연 직후 《귀를 기울이면》(1995년)이 성공을 거두면서 나는 미야자키 씨와 의논하여 새로운 시도를 하려고 했다. 그 첫 번째 작품이 바로 《모노노케 히메》였다('영화 《모노노케 히메》의 설명 자료' 1996년).

《귀를 기울이면》도 덕분에 큰 성공을 거두었습니다. 그러나 저는 이대로 아무 생각 없이 다음 작품을 시작해도 좋을까 하는 고민을 했습니다. …

심사숙고 끝에 내린 결론은 '1) 개봉을 2년에 한 편으로 하자, 2) 2년이라는 시간을 들여 좀 더 밀도 있고 그 누구도 본 적이 없는 재미있는 작품을 만들어 재등장하자'였습니다. 이 길밖에 없다고 생각했습니다.

지금까지 지브리의 작품은 실질적으로 거의 1년의 일정으로 제작되어왔습니다. … 애니메이션 제작비의 약 80%가 인건비로 들어가므로 제작 기간이 두 배로 늘어나면 제작비도 자동적으로 두 배가 된다는 것은 알고 있었습니다.

그러나 내용적으로도 기술적으로도 그리고 인적 자원의 의미에서도 항상 혁신해나가는 것이 지브리의 미래를 열어나갈 가장 중요한 조건이라고 생각했습니다.

제작 기간을 두 배로 늘려서 2년에 한 번 개봉한다는 것은 경영적인 면에서 대단한 모험이다. 《모노노케 히메》의 예상 제작비는 《붉은 돼지》의 4배, 《폼포코》의 2.5배였기 때문에 기존의 작품과 확연한 차이를 보였다. 관계자 거의 모두가 반대했다고 할 정도여서 그들을 납득시키는 일은 정말 쉽지 않았다. 그 당시의 설명 문서에 있는 그대로 작품의 의의를 이야기한 뒤 제작비를 회수할 수 있다는 것을 설명했다. 나는 영화 작품인 이상 극장 수입만으로 제작비를 회수할 수 있기를 바랐지만 은행을 설득해야 했기에 TV 방영권과 비디오 수입까지 감안하여 자세한 수치를 나열했다.

이렇게까지 설명해도 여전히 반대는 사그라들지 않았다. 관계자들끼리 은밀히 만나 기획을 그만두게 하려는 움직임까지 있을 정도였다. 그래서 과감하게 조치를 취했다. 그 모임의 주모자를 불러 지브리로의 출입을 금지한다는 통고를 하고 인연을 끊었다. 때로는 이런 결단도 필요하다. 어쨌든《모노노케 히메》가 당초 계획했던 관객 동원 수 400만 명(전작《폼포코 너구리 대작전》이 325만 명)을 넘어 1,420만 명이라는 공전의 히트를 기록한 것은 정말 예상 밖의 일이었다.

홍행에 성공하리라 기대받은 최초의 작품은《센과 치히로의 행방불명》이다. 그렇기는 하지만 그 '기대'라는 것이 관객 동원 수가《모노노케 히메》의 절반 정도 되지 않을까 하는 것이었다. 그런데 실제로는《모노노케 히메》의 기록을 한층 더 경신한 2,400만 명이라는 엄청난 숫자를 기록했다. 그다음 작품인《하울의 움직이는 성》(2004년) 때에는 외화를 포함하여 여러 영화들이 개봉 시기가 겹치는 것을 꺼려 개봉일을 바꾸기도 했다.

지브리가 언제 홍행에 실패하나 하고 기다리던 사람들이 이번에는 엄청난 기대를 하는 것이다. 지금은 이런 기대가 가장 큰 불안 요인이다. 모두가 기대하고 있다는 것은 정말 무섭다. 모두가 불안해하는 것이 오히려 마음이 편하다고나 할까?

저자가 그린 미야자키 애니메이션의 주인공들(《붉은 돼지》의 포르코, 《루팡 3세 칼리오스트로의 성》의 클라리스, 《모노노케 히메》의 산). 중요한 인물이나 장면은 직접 그려서 영화 전체의 이미지를 파악한다고 한다.

홍보하지 않는 '홍보'

얼마 전 어느 모임에서 닛폰TV의 우지이에 씨와 이런저런 이야기를 하고 있었다. 그때 그는 나에게 "영화는 홍보만 하면 흥행에 성공하니까 좋겠어요"라는 말을 했다. 그 말에 나도 모르게 큰 소리로 "그렇게 간단하다면 누가 고생을 하겠습니까?"라며 반론했다. 그랬더니 그는 조용히 생각에 잠겼다. 원래 그는 남의 말을 진지하게 듣는 사람이다.

영화를 홍보하는 방법은 극단적으로 말하자면 작품마다 다르다. 시대를 잘못 읽으면 성공할 수 없다. 단순히 대대적으로 홍보한다고 해서 잘되는 것은 아니다. 흥행에 성공했을 때 가장 기쁜 것이 바로 '내가 읽어낸 현대가 적중했다'라는 점이다.

예를 들어 《하울의 움직이는 성》을 보면 이때는 '홍보하지 않는다'라는 것을 홍보 전략의 기본으로 삼았다. 홍보는 보통 내용의 에센스를 전한다. 그러나 나는 그렇게 하지 않고 오히려 정보를 제한하는 것이 더 흥미롭지 않을까 생각했다. '하울이 시작된다'라는 것만 알렸다. 개봉 당시 언론 보도 자료에 나는 이렇게 썼다('홍보하지 않는, 홍보[宣伝をしない､宣伝]', 2004년).

> 영화를 개봉하면서 홍보를 하는 것은 당연한 일이지만 이번에는 홍보를 하지 않기로 했다. 아니 정확하게 말하자면 내용의 상세한 소개나 주제 해설 등을 모두 하지 않겠다는 것이다. 미야자키 하야오 씨가 쓸데없는 예비지식이 없는

상태에서 영화를 있는 그대로 봐주길 간절하게 바랐기 때문이다.

《센과 치히로의 행방불명》의 홍보는 지나치지 않았나 하는 반성도 있었다. 그래서 이번에는 이런 방침으로 가자고 결정한 순간, 항상 우리 영화를 응원해 주시는 관계자분들의 항의가 있었다. 협력하고 싶은데 호의를 무시하냐고 말이다. 그래서 가능한 범위에서 한 사람씩 만나 성심성의껏 이해를 구했다.

적절한 홍보란 무엇인가? 스태프들과 함께 몇 번이나 이야기를 나눴다. 홍보의 내용보다도 이런 점들에 더 많은 시간을 할애했다. '양보다는 질이다', '홍보는 영화를 보게 만드는 계기에 지나지 않는다'라는 너무나도 당연한 의견들이 나왔을 때 스태프들의 얼굴에 안도하는 표정이 보였다.

이렇게 하게 된 계기는 미야자키 씨의 바람이 있었기 때문이다. 미야자키 씨는《센과 치히로》가 홍행에 성공했을 때 여러 사람들로부터 "내용도 좋았지만 홍보도 대단했습니다"라는 말을 듣고 아주 마음에 걸려했다. 스태프들에게 "홍보를 잘해서 성공한 것일까? 자네는 어떻게 생각하나?"라며 묻고 다녔다.

어쨌든 계기는 그러했을지 몰라도 나에게는 내 나름대로의 생각이 있었다. 나는 그해의 여름 영화 중에 홍보비를 많이 들인 영화일수록 흥행에 더 실패했다는 사실을 깨닫고 어떻게 해야 할지 고민하고 있었다. 그래서 홍보 자료를 만들지 않는 것에 의미가 있다고 생각했다. 홍보 자료가 있으면 모두 그 자료에 의존하게 되지만 이번에는 아무런 자료도 없기에 언론 관계자도 자신이 보고 느낀 것밖에 쓸 수 없게 된다. 이렇게 되면 신선한 글이 나오기 때문에 그것이 오히려 큰 홍보가 되지 않을까 하고 생각했다.

언어를 믿는 직업

새삼 느끼는 것이지만 프로듀서라는 직업은 결국 언어를 얼마나 자유자재로 구사하는가 하는 것이 관건이다. 프로듀서는 영화 제작에 관계되는 여러 분야의 사람들에게 전해야 할 것을 전하고 영화를 보는 관객들에게 보내는 메시지를 생각한다. 모두가 언어인 것이다.

원래 나는 모르는 것을 아는 것으로 바꾸고자 하는 욕망을 가지고 있다. 그 수단으로 언어가 필요하다고 생각한다.

이런 생각의 표현이겠지만 《시끌별 녀석들(うる星やつら)》, 《기동경찰 패트레이버(機動警察パトレイバー)》 등을 만든 오시이 마모루(押井守) 감독은 "스즈키 씨를 만난 후부터 미야자키 하야오 씨가 만드는 작품이 재미없어졌어요"라고 말한다. 나와 일을 하면서 미야자키 씨가 만드는 영화에 사회성이 드러나게 되었다. 그는 그것이 어딘가 꺼림칙하고 싫다는 것이었다. 예전에 요미우리신문과 한 대담에서 그는 이렇게 말했다('신춘 아니메 대담[新春アニメ対談]' 2004년).

오시이 : 《나우시카》가 개봉될 당시의 애니메이션은 지구의 운명과 인류의 운명을 짊어지고 있었습니다. 학원물 시리즈도 영화로 제작되면 갑자기 '지구'나 '인류' 같은 것을 들먹입니다. 당시 저는 《시끌별 녀석들》을 만들고 있었는데 이런 것들이 싫었습니다.

오시이 : 위압적인 행동이나 생각들이 어딘가 이상하다고 느꼈습니다.

오시이 : (스즈키에 대해서) 영화를 만드는 사람은 어딘가 무의식적으로 하고 있는 부분이 있어서 그것을 언어로 표현하여 의의를 부여합니다. 그렇지만 그것은 위험한 면도 있습니다. 영화를 이야기하는 것은 그 영화를 결정짓는 것이나 다름없기 때문이지요.

오시이 마모루의 이런 말에 나는 '그런가?'라고 생각할 수밖에 없었다. 분명 미야자키 씨는 그때까지 사회성이 있는 작품은 만들지 않았다. 그러나 지금은 결과적으로 그런 미야자키 씨의 새로운 면이 관객의 마음을 사로잡은 게 아닐까 생각한다.

어쨌든 나는 '언어를 통하여 현대를 파악한다'라는 것을 목표로 삼고 싶다. 그런 생각의 근원이 되는 것은 사람들과 이야기하는 가운데 축적된 말들이다. 메모는 하지 않는다. 어느 사이엔가 기억하게 된 말들이다. 이것을 글을 쓸 때 한꺼번에 사용하는 것이다.

필요할 때에는 거짓말도 한다

큰 의미에서 그것이 옳다고 생각할 때에는 거짓말을 하는 경우도 있다. 혹은 진실을 말하지 않을 때도 있다. 좋은 결과로 이어진다는 확신이 있다면 거짓말도 하나의 방편이므로 거짓말을 한 것에 대해 별로 신경 쓰지 않는다. 아니 그보다 스스로 그것은 거짓말이 아니라고 생각한다.

그러나 한 가지 계속 마음에 걸리는 거짓말이 있다. 《나우시카》의 영화화에 대한 안이 나왔을 때 하쿠호도 측에서 원작의 부수를 물어왔다. 실제로는 5만 부였지만 순간 망설이다가 50만 부라고 말했다. 5만 부로는 영화화를 꺼릴지 모른다는 생각이 스쳐 지나갔기 때문이다. 정확하게 숫자를 속였기에 이런 거짓말은 계속 마음에 걸린다.

웃어 넘길 수 있는 거짓말은 《센과 치히로》의 홍보를 위해 미야자키 씨와 미국에 갔을 때 하게 됐다. TV와 지면 매체를 합쳐 70개 사로부터 인터뷰 요청이 있었다. 정리를 해보았지만 그래도 상당히 많은 숫자였다. 미야자키 씨는 "그런 귀찮은 일은 싫어요"라고 말할 것이 뻔했다. 그 생각에 작은 거짓말을 하나 했다. "인터뷰 신청이 100건 있었는데 협상해서 45건으로 줄였어요." 그랬더니 미야자키 씨는 기분 좋게 모든 인터뷰를 마쳤다.

그리고 이것은 거짓말이라기보다 모르는 척하고 보고하지 않은 일인데 《귀를 기울이면》 때의 일이다. 이 영화의 기틀은 미야자키 씨가 잡았지만 실제로 영화를 만든 사람은 곤도 요시후미(近藤喜文) 씨였다. 거의 완성되어 음악을 삽입하고 있을 때 봤더니 컷의 연결이 이상했다.

"곤도 씨, 컷 연결이 이상하지 않나요?"

"아니요, 미야자키 씨가 이게 좋다네요."

"그렇지만 아무리 봐도 이상한데요."

"실은 저도 그렇게 생각해요."(!)

나는 그럼 바꾸자고 제안했지만 곤도 씨는 미야자키 씨가 마음에 걸리는 모양이었다. 그래서 나는 "제가 책임질게요. 미야자키 씨에게는 시사회 때 보입시다"라고 말했다. 그렇게 그를 설득하고 컷 순서를 바꾸었다. 그는 당연히 미야자키 씨에게 말하지 않아도 되는지 걱정하고 있었는데, "그런 걱정은 하지 마세요. 지금 미야자키 씨에게 말하면 부담을 주게 되니까 우리가 좋다고 판단한 쪽으로 합시다"라고 안심시켰다. 시사회 날 곤도 씨는 조마조마해하고 있었는데, 시사회가 끝난 뒤 미야자키 씨는 이에 대해서는 아무런 말도 하지 않고 "좋았어요, 좋았어"라고 말했다.

아마도 미야자키 씨가 잘못 말한 것이라고 생각한다. 그것을 일일이 말할 필요는 없다. 우리가 처리하면 된다고 나는 생각한다. 미야자키 씨도 신은 아니기 때문에 가끔은 틀리는 경우가 있다. 그것을 알게 되면 일일이 이야기하지 않고 강하게 밀고 나가는 것이 그에게 좋은 일이 아닌가 하고 생각한다.

지도를 그릴 수 있을까?

프로듀서가 수행하는 중요한 역할 중에 하나가 지도를 그리는 것이다. 맡은 일을 전체적으로 파악하고 진행 상황을 확인하기 위해 그림으로 표시한다. 이것은 어떤 의미에서 지도를 그리는 것과 같다. 지도는 공간과 시간 파악의 표현이기 때문이다.

이와 관련하여 나는 작년(2007년)에 흥미로운 경험을 했다. NHK의 프로그램 〈과외수업, 어서 오세요 선배님(課外授業 ようこそ先輩)〉에서 모교를 방문하여 초등학생들과 수업을 했는데, 이때 아이들에게 지도를 그려보게 했다. 하나는 실제의 지도, 그리고 또 하나는 영화 속의 지도였다.

그랬더니 지도를 그린다고 사전에 알려주었기 때문인지 놀랍게도 모두들 진짜 지도나 컴퓨터로 출력한 지도를 가지고 왔다. 그런데 그렇게 해서는 의미가 없으므로 그것을 집어넣게 하고 직접 그리게 했다. 그랬더니 대부분의 아이들이 지도를 그리지 못했다.

또 하나 놀란 사실은 자신이 좋아하는 장소를 지도로 그려보라고 했더니 아이들은 다들 좋아하는 장소 같은 건 없다고 말하는 것이다. 결국 대부분의 아이들은 집 근처 슈퍼나 편의점, 그리고 기껏해야 공원을 그렸다. 학교와 집만 왔다 갔다 하기 때문에 따로 들르는 곳이 없고, 도중에 어떤 건물이 있는지 같은 건 기억하고 있지도 않았다. 흥미가 없는 것이다. 그러니 당연히 모를 수밖에 없다.

거리 감각도 이상했다. 지도가 종이에 다 들어가지 않고 윗부분만으로 끝나거나 밖으로 삐져나온다. 한 명씩 면담을 해보고 안 사실은 6학년이 될 때까지 지도 같은 건 그려본 적이 없다는 것이다. 딱 한 명 제대로 그린 아이가 있었다. 이것은 정말 예외 중의 예외였다.

그런데 다음 날 이번에는 영화 속의 지도를 그려보라고 했더니 전혀 다른 양상을 보였다. 모두 《마녀 배달부 키키》를 집중해서 보았다. 그러고 나서 지도를 그리게 했다. 이번에는 집중력도 대단했고, 아이들이 그린 지도도 모두 좋았다. 그중에서 여자 아이 2명을 지명하여 그린 지도를 칠판에 붙였다. "틀렸다고 생각하는 부분은 고쳐도 좋단다"라고 했더니 일제히 손을 들었다. 몇 명을 지명하여 조금씩 고치게 했다. 내가 그린 지도와 거의 비슷한 완전한 것이 되었다.

이 일은 내 마음을 복잡하게 만들었다. 실제의 지도를 전혀 그리지 못한다는 것은 아이들이 자신들이 생활하는 곳에 현실감이 없다는 의미일 것이다. 그렇지만 영화 속의 지도는 신나게, 게다가 정확하게 잘 그린다. 아이들은 대사까지 잘 기억하고 있었다. 영화를 현실의 거리보다 더 친근하게 느끼고 있는 것이다. 이런 상황을 만드는 데는 우리도 일조한 면이 있어 정말 복잡한 심경이 되었다.

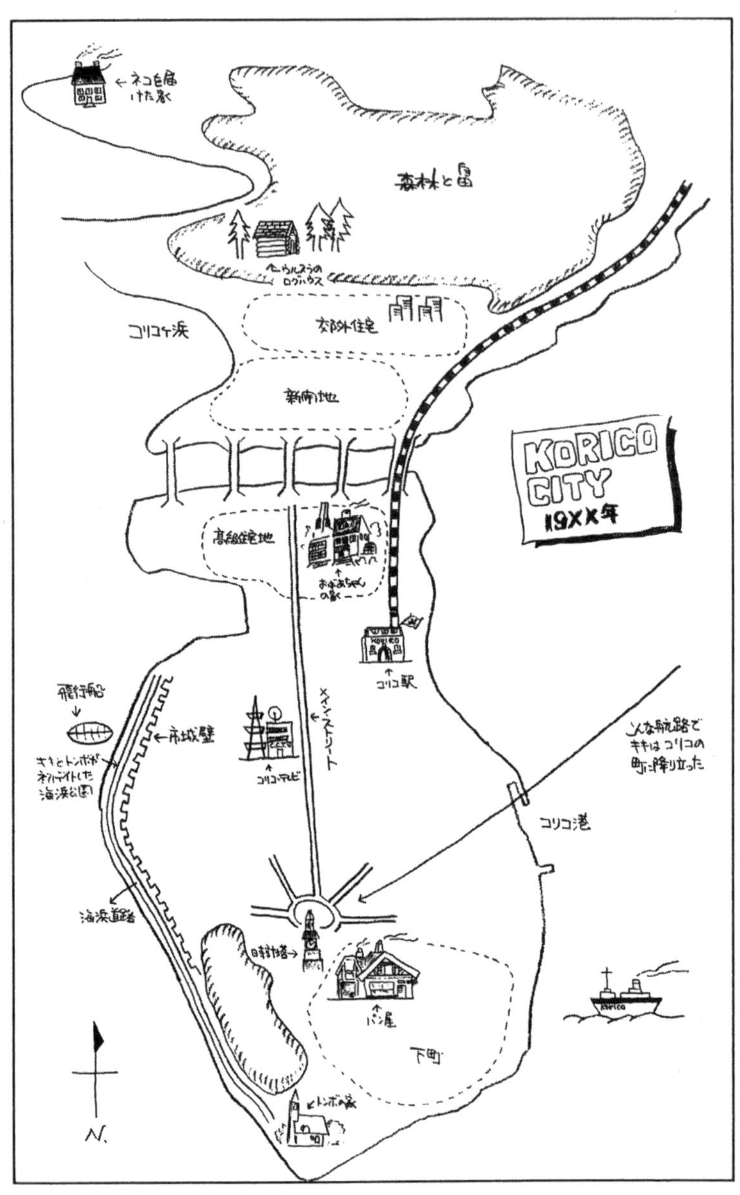

저자가 그린《마녀 배달부 키키》의 무대가 되는 마을의 지도. 현실의 상황이든 공상의 세계든 '지도'로 그리는 것은 프로듀서의 중요한 일 중 하나다.

어쨌든 나는 지도를 그리는 감각은 살아가면서 익혀야 할 최소한의 것 중 하나라고 여기고 있다. 특히 프로듀서나 편집자는 이런 지도를 그리는 직업이기 때문에 이 감각을 길러야 한다. 큰 구조를 파악하면 세세한 부분은 어떻게든 된다.

원점은 무엇인가?

원래 지브리는 미야자키 하야오와 다카하타 이사오의 영화를 만들기 위해 설립된 회사다. 하고 싶은 일을 하기 위해 회사를 만들었다. 그렇지만 지브리의 작품이 이만큼 실적을 쌓자 새로운 가능성이 보이기 시작했고, 또 한편으로는 회사로서 움직이기 시작하면서 싫든 좋든 경영이라는 문제가 부상하기 시작했다. 이럴 때 어떻게 생각하는가?

나의 대답은 간단하다. "좋은 작품을 만들기 위해 회사를 활용할 수 있는 동안은 활용하자." 이것밖에 없다. 따라서 그러기 위해 최선을 다하고 싶다. 회사를 키우는 것에는 전혀 흥미가 없다. '좋아하는 영화를 만들고, 조금씩 그 제작비를 회수할 수 있고, 오랫동안 일을 할 수 있으면 행복하다'라고 생각했고 그 생각은 지금도 변함이 없다. 이상(理想)은 '실력 있는 중소기업'이다. 전에 이런 말을 한 적이 있다(전술 '《센과 치히로의 행방불명》은 디즈니를 이겼다').

디즈니가 애니메이션 영화에서 유일하게 흥행 성적 1위를 차지하지 못하는 나라가 일본입니다. 그들 입장에서는 일본은 2배, 3배나 될 시장인데 아무리 해도 잘되지 않는다고 생각할 겁니다. 그래서《모노노케 히메》,《센과 치히로의 행방불명》을 만든 스튜디오 지브리와 손을 잡고 영화를 만들고자 디즈니와 드림웍스가 차례차례 제안해왔습니다. 하지만 현재로서는 그럴 생각이 없습니다. 왜냐하면 작품을 만드는 환경인 생활, 풍습, 습관의 차이가 크고 제작 시스템이 너무나도 다르기 때문입니다. 그리고 좋은 작품을 만들기에는 작은 회사가 더 좋기 때문입니다.

디즈니의 스튜디오를 견학해보면 스튜디오라고 말할 수 없습니다. 거대한 공장입니다.

한때는 기술 스태프만 1,000명 이상 근무했다고 합니다.

…

그러나 규모는 달라도 실제 애니메이션 제작 작업은 그렇게 크게 다르지 않습니다. 결정적으로 다른 점은 기획까지의 준비 단계입니다.

실제로 회사라는 것은 키워가지 않으면 유지하기가 어렵다는 점이 있다. 게다가 모회사가 큰 빚을 안고 있었기에 늘 흥행에 성공해야 한다는 요구가 있었다. 그러나 회사 경영의 논리에만 얽매이다가는 주객이 전도되어 지브리의 매력도 잃어버리게 될 것이다. 나는 종종 "좋은 작품을 만들 수 없게 된다면 지브리는 없애도 좋다"라고 딱 잘라 말하는데, 그 정도의 각오가 없다면 원점을 지킬 수 없다고 생각하고 있기 때문이다.

원점은 역시 '도전'이었다고 생각한다. 안심할 수 있는 작품만 만든다면 재미가 없다. 지금까지와는 전혀 다른 작품을 만들고 싶다. 《모노노케 히메》부터 작품 제작을 2년에 한 편으로 한 것도 이런 이유와 관계가 있다. 올해(2008년) 다카하타 씨는 73세, 미야자키 씨는 67세, 나도 60세가 되지만 마음만은 아직 초창기와 변함없다.

그래서일까? 지브리의 홍보부장인 니시오카 준이치(西岡純一) 씨는 "이 회사는 매일 무슨 일이 일어날지 모르기 때문에 정말 즐겁습니다"라고 모두에게 말하고 다닌다. 이렇게 말하면 좀 그렇지만 정말 매일 무슨 일이 생긴다. 그래서 재미있다. 그렇게 일을 해나갈 수 있다면 행복하지 않겠는가?

영화를 만드는 회사

그리고 또 한 가지 말하고 싶은 것은 지브리는 '영화를 만드는 회사'라는 것이다. 당연한 말을 왜 하느냐고 생각하겠지만 이것은 그렇게 간단하지 않다.

옛날에는 '영화는 영화관에서 본다'라는 것이 전부였지만 지금은 상황이 다르다. DVD로 발매되거나 TV에서 방영된다. 캐릭터 상품도 등장한다. 지브리도 여러 가지 경위로 이런 요소들과 관계되어 왔다. 이것이 점점 더 심화될 경우 자칫하면 '영화를 만드는 회사'라는 사실을 잊어버릴 수 있다. 실제로 내가 아는 여러 영화사가 주객이 전도된 상황에 빠졌다.

영화 작품을 이야기할 때 종종 '콘텐츠'라는 단어가 사용된다. 나는 이 말을 싫어한다. 그런 외래어로 바꾸고 싶지 않다. 유치하다는 말을 들어도 나는 '작품'이라고 말하고 싶다. 그렇지 않으면 영화 작품이 DVD나 TV 방영, 캐릭터 상품과 똑같이 취급된다. 순서가 있다고 생각한다. 작품이 성공했기 때문에 다음 단계가 있는 것이지, 처음부터 그런 것들을 계획하고 만들면 '작품'이라고 할 수 없다.

말이 나온 김에 말하자면 지브리 미술관에서 상영하고 있는 단편 영화가 현재 6편 있는데 이 영화들은 지브리 미술관에서만 볼 수 있다. 보통은 DVD로 만들어 매점에서 판매하거나 하지만 그렇게 하지도 않는다. 영화란 직접 와야만 볼 수 있다는 것을 작게나마 실현하고 있는 것이다. 무엇이든 손쉽게 구할 수 있는 세상이 되었기에 일종의 반대 논리를 시도해보고 싶었다.

어디서나 인정받는 직업인이 되어라

나는 매년 신입사원에게 똑같은 말을 한다. "지브리에 입사한 걸로 만족하는 사람은 필요 없습니다. 한 사람의 어엿한 직업인이 되십시오." 애니메이터라면 애니메이터로서 어디에 가든 자신의 역할을 할 수 있을 만큼의 역량을 여기에서 길러나가길 바란다고 말한다. 즉, 개인의 이름을 걸고 하는 일인 것이다. 조직에 매몰되는 회사원이 아니라 제 몫을 다하는 직업인이 되겠다는 생각이 없으면 힘들다. '회사는 필요 없어지면 없애도 된다'라고 말하고 다니는 사람으로서 그들의 인생과 생활까지 책임지고 싶지 않으니 책임 회피인 셈이기도 하다(웃음).

전에 미야자키 씨의 제안으로 6개월 동안 회사를 휴업한 적이 있다. 거기에는 이런 사정이 있었다(전술 '《센과 치히로의 행방불명》은 디즈니를 이겼다').

지브리는 8월 1일부터 6개월간 휴업합니다. 즉, 내년 2월 1일부터 미야자키 감독의 신작을 제작하는데, 그때까지 스태프들에게 자유 시간을 주자는 것입니다. 지금까지는 스케줄이 비면 방송국 일을 하청받거나 했습니다만 이번에는 6개월 동안 자신이 하고 싶은 일을 하되 2월 1일에는 건강한 모습으로 돌아와주기를 바랍니다. 급여는 일시 휴직으로 처리하여 3분의 2를 지급하기로 하였습니다.

저는 젊은 직원들에게 중요한 것은 지브리에서 일하는 것이 아니라 애니메이터로서 인정받는 것이라고 자주 이야기합니다. 그렇기 때문에 이번에도 다른 회사에 가서 일해보고 그곳이 좋으면 돌아오지 않아도 된다고 말했습니다. 인

宮崎氏贈呈用AVセットのプランと予算 미야자키 씨의 증정용 AV 세트의 플랜과 예산

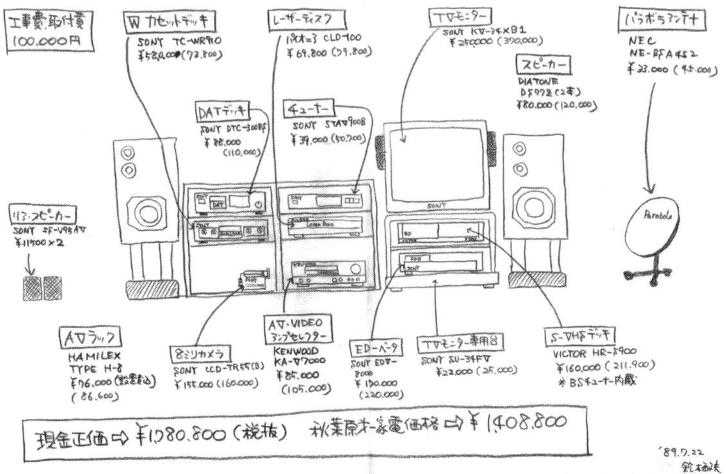

미야자키 감독이 신슈에 산장을 만들었을 때 "모든 걸 스즈키 씨에게 맡길 테니까 잘 부탁해요"라는 그의 요망에 따라 저자가 만든 AV 세트의 플랜. 감독의 아이디어를 형상화해나가는 일에도 여러 가지가 있다.

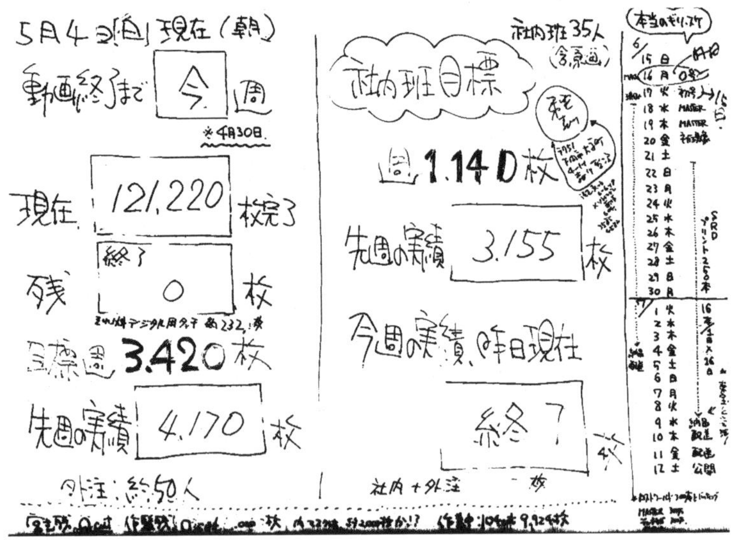

《모노노케 히메》 제작 시의 작업 스케줄표. 일정이 급박했기 때문에 매일 화이트 보드에 숫자를 적어놓고 미야자키 감독에게 보여주었다.

재 유출을 걱정하는 사람도 있습니다만 지브리의 기획에 매력을 느낀다면 돌아오겠지요. 이것은 승부입니다.

실제로 지브리에서 나가 활약하는 사람은 많다. 재능이 있는 사람은 역시 밖으로 나가 자신의 능력을 시험해보고 싶어 한다.

물론 그 사람이 나가면 곤란한 경우도 있다. 하지만 그런 요청이 있을 경우에 나는 기본적으로 붙잡지 않고 기분 좋게 보내준다.

장인 기질에 관한 에피소드

이런 일도 있었다. 이름은 A 씨라고 하겠다. 지브리에서 십수년 정도 일하던 사람으로 어디에 내놓아도 인정받는 초일류 애니메이터였는데 나에게 갑자기 그만두고 싶다고 이야기하는 것이다. “지브리에서 많은 것을 배웠습니다만 잃은 것도 많습니다. 이대로 여기 있으면 안 될 것 같으니 다른 곳에 가서 일해보고 싶습니다.” 잘 들어보니 그만두려는 직접적인 계기는 바로 장인 기질이었다. ‘일부러 못 그린 그림을 보였는데 미야자키 씨는 체크하지 않았다’, ‘그런 것도 체크하지 못하는 미야자키 하야오는 늙었다’, ‘내가 여기 있을 의미가 없다’라는 것이다.

그렇다고 싸우고 나간 것도 아니어서 이따금씩 도움을 받기도 했다. 기억나는 것은 《이웃집 야마다군》 때의 일이다. 모두 알아차리지 못했을지도 모르지만 《이웃집 야마다군》은 애니메이션으로서는 아주 어려운 것을 해냈다. 연재만화를 보면 알겠지만 얼굴이 엄청 큰 데다 2등신이다. 이것을 움직이는 일은 정말 힘들다. 다리가 짧기 때문에 아무래도 부자연스러워지게 된다. 지브리에서 《이웃집 야마다군》을 담당한 역량 있는 애니메이터, 예를 들어 B 씨로 하자. B 씨가 술에 취한 아버지가 밥상으로 걸어와 앉는 장면을 그리고 있었다. 그 짧은 다리로 어떻게 앉힐 것인가? 솜씨가 없는 사람이 그리면 부자연스러워진다. 이것을 자연스럽게 표현할 수 있는 사람은 지브리에서도 불과 몇 안 된다. B는 이런 그림을 그릴 수 있는 몇 안 되는 사람 중 하나인데 A의 실력도 출중하기 때문에 B는 A가 도와주기를 바랐다. A는 싫다고 피하지만 역시 흥미가 있기 때문에 B에게 물었다. "어떻게 표현해요?" 그러면 B는 두 손가락을 다리에 비유해 움직여 보이고 "이런 식으로 하고 있어요"라고 대답한다. 그러면 A는 "역시 그렇군요" 한다. 왠지 무림 고수들의 이야기 같아서 무척 재미있었다. 실력 있는 장인들끼리만 가능한 이야기일 것이다.

A는 돌고 돌아 또 지브리의 일을 하고 있다. 실력은 있는데 그것을 발휘할 수 있는 곳을 밖에서는 좀처럼 찾기 힘들다. 그래서 다시 들어오지 않겠느냐고 제안했지만 "제 발로 회사를 나갔는데 아무렇지도 않게 다시 돌아와 일하는 것은 좀 아닌 것 같습니다"라고 대답했다. 그래서 나는 이렇게 했다. 현재 지브리는 제1스튜디오에서 제4스튜디오까지 4개의 스튜디오를 가지고 있다. 그중 제4스튜디

오만 좀 떨어진 역 건너편에 위치해 있다. 이것은 내 생각인데 실력은 있지만 출퇴근 시간을 잘 지키지 않는 사람들, 즉 아침 일찍 나와 밤에도 일찍 퇴근하는 규칙적인 생활이 불가능한 사람들이 있다. 제4스튜디오는 그런 사람들을 위해 만든 곳이다. A를 여기에서 일하게 했다. 이번 《벼랑 위의 포뇨》에서도 그는 대단한 실력을 발휘해주었다.

제4스튜디오 같은 곳을 만든 것은 유능한 인재를 확보하기 위한 하나의 방법이다. 2년에 한 번씩 신입사원을 채용해서 육성해나가는 것뿐 아니라 외부의 인재를 어떻게 영입할까, 이미 능력이 입증된 사람을 어떻게 데려올까 등을 항상 생각하고 있다. 실력 있던 사람들이 이제 모두 나이가 들었기 때문이다.

참고로 미야자키 씨는 지금도 직접 그림을 그리는데 그가 가장 신경 쓰는 부분은 스태프 중에 자신보다 더 잘 그리는 사람이 있는가 하는 것이다. 지금도 그림을 그리고 있다는 것은 스태프들이 아직 미야자키 씨만큼 그리지 못한다는 것을 의미한다. 이것은 미야자키 씨에게는 이율배반적인 것이다. 자신이 아직 인정받을 수 있다는 것은 기쁜 일이지만 동시에 자신을 뛰어넘는 사람이 아직 없다는 것은 슬픈 일이기 때문이다. 이게 현장의 현실이다.

기능만으로는 집단을 유지할 수 없다

영화 제작에는 재능과 동시에 성실성도 필요하다. 실제로 재능 있는 사람만으로는 한 편의 영화를 만들 수 없다. 영화는 한 사람이 생각한 것을 여러 사람이 합심하여 만드는 것이어서 몇 명의 재능 있는 사람과 성실하게 일해줄 사람, 이 두 종류의 사람이 모두 필요하다.

회사의 분위기를 보면 선량하고 성실한 사람이 대부분을 차지한다. 그리고 가끔씩 나오는 재능 있는 사람은 여러 가지 사정으로 퇴사하기도 하고 다시 돌아오기도 한다. 미야자키 씨도 나도 이것은 좋은 일이라고 생각한다.

이런 모델로서 재미있다고 생각하는 것이 쥘 베른의 『15소년 표류기』다. 전에 이런 말을 한 적이 있다('우리는 영화 제작과 유통의 전환기에 있다[映画作りも流通も、時代の変わり目に僕らはいる]').

> (『15소년 표류기』에) 완벽한 소년은 한 명도 없습니다. 열다섯 명이 힘을 합쳐야만 합니다. 그 점이 재미있습니다. 사실 조직을 만들 때에도 이런 것이 이상적입니다. 각각 남과는 다른 무언가를 가지고 있어서 단 한 명의 낙오자도 탈락자도 없는 그런 집단을 현실에 적용해서 만들 수는 없을까, 실제로 언젠가 『15소년 표류기』를 영화로 만들 수 없을까 하고 마음속으로 생각하고 있습니다.

이에 비하여 신센구미(新選組, 일본 에도시대 말기의 무사 조직-역주)는 일본에서 최초이자 최후의 기능 집단이었다고 생각한다. 즉, 사람을 베는 능력이 뛰어난 사람만을 모아놓은 것이다. 신센구미는 인간을 기능으로 보고 그것만으로 집단을 유지하려고 했다. 그리고 그 말로는 비참했다.

기능과 인간이랄까, 재능과 성실함의 균형을 잡는 것은 어렵지만 이 두 가지는 절대적으로 필요하다. 성실하지만 아직 실력이 부족한 사람이 있다면 모두가 그 사람을 도우려고 한다. 도우면서 도와주는 사람 자신이 새로운 면을 드러내고 그러면서 성장해나간다. 이런 점이 조직의 장점이다. 단순한 개개인의 집단이라면 그 조직의 능력은 개개인의 능력을 합한 것이 되고, 자칫 잘못하면 오히려 뺄셈을 하는 꼴이 되고 만다. 신센구미의 경우 실제로 동료끼리 서로 죽이고 죽임을 당하는 관계가 되어버렸다. 그러나 서로 가르치고 배우는 관계를 잘 만들 수 있다면 그 집단의 능력은 개개인의 능력의 몇 배도 될 수 있다.

원래 한 명의 슈퍼스타가 있어서 그 사람이 시키는 대로만 하면 잘될 수 없다. 이상주의일지도 모르지만 모두가 힘을 합쳐 일을 해나가는 편이 좋고, 그래야만 하루하루가 즐겁지 않을까?

마음을 편안하게 만들어주는 사람도 필요하다

좀 더 이야기하자면 주변 사람들을 편안하게 만들어주는 사람도 필요하다. 여기에 좋은 예가 있다.

바로 《벼랑 위의 포뇨》의 주제가를 부른 하쿠호도DY미디어파트너스의 후지마키 나오야(藤巻直哉) 씨다. 학창 시절에 '마리창즈(まりちゃんズ)'라는 밴드를 결성해 활동했고, 2년 정도 대학을 휴학하고 하쿠호도에 들어가 높은 자리에 오른 사람이다. 최근에는 학창 시절의 그룹 멤버인 후지오카 다카아키(藤岡孝章) 씨와 함께 '후지오카 후지마키(藤岡藤巻)'라는 그룹을 만들어 활동하고 있다. 나는 야마다 다이치(山田太一) 씨의 드라마를 좋아하는데, 왜냐하면 거기에 반드시 엉뚱한 사람이 등장하기 때문이다. 묘한 존재감이 있는 인물이기도 하다. 후지마키 씨도 그런 사람이다. 열심히 일하는 것과는 전혀 인연이 없는 사람이다.

그는 《고양이의 보은(猫の恩返し)》 때 하쿠호도의 지브리 담당자였는데 정말 아무 일도 안 했다. 협력 기업이 좀처럼 정해지지 않는 것이다. 회사에는 바로 지브리로 간다고 말했는지 그를 찾는 전화가 매일 지브리로 걸려왔다. 그러나 한 번도 오지 않았다. 우리로서는 《고양이의 보은》을 꼭 성공시켜야 하기 때문에 그를 불렀다. "죄송하지만 열심히 하고 있습니다.", "아니, 아무 일도 안 하잖아요." 덴쓰 쪽의 담당자는 후쿠야마 료이치(福山亮一)라는 사람이었는데, 후쿠야마 씨는 열심히 노력해서 좋은 곳을 찾아주는 데 반해 그는 제로였다. 그래서 "출자는 하쿠호도 그대로 하고 협력은 덴쓰로 해도

되겠습니까?"라고 물었다. 이렇게 말하면 보통은 창피해한다. 같은 광고대행사이고 경쟁 상대인 데다가 후쿠야마 씨는 그보다 젊다. 그러나 후지마키 씨는 "후쿠야마 씨, 잘 부탁해(웃음)"라고 아무렇지도 않게 말했다. 그리고 더욱 놀라운 것은 회사에 돌아가서부터다. 국장님에게 이를 보고하면 질책을 당하는 것은 당연지사다. "자네가 제대로 일을 못 하니까 이런 일이 생기는 거야!" 국장님이 화를 내는 도중에 그는 슬그머니 이렇게 이야기했다. "전무님께는 어떻게 보고하실 건가요?" 이번에는 자신이 혼날 처지가 되었기 때문에 갑자기 정신이 든다. 국장님이 "어떡하지?"라며 걱정할 때 후지마키 씨는 "저도 같이 갈까요?(웃음)"라고 말하는 그런 사람이다.

나와 미야자키 씨는 이런 사람을 좋아한다. 이런 일이 있었다. 어느 날 어시스턴트인 시라키 노부코 씨가 나에게 할 말이 있다고 찾아왔다. "결례가 되는 줄은 알지만 어째서 후지마키 씨와 계속 일을 하시는 건가요? 결코 스즈키 씨에게 도움이 될 분이 아닌 것 같아요." 그런데 그 말이 미야자키 씨의 귀에 들어갔다. 미야자키 씨는 곧바로 시라키 씨를 불러 왜 후지마키 씨가 중요한 사람인지 설명했다.

얼마 전에도 후지마키 씨가 와서 미야자키 씨가 바쁜데도 그와 2시간이나 이야기를 나누었다. "후지마키 씨, 당신은 참 무지하군요. 세상이 어떻게 돌아가는지 관심이 없네요." 미야자키 씨는 후지마키 씨와 이야기하고 있으면 어딘가 모르게 편안함을 느끼는 것 같다.

젊은 세대에게 바라는 것

지금 지브리는 단카이 주니어 세대(단카이 세대[제1차 베이비붐 세대로 1947~49년 사이에 태어난 사람들]의 자녀 세대로 1971~74년의 제2차 베이비붐 때 태어난 사람들-역주)가 상당수를 차지하게 되었다. 지금까지는 세대 차이라는 것을 별로 느끼지 못했는데 역시 이 세대 특유의 감각이 있어서 미묘하게 다른 점이 있다.

예를 들어 《게드전기》를 감독한 미야자키 고로 씨는 이제 마흔 정도인데 그의 말에 따르면 단카이 주니어 세대에게 한 번에 두 가지를 말하면 안 된다고 한다. 숙제가 한 가지면 열심히 잘하지만 두 가지가 되면 혼란스러워한다는 것이다. 나 같은 경우는 일이 두 가지면 오히려 기분 전환도 되고 여차하면 어느 한쪽으로 도망갈 수 있다는 생각이 있어서 오히려 한 가지만 해야 하면 힘이 드는데 아무래도 좀 다른가 보다. 가장 다르다고 느낀 점은 '실수해도 괜찮으니까 해보자'라는 자세가 부족하다는 것이다. 어떻게 될지 결과가 뻔히 보이니까 손을 대지 않는 것이다. 이래서는 좀 곤란하다. 해보지 않으면 알 수 없는 것이 있기 때문이다.

그리고 최근에 마음에 걸리는 것이 한 가지 생겼다. '책임'이라는 단어의 사용법이다. 무슨 일이 있었을 때 너무 쉽게 "죄송합니다. 제 책임입니다"라고 말하는 사람이 상당히 많다. 비겁하지 않다고 할 수 있을지는 몰라도 나는 이것이 그렇게 훌륭해 보이지 않는다. 누구의 책임인지를 엄밀하게 가려야 하고, 자신의 책임이라고 생각할 수 없을 때에는 그런 말을 그렇게 쉽게 하는 것이 아니라고 나는 생각한다.

지브리 독립의 사정

지브리가 도쿠마쇼텐에서 독립해나온 것은 2005년 3월이다.

나는 도쿠마그룹에서 영화를 제작하는 것에 별다른 불만은 없었다. 영화만 만들 수 있으면 된다고 생각했기 때문이다. 사실 지브리의 독립은 여러 가지 사정으로 어쩔 수 없이 이루어진 일이었다.

처음 지브리를 설립할 당시(1985년) 미야자키 씨와 이런 이야기를 나눈 적이 있다.

"스즈키 씨, 어떻게 할 거예요?"

"네? 무슨 말씀이세요?"

"도쿠마 산하에서 할 건가요? 아니면 나랑 둘이서 할 건가요?"

"도쿠마 산하에서 하려고 합니다."

"왜요?"

"경영에 대한 책임은 다른 사람에게 맡기고 싶거든요."

"그렇군요. 알았어요."

사실 그때 나는 미야자키 씨가 그런 말을 할 때까지 다른 선택에 대해 생각해보지 않았다. "아, 그렇구나. 그렇게 생각할 수도 있구나"라고 생각할 정도였으니 말이다. 이상한 문제나 돈에 관한 것을 신경 쓰면서 영화를 만들면 제대로 된 작품을 만들지 못하기 때문이다. 경영에 대한 책임을 지는 사장은 따로 있는 편이 낫겠다고 본능적으로 생각하고 있었을 것이다.

지브리가 독립할 당시 정말 많은 은행들이 몰려왔다. 모두가 많은 자본금을 모아서 그것으로 빚을 갚자고 이야기했다. 그러나 나는 자본금 1,000만 엔으로 회사를 만들고 싶었다. 큰 회사를 만들면 많은 돈을 움직여야 하므로 좋아하는 영화를 만들 수 없게 된다. 그러면 무엇 때문에 독립을 했는지 그 의미를 알 수 없게 되어버린다.

지브리가 독립해서 나쁜 점이라면 사장이 되어야 한다는 것인데 이것만큼 싫은 일도 없었다. 우연히 주변에 그런 사람들이 있었는지 몰라도 사장들은 대부분 인색하다. 어쩌면 이것은 당연한 건지도 모른다. 자신이 모든 책임을 지고 회사를 운영하는 만큼 지출을 줄이려는 것은 당연하다. 제작비의 어느 부분을 줄일 수 있을까, 인건비를 어떻게 절약할 수 있을까, 복사지 한 장도 아끼고 싶어 한다. 어쩌면 사장에게 가장 필요한 요소가 인색함일 수도 있지만 나에게 이것은 커다란 스트레스가 된다.

그래서 지브리가 독립하면서 가장 먼저 해야 할 일은 사장을 구하는 것이었다. 여러 사람에게 제안을 해보았지만 누구 하나 하겠다는 사람이 없었다. 어떤 사람은 이렇게 이야기했다 "스즈키 씨와 미야자키 씨가 있다면 그런 회사에서 사장 노릇 한다는 건 정말 힘들어요." 그렇구나! 그래서 어쩔 수 없이 내가 사장이 되었다.

이름에 집착하지 않는다

독립할 때 '스튜디오 지브리'라는 이름도 문제가 되었다. 분명 지브리는 형식상 지금까지 도쿠마그룹의 한 사업부의 명칭이었기 때문에 '지브리'라는 이름을 사들인다는 것은 좀 석연치 않은 부분이 있었다. 게다가 상당한 금액이었다. 미야자키 씨는 "스즈키 씨, 지브리라는 이름은 그냥 두고 가지요"라고 말했고 나도 같은 생각이었다. 나나 미야자키 씨나 모두 애사 정신이라고는 없는 사람들이다. "미야자키 씨, 뭐 좋은 이름 없을까요?"

이때 미야자키 씨가 바로 생각해낸 것이 '시로코'였다. '지브리'란 사하라에 부는 바람을 뜻한다고 했다. 사실은 사하라의 바람을 가리키는 단어가 하나 더 있었다. 그것이 바로 시로코다. 우리 둘 다 한번 정하면 바로 행동으로 옮기는 사람들이라 사내를 돌아다니며 이렇게 말했다.

"회사의 이름을 바꿀 겁니다."

"어떻게요?"

"시로코."

"네?"

그랬더니 한 여직원이 "그 이름은 싫어요" 하는 것이다. 왜냐고 물었더니 전화를 받았을 때 "네, 지브리입니다"라고 말하면 힘이 들어가지만 "네, 시로코입니다"라고 말하면 힘이 빠진다는 것이다. 그래서 아무래도 좋지 않겠다고 생각해서 미야자키 씨에게 "시로코는 반응이 안 좋아요"라고 이야기했다. 다른 이름은 없을까 고민해보았지만 좋은 생각이 떠오르지 않아 결국 지브리로 결정했다.

현장에서 일하는 사람일수록 지브리라는 이름에 애착을 가지고 있다. 그러고 보니 디즈니와 제휴했을 때의 일이 생각난다. 비디오가 나올 때 현장의 스태프가 질문을 해왔다. 디즈니와 제휴해서 비디오를 출시하면 앞부분에 디즈니 마크가 붙느냐는 것이었다. 나는 이 질문 자체에 놀랐다. 그런 건 어떻게 되든 상관 없다고 생각하기 때문이다. 왜 그렇게 이름에 집착하는 것일까? 나는 '지브리'라는 이름을 버려도 전혀 상관없는데 말이다.

중요한 것은 영감이다

지브리가 독립한 다음 해에 미야자키 고로 씨는 《게드전기》(2006년)로 감독으로서 데뷔한다. 그가 감독한 것에 대해서 처음부터 말들이 많았다. 한 번도 애니메이션을 만들어본 적도 없는 사람에게 갑자기 이런 대작의 감독을 맡기는 것은 너무 무모한 짓이라는 등 말이다. 무엇보다 미야자키 씨가 몹시 반대했다.

잘 알려진 사실이지만 미야자키 씨는 어슐러 K. 르 귄 씨가 쓴 『게드전기』의 광팬이었다. 미국으로 건너가 르 귄 씨를 만났을 때 《나우시카》부터 모든 작품이 『게드전기』의 영향을 받았다고 말하기까지 했다. 사실은 아주 초기에 『게드전기』를 애니메이션으로 만들려고 허락을 구했지만 그때에는 거절을 당했다. 그러다가 《하울의 움직이는 성》의 제작이 한창 진행되고 있을 때 번역자인 시미즈 마사코(清水真砂子) 씨를 통해 작가가 미야자키 씨에게 애니메이션으로 만들어달라는 제안을 해왔다. 《모노노케 히메》, 《센과 치히로의 행방불명》을 보고 감동받았다는 것이다. 모처럼의 제안에 팀을 만들어 검토를 했는데 그 팀원 중에 당시 지브리 미술관 관장을 맡고 있던 고로 씨가 끼어 있었다. 처음에는 그에게 감독을 맡길 계획이 없었지만 점점 그가 적당하지 않을까 하는 생각이 들기 시작했다.

어쨌든 고로 씨는 감독직을 잘 맡아주었다고 생각한다. 미야자키 하야오를 아버지로 두고 그 아버지가 가장 많은 영향을 받았다고 공언하는 작품으로 처음 감독을 맡는다는 것은 대단히 부담스러운 일이다. 어설픈 각오로는 할 수 없는 일이다. 처음에는 몹시 반대하던 미야자키 씨도 가족회의에서 고로 씨의 각오를 듣고 승낙하게 되었다.

처음에 미야자키 씨는 나에게도 "경험이 전혀 없는 녀석에게 감독을 맡긴다니 스즈키 씨가 제정신이 아니군요!"라며 화를 냈지만 나는 마음속으로 생각하는 것이 있었다. 《붉은 돼지》에 나오는 대사다. 주인공인 포르코의 비행기를 수리하는데 젊은 여성 설계사인 피오가 등장한다. 포르코는 그 여성이 경험이 부족하다는 이유로 거절하려고 하는데 그때 그녀가 이렇게 묻는다. "중요한 것이 경험인가요? 영감인가요?" 포르코는 "영감이다"라고 대답하고 문득 깨닫게 된다. 그래서 그녀에게 일을 맡기는데 고로 씨의 경우도 마찬가지라고 생각했다. 완성된 작품에 대해 가차 없는 비평이 있었지만 어쨌든 610만 명이라는 관객들이 이 영화를 봐주었다는 것은 정말 대단한 일이다. 항상 엄격하게 평가하던 오시이 마모루 씨가 칭찬해주었고 이와이 슌지(岩井俊二) 씨도 절찬해주셔서 고로 씨는 정말 기쁜 듯 보였다.

지브리의 미래

지브리를 설립한 지 20여 년이 되었다(2008년 현재). 그렇지만 아직 무슨 일이 일어날지 모르는 회사다. 그 가장 큰 원인은 미야자키 씨다. 미술관을 만들고 어린이집도 만들고(2008년 개원) 채산성 면에서 생각해보면 정말 터무니없는 일들을 벌인다. 다카하타 씨 역시 자기 페이스대로 상당한 요구들을 해온다. 이런 상황들에 잘 대응하면서 유지해왔다. 미야자키 하야오 씨는 처음 만났을 때부터 지금까지 전혀 변함이 없고 일하는 스타일도 변하지 않았다. 그렇다면 이들이 있는 이상 변하지 않을 것이다. 나중에는 없어질지도 모르고 누군가가 이어서 할지도 모르지만 그것은 알 수 없다. 굳이 정리하자면 예전에 쓴 내용과 겹치는 것도 있을 것이다(전술 '《센과 치히로의 행방불명》은 디즈니를 이겼다').

젊은 인재 육성에 대해 어떻게 생각하느냐는 질문을 자주 받습니다. 젊은 인재의 성장에 가장 좋은 것은 미야자키 씨나 저와 같은 잔소리 많은 윗 세대가 없어지는 것이겠지요(웃음).

하지만 미야자키 씨의 이야기를 계속 듣다 보면 앞으로 영화를 3편 정도는 더 만들고 싶어 하는 것 같습니다. 저도 어쩔 수 없이 거기에 동참하게 되겠지요. 그러자면 앞으로 10년은 더 지브리와 함께하게 될 것 같습니다. 지브리는 디즈니처럼 전 세계 어디서나 즐길 수 있는 '글로벌 스탠더드'에 구애받지 않습니다. 저와 미야자키 씨가 매일매일 나누는 세상 이야기, 저희가 추구해온 영상 기술을 이용하여 결과적으로 '시대성과 보편성'이 드러나는 작품을 만들고 싶습니다.

2008년 2월에 지브리에, 그리고 나에게 반가운 소식이 있었다. 전 월트디즈니재팬의 회장이었던 호시노 고지(星野康二) 씨가 지브리의 사장직을 맡아주기로 한 것이다(2월 1일 취임). 그는 1994년에 지브리 작품의 DVD 발매 제휴를 제의하여 1996년부터 이를 실현시킨 인물로서 그 이후로 계속 친분을 유지해왔다. 나는 그가 디즈니를 떠난다는 것을 알고 작년(2007년) 5월에 지브리의 사장직을 맡아달라고 부탁했다. 이것은 내 방침이지만 일단 부탁하고 나면 두 번 다시 그 이야기는 하지 않는다. 본인의 판단에 맡기고 그냥 기다리는 것이다. 부탁을 한 지 3개월쯤 되었을 때 "그럼, 잘 부탁드리겠습니다"라는 승낙을 받았다.

그래서 나는 영화 프로듀서 일에만 전념하게 되었고, 경영은 호시노 씨가 맡게 되었다. 호시노 씨는 기자회견에서 내 이야기를 바탕으로 "지금까지와 같은 지브리로 계속 나아가고 싶습니다. 하지만 그러기 위해서는 충돌도 두려워하지 않겠습니다. 스태프들과 새로운 화학반응을 일으키는 그런 역할을 하고 싶습니다"라고 이야기했다.

"어떤 영화를 가장 좋아하십니까?"

"지금까지 만든 영화 중에서 어떤 영화를 가장 좋아하십니까?"라는 질문을 자주 받는다. 이것은 어리석은 질문이다. 무언가를 제작하는 사람이라면 당연히 지금 만들고 있는 것이 가장 재미있다고 생각하지 않겠는가?

지난 작품은 이미 끝난 것이다. 그래서 나는 이미 만든 작품은 보지 않는다. 영화를 만들면서 여러 가지 형태로 몇 번이나 봤기 때문에 그것으로 충분하다. 부분적으로 러시(미편집 시사용 영화 필름)로 보는 일이 많기 때문에 통째로 한 편을 다 보는 경우는 그리 많지 않지만, 다 만들고 나면 왠지 '얼마 동안은 보고 싶지 않다'라는 생각이 들어 그것으로 끝나버린다. 마음이 다음 작품으로 움직이는 것이다.

그러고 보니 앞에서 언급한 오시이 마모루 씨와의 대담에서 첫머리에 내가 이런 말을 했다(전술 '신춘 아니메 대담').

스즈키 : 실은 최근에 《바람계곡의 나우시카》를 20년 만에 봤습니다. 새삼 느낀 점은 나우시카가 상처 입은 지구를 혼자서 구하려고 한다는 것이었습니다. 너무나 큰 짐을 지고 있지요. 당시에는 《우주전함 야마토》처럼 모두 테마가 장대했습니다. 그렇지만 최근의 미야자키 씨의 작품을 보면 예를 들어 《모노노케 히메》의 주인공 아시타카는 아주 개인적인 이유로 여행을 떠납니다.

《나우시카》는 정말 20년 만이었다. 그 정도로 보지 않은 것이다. 다만 그 정도 간격을 두고 보면 시대가 보인다는 점도 있다. 즉, 영화에서 주제의 비중이 '개인적인 이유' 쪽으로 크게 옮겨가고 있다는 사실을 《나우시카》를 보면서 새삼 느꼈다.

아무튼 나는 어떤 영화가 가장 좋았는가 하는 것은 죽을 때 생각하면 된다고 본다. 아직은 현재진행형이기 때문이다.

《벼랑 위의 포뇨》가 재미있다!

지금은 프로듀서로서 《벼랑 위의 포뇨》에 재미를 느끼고 있다.

미야자키 씨 입장에서는 어떤 의미에서 《나우시카》 이래 처음이라고 해도 좋을 만큼 준비에 시간을 들인 작품이다. 구상하기 시작한 것은 《하울》을 개봉한 직후인 2004년 11월이고, 작업을 시작한 것은 2006년 10월이므로 거의 2년간의 준비 기간이 있었다. 지금까지는 구상하는 준비 기간이 길어도 6개월, 짧으면 3개월이었기 때문에 투자한 시간이 비교가 안 된다.

그 계기 중 하나는 나와의 대화였다. 《하울》이 끝난 후의 일이다.

"스즈키 씨, 다음에는 뭘 할까요?"

"어린이용 영화가 좋을 것 같습니다."

"왜요?"

"《하울》에서 캘시퍼, 마르클, 소피의 대화가 정말 좋았어요. 어린이용 영화에서 그렇게 좋은 장면은 좀처럼 보기 힘들어요."

그러자 미야자키 씨가 무척 기뻐했다. 그래서 처음에는 나카가와 리에코(中川李枝子) 씨의 동화 『이야이야엔(いやいやえん)』을 원작으로 작품을 제작하기로 했다. 그런데 여러 가지 사정으로 주제가 다른 것으로 바뀌었다.

또 하나의 계기는 사원 여행이었다. 《하울》의 개봉 당일에 지인의 권유로 세토나이카이(瀬戸内海)에 있는 어느 항구 도시에 갔다. 미야자키 씨는 처음에는 가기 싫어했지만 가보더니 아주 마음에 들어 했다. 그 뒤 혼자서 집을 한 채 빌려 두 달이나 그곳에 머물렀다. 그는 여행한 마을이나 땅에 상당한 흥미를 보이는 사람이다. 야쿠시마(屋久島)에 가서 《나우시카》의 이미지가 떠올랐고, 스웨덴에서의 기억이 《마녀 배달부 키키》로 이어진 것처럼 말이다. 그래서 이 세토나이카이의 항구 도시가 《포뇨》의 무대가 된다.

그리고 그때 읽은 나쓰메 소세키(夏目漱石)의 소설『문(門)』의 주인공인 소스케(宗助)를 마음에 들어 했다. 그는 벼랑 아래에 살고 있었는데 그것을 따와서 '벼랑 아래'가 아닌 '벼랑 위'로 하고《포뇨》의 다섯 살짜리 주인공의 이름도 '소스케'로 했다. 점점 나쓰메 소세키에 빠져서 그가 영국에 유학했을 당시에 강한 인상을 받았다는 테이트갤러리의 그림을 보고 싶어 했다. 그것은 햄릿을 소재로 한 존 에버렛 밀레이의 '오필리아'였다. 그래서 미야자키 씨는 다른 볼일도 볼 겸 겸사겸사 영국으로 갔다. 거기에서 '물에 잠기는 여성'의 캐릭터에 대해 여러 가지 생각을 하게 된다.

그 모든 것이 미야자키 씨 안에서 어우러져 발효되어갔다. 이만큼의 준비와 세심한 정성이 들어가 있는 것은 미야자키 씨의 지브리 작품 중에 처음이라고 해도 좋을 것이다.

게다가 이번에는 모든 그림을 수작업으로 그렸다. CG를 전혀 사용하지 않았다. 예를 들어 미야자키 씨는 '파도' 그리기를 즐긴다. 새로운 바다나 파도를 표현하고 싶은 것이다. 그 부분은 다른 사람을 시키지 않고 자신이 직접 그린다. 이른바 애니메이션의 원점으로 돌아간 것이다. 그가 어느 날 이런 말을 했다. "아들 녀석에게 애니메이션을 어떻게 만드는지 가르쳐주겠어." 아들인 고로 씨가 감독한《게드전기》에 대해 그는 "있는 그대로 만들어서 좋았다"라고 말했지만 창작자로서 고로 씨에게 좀 더 알려주고 싶다는 의식이 있는지도 모른다.

아무튼 나이를 아무리 먹어도 이런 모험을 하는 미야자키 씨를 보면 감탄이 절로 나온다. 《포뇨》가 그의 걸작이 되리라고 생각하며 나는 프로듀서로서도 흥분하고 있다.

좋아하는 사람과 좋아하는 일을 해왔다

이제 마지막 글이다.

나에게 사람들을 사귀는 것만큼 즐거운 일은 없다. 좋아하는 사람과 친분을 쌓고 좋아하는 사람들에게 둘러싸여 일을 한다. 이것만큼 좋은 것이 어디 있겠는가? 정신 건강에도 좋다. 미야자키 씨, 다카하타 씨, 도쿠마 사장님과 같은 분들을 만나 재미있게 일을 하다 보니 여기까지 오게 되었다. 물론 그 외에도 내가 좋아하는 사람은 정말 많다.

프로듀서라는 직업상 많은 사람들과 만나지만 단순한 비즈니스상의 관계라고 생각하지 않는다. 회사 대 회사가 아니라 사람 대 사람으로 만난다. 그래서 덴쓰와 하쿠호도, 로손과 세븐일레븐 등 경쟁 관계에 있는 회사들과 함께 만날 수 있다. 반대로 말해 사람이 없어진다면 그 회사와의 관계가 어떻게 될지 모른다. 디즈니와 계속 일을 해온 것은 호시노 고지 씨가 있었기 때문이고, 지금의 지브리와 디즈니의 관계는 그 결과인 것이다. 픽사(Pixar)와의 관계 역시 존 래시터 씨가 있었기 때문이다.

즐겁기 때문에 함께한다. 스필버그 감독의 프로듀서인 캐슬린 케

네디라는 여성이 있다. 그녀와는 벌써 십년지기 친구인데 정말 매력적이고 무척 재미있다. 미국에 가면 함께 식사도 하고, 일본에 오면 가고 싶어 하는 곳을 안내해준다. 이메일도 자주 주고받는다. 이런 관계를 이어오면서도 지금까지 한 번도 일에 대한 이야기를 한 적이 없다. 사실은 이번에 처음으로 일에 관한 이야기가 나왔다. 여기에는 호시노 씨가 사장으로 취임한 것과 관계가 있었다. 과연 호시노 씨답게 전 세계를 염두에 둔 새로운 비즈니스 전개의 가능성을 생각해냈다. 문득 생각이 나서 그녀에게 북미에서 지브리 작품의 사업 전개를 생각해보지 않겠냐고 타진해보았다. 그녀는 상당히 마음에 들어 하며 현재 열심히 검토해주고 있다. 그러나 이것 역시 그녀와의 친분의 결과로, 처음부터 계획한 것은 아니다.

새삼스럽게 드는 생각인데, 이것은 그대로 나의 일에 대한 자세로 이어지고 있다. 나는 단기적인 목표는 물론 장기적인 목표를 내걸고 거기에 도달하기 위해 노력하거나 한 적이 없다. 이는 아마도 사람들과의 관계라는 요소 없이 목표를 생각하는 것은 의미 없는 일이라고 무의식적으로 생각하고 있기 때문일 것이다. 따라서 "지브리의 경영 전략은 무엇입니까?", "어떤 홍보 전략을 생각하고 계십니까?"라는 등의 질문을 받으면 그런 질문은 그만두라고 말하고 싶어진다.

나에게는 '전략'이라는 말이 어울리지도 않고 그런 말은 해본 적도 없다. '머리말에 대신하여'에서도 언급했지만 나에게는 바로 눈앞의 과제와 조금 먼 미래의 목표가 중요하다. 그것을 향해서 전력을 다

한다. 소위 '전술'이라고 할까? 생각할 수 있는 것은 전부 생각해서 여러 가지 상황을 가정하여 대책을 마련해둔다. 사실은 이것도 좋아하기 때문에 하는 것이다. 생각하는 것이 재미있어서 즐기고 있다. 이때에도 늘 염두에 두는 것은 '사람'이다. '낙오자를 만들지 않는다', '반대가 있을 때에는 철저하게 설득한다'라는 것을 철칙으로 삼아왔다. 모두가 납득하고 즐거워할 때 '좋은 일'이 되는 것이다.

나에게 좌절감이 없다는 것에 대해 늘 신기하게들 생각한다. 이런 식으로 쭉 일을 해왔고 무엇보다 목표가 없기 때문에 좌절이 없는 것은 당연한 일이다. 사실은 NHK종합TV의 〈프로페셔널 일의 방식(プロフェッショナル 仕事の流儀)〉(2006년 4월 6일 방송)에 출연했을 때의 일인데 담당자가 아주 난처해했다. 그 프로그램의 큰 주제는 '좌절과 좌절로부터의 회복'이기 때문에 좌절한 적이 없으면 스토리를 만들기가 어렵다. 혹시 없을까 하고 열심히 찾았지만(웃음) 역시 없었다.

좀 더 말하자면 '무엇이 되고 싶다'라고 생각한 적도 없고 유명해지고 싶다고 바란 적도 없다. 그런 탓인지도 모르겠지만 나는 라이벌이라고 생각하는 사람이 없다. 사람을 그런 식으로 생각하지 않는다. 지금 말한 것처럼 좋아하는 사람들과 좋아하는 일을 해왔고, 그리고 좋아하는 사람들이기 때문에 함께 즐겁게 일을 하며 좋은 작품을 만들 수 있었다고 생각한다.

내가 좋아하는 말 중에 '도락(道樂)'이라는 것이 있다. 처음으로 낸 책이 『영화도락(映画道楽)』(2005년)이었다. 이 제목은 내가 붙였다.

'도락', 정말 좋은 말 아닌가? 무리하게 무엇이 되겠다고 하는 것이 아니라 그때그때를 즐기고 그 사람이 좋아서 한다. 이것이 바로 '도락'이 아니겠는가? 어쩌면 그렇기에 세상이 보이는지도 모른다. 결국 여기까지 써내려온 내용은 '일은 도락이다'라는 말에 대한 나의 생각인지도 모르겠다.

그건 그렇고 나의 이런 성격은 아무래도 부모님, 특히 어머니의 영향이 컸던 것 같다. 어머니는 올해(2008년) 85세가 되시는데 전쟁을 겪어서 그런지 그 시대 사람들이 갖는 강인함을 갖고 계신다. 글을 끝맺기에 앞서 개인적인 에피소드를 두 가지 이야기하겠다.

하나는 회사원이던 시절 『아니메주』의 부편집장이 되었을 때의 일이다. 나고야에 계신 어머니께 전화를 걸었다. "이번에 부편집장이 되었어요." 그런데 말이 끝나자마자 무섭게 화를 내시는 것이다. "이런 바보, 왜 그렇게 높은 자리에 오르는 거야! 속아서는 안 돼. 그런 자리를 준다는 건 너를 더 부려먹으려고 하는 거야." 그러고 나서 "사람에게 중요한 것은 두 가지 밖에 없단다"라며 이야기를 계속했다. "한 가지는 몸이다." 이 말은 알기 쉽다. "너무 일을 많이 하면 몸이 상하니까." 다음으로 "사람에게 가장 중요한 것은 요령이야. 부지런히 성실하게 일하는 사람은 바보다." 정말 이상한 부모다(웃음). 하지만 어머니 덕분에 내가 지금 어디에 있는지를 객관적으로 바라보는 버릇이 생겼다고 할 수 있다. 이것이 나에게 큰 영향을 준 것 같다. 어쨌든 직함이 생기고 출세한 듯이 보여도 착각을 할 수가 없다. 칭찬은커녕 화를 내시니 말이다.

또 하나는 어머니가 초등학생일 때의 일이다. 천황이 나고야에 오셨다. 아이들이 모두 환영을 하러 나갔다고 한다. 당시 천황이라고 하면 살아 있는 신이었다. 교장선생님께서 “얼굴이나 머리를 절대로 들어서는 안 됩니다”라고 말씀하셨다고 한다. 그러고는 눈을 감으라고 했다. 살아 있는 신이니까 천황을 본 사람은 모두 눈이 먼다고 주의를 주었다. 그래서 나는 어머니께 여쭈어보았다

“어떻게 하셨어요?”

“당연히 봤지, 눈 안 멀었어.”

어쨌든 내 어머니의 일이라 정확한 기억은 아니지만, 이런 어머니의 성격이 나의 근본이 되고 있는 것 같다.

신

언제나 현재진행형으로 생각한다

2013년 9월 6일, 미야자키 하야오 감독의 은퇴 기자회견. 30년 이상 함께해왔지만 악수를 한 것은 처음이었다(사진 제공 : 아사히신문사).

저는 앞으로 10년은 일을 하고 싶습니다. 집과 회사 사이를 직접 운전해서 왕복할 수 있는 동안에는 일을 계속하고 싶습니다. 그 기준을 일단 '앞으로 10년'으로 정했습니다. 더 짧아질지도 모르지만 그것은 수명에 따라 결정되는 것이므로, 어디까지나 기준으로서의 10년입니다.

저는 장편 애니메이션을 만들고 싶어서 계속 제작을 해왔지만 작품과 작품 사이의 간격이 벌어지는 것은 어쩔 수 없었습니다. 아무래도 속도가 느려집니다. 《바람이 분다(風立ちぬ)》는 이전 작품에서 5년이 걸렸습니다. 그다음에는 6, 7년이 걸렸습니다. 이래서는 스튜디오를 유지할 수 없고, 저의 70대 아니 남은 시간이 모두 가버릴 것입니다. 장편 애니메이션 외에도 하고 싶은 것과 시험해보고 싶은 것이 여러 가지 있습니다. 하려는 일—예를 들면 지브리 미술관의 전시—도 과제가 산더미같이 많습니다. 사실 이런 일들을 하든 말든 스튜디오에는 영향을 주지 않습니다. 다만 가족들에게는 지금까지처럼 신세를 질 것 같습니다.

그래서 스튜디오 지브리의 프로그램에서 저를 빼달라고 했습니다. 이제 저는 자유입니다. 그렇지만 일상생활은 조금도 변하지 않았고 매일 같은 길을 오갑니다. 토요일은 쉬고 싶지만 그렇게 될지는 해봐야 알 것 같습니다. 그동안 감사했습니다.

이상 2013년 9월 4일

(미야자키 하야오 '공식 은퇴 인사')

여기부터 새로운 장이다. 『스튜디오 지브리의 현장—애니메이션 만들기의 즐거움』 2008년판은 《벼랑 위의 포뇨》(이하 《포뇨》) 개봉 직전까지의 내용으로 되어 있다. 그로부터 6년이 흘러 지브리는 창립 30년을 맞이했고 나도 중요한 전환기에 직면했다. 지금부터 어떠한 전개로 현재에 이르렀는지에 대해 이야기하고자 한다.

미야자키 씨의 '5개년 계획'

2008년 7월 개봉한 《포뇨》의 관객 동원 수는 1,200만 명을 넘었고 흥행 수입은 155억 엔에 달하는 성과를 올렸다. 다음엔 어떻게 할지 생각하고 있는데 11월에 미야자키 씨가 느닷없이 이런 말을 했다. "지브리의 중·장기 5개년 계획을 생각했어요. 우선 젊은 사람들이 3년 동안 두 작품을 만들고 그다음 2년 동안 초대작(超大作)을 만드는 겁니다." 즉, 5년 동안 세 작품을 만들자는 것이다. 나는 순간 어이가 없었다. 나로서는 한 작품 한 작품이 승부였기 때문에 장기 계획 같은 것에는 관심이 없었다. 그래서 그때 이런 이야기를 듣고 '미야자키 씨는 자신이 만들기 전에 어떻게든 두 작품을 제작하고 싶은 건가?'라는 생각을 했다.

그리고 동시에 '3년에 두 작품, 미야자키 씨가 아닌 다른 감독의 작품을 만드는 것도 재미있지 않을까?'라는 생각이 들었다. 이렇게 해서 2010년 《마루 밑 아리에티(借りぐらしのアリエッティ)》(이하 《아리

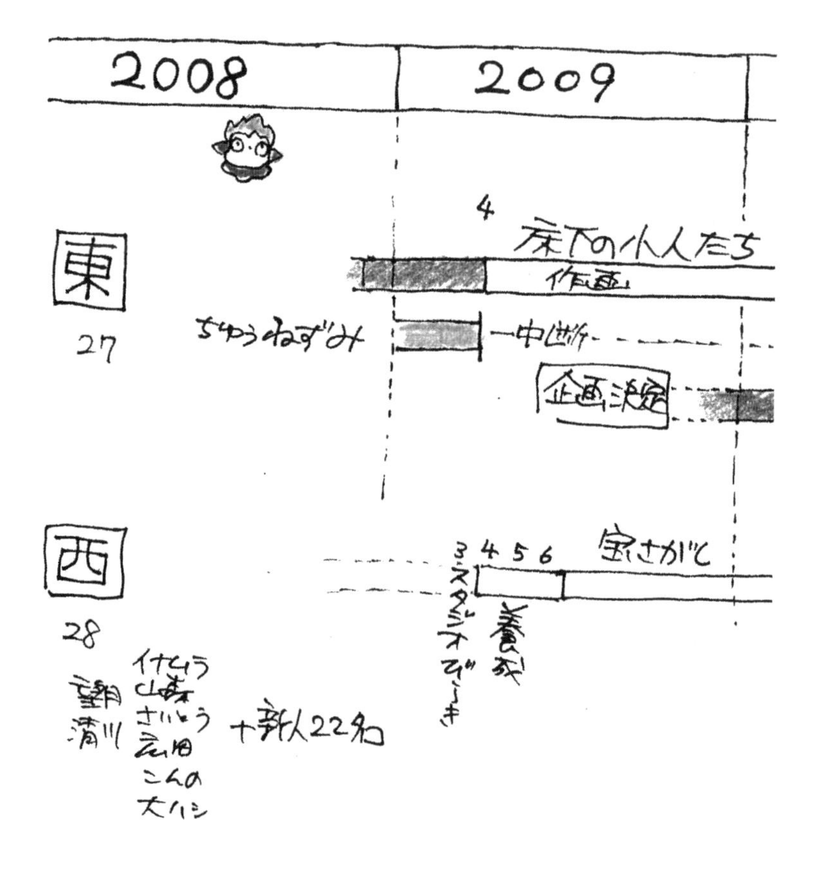

향후 3년간의 계획(2008. 11. 26.)

《벼랑 위의 포뇨》 개봉 후인 2008년 11월, 미야자키 감독이 내놓은 '지브리의 중·장기 5개년 계획'의 메모. 여기에서 《마루 밑 아리에티》, 《코쿠리코 언덕에서》, 그리고 《바람이 분다》가 탄생했다.

11, 26)

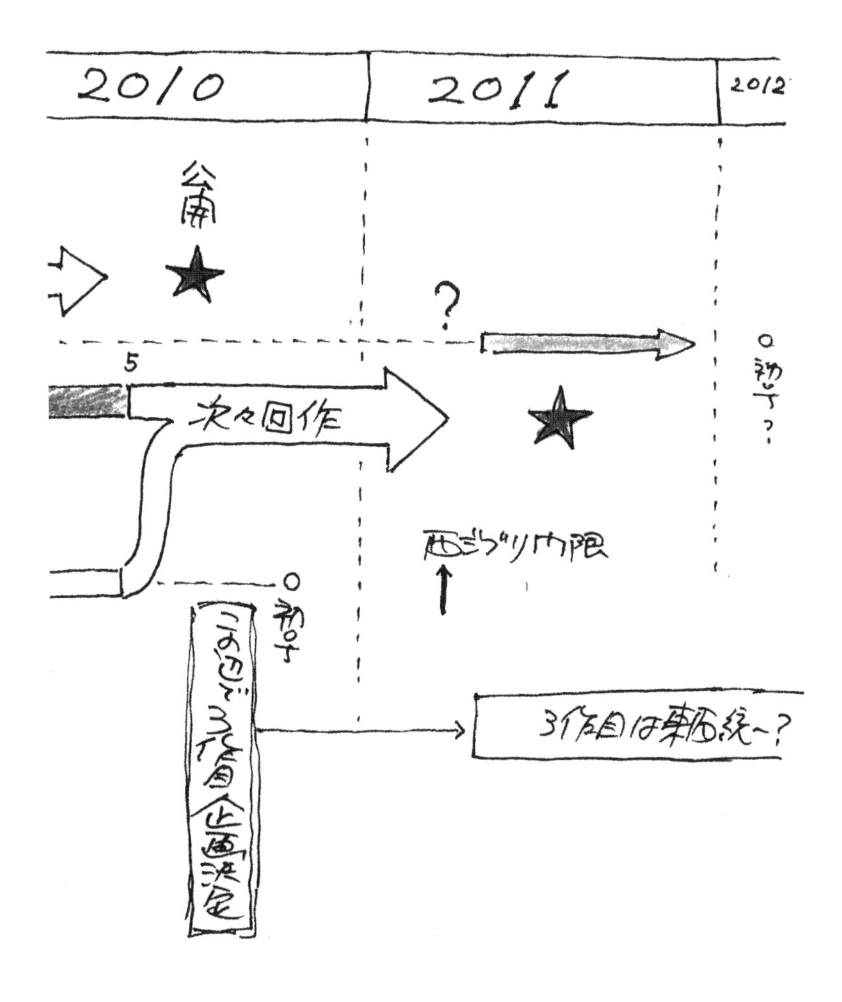

에티》), 2011년 《코쿠리코 언덕에서(コクリコ坂から)》(이하 《코쿠리코》)가 만들어졌다.

감독중심주의가 아닌 기획중심주의

그때까지 지브리는 주로 미야자키 하야오와 다카하타 이사오 두 사람이 교대로 작품을 만드는 형태로 진행해왔다. 감독이 있어야 기획이 있고, 무엇을 할지에 관해서도 감독의 의향을 존중한다. 이른바 감독중심주의다. 하지만 이번에는 프로듀서 측에서 기획하고 시나리오까지 준비한 다음, 이를 제공하고 연출을 맡기는 방식이다. 이는 기획중심주의라고 할 수 있을 것이다. 미야자키 씨는 이렇게 하자고 말했고 나도 찬성했다.

그렇다면 어떤 기획으로 할 것인가? 《아리에티》와 《코쿠리코》 모두 미야자키 씨가 제안했다. 《아리에티》를 제작하기로 결정한 것은 2008년 여름의 일이다. 이 작품은 메리 노턴의 《마루 밑 바로우어즈》가 원작이다. 사실 젊었을 때 다카하타 씨와 미야자키 씨가 '소인(小人)들의 눈으로 본 인간 세계는 어떨까?'라는 생각으로 기획을 검토한 적이 있다고 한다. 이것도 흥미롭지만 나는 원작을 읽고 살아가는 데 필요한 것을 인간에게서 빌려온다는 발상이 재미있었다. 마법을 쓸 수 있는 것도 아니다. 그저 몸이 작을 뿐이다. 게다가 돈도 없다. 매일매일 어떻게 살아가는 걸까? 한마디로 그냥 열심히

사는 것이다. 일찍이 인간의 가족이 이렇지 않았을까 싶은 행복. 이것이야말로 현대적인 테마로 이어진다고 느꼈다. 그래서 나는 타이틀에 '借りぐらし(빌려 사는)'를 넣자고 제안했고 미야자키 씨도 이에 수긍했다.

그리고 《아리에티》의 제작이 한창이던 2009년 연말, 미야자키 씨가 《코쿠리코》를 제작하자고 했다. 원작은 동명의 소녀만화다. 사실 예전에 애니메이션 제작 후보로 소녀만화가 거론된 적이 있다. 그때 실현하지 못했지만 미야자키 씨의 제안을 듣고 요즘 시대에 좋을 것 같다고 새삼 생각했다. 왜냐하면 이 작품은 현대판 《푸른 산맥(青い山脈)》이기 때문이다. 《푸른 산맥》은 전후 일본인에게 힘을 준 작품이다. 요즘 시대에 이런 영화가 필요할 것 같았다.

사실 《아리에티》와 《코쿠리코》는 지브리 영화로서는 매우 대조적인 작품으로, 목표하는 방향이 정반대다. 《아리에티》는 소인이 나오기 때문에 판타지라 할 수 있어 지금까지의 지브리 노선과 크게 다르지 않다. 그러나 《코쿠리코》는 평범한 고등학생의 이야기로 도쿄올림픽 전해인 1963년의 요코하마를 무대로 하고 있다. 판타지적 요소는 전혀 없다. 이것은 우연이지만 전혀 다른 성격의 두 영화를 잇따라 만들게 된 것이다.

요네바야시 히로마사의 등장과 미야자키 고로의 재등장

기획이 결정되면 그다음은 감독이다. 하지만 감독에 대해서는 아무것도 이야기하지 않았다. 젊은 감독이라고 했는데 그 젊은 두 사람은 도대체 누구란 말인가?

먼저 《아리에티》의 경우 이제 정말 시간이 없다고 생각할 때 미야자키 씨가 갑자기 이렇게 물었다.

"스즈키 씨, 감독은 어떻게 할 겁니까? 스즈키 씨가 책임자잖아요." 이때 나는 순간적으로 "마로(麻呂, 요네바야시 히로마사[米林宏昌] 감독의 애칭)"라고 대답했다. 미야자키 씨는 순간 허를 찔려 당황했다. 왜냐하면 요네바야시 히로마사 씨는 지브리에서 가장 솜씨가 좋은 애니메이터이기 때문이다. 그가 감독이 되면 자신이 작품을 만들 때 곤란해진다. 하지만 역시 미야자키 씨다. 동요는 했지만 미련을 버리려는 듯이 "알았어요. 마로를 부릅시다"라고 말했다.

요네바야시 히로마사 씨는 깜짝 놀랐다. 그는 애니메이터라는 일을 매우 좋아하는 사람이라 연출 같은 건 생각해본 적도 없을 것이다. 그런데 갑자기 미야자키 씨가 "다음 기획은 이거야. 자네가 감독을 맡아주게"라고 하니 말이다. 그가 납득하는 데 시간이 좀 걸렸지만 어쨌든 감독은 요네바야시 히로마사로 결정되었다. 솔직히 이것은 모험이었다. 본인이 원한 것도 아니고 경험도 전혀 없었으니 말이다. 하지만 그는 내가 생각한 것 이상의 힘을 발휘했다. 여기에 관해서는 나중에 이야기하겠다.

《코쿠리코》의 감독은 미야자키 고로로 결정되었다. 그는 영화를 만들고 싶어 했다. 나는 그에게 이렇게 말한 적이 있다. "연출을 목표로 한다면 어떤 기획이든 도전해보겠다는 자세로 임해야 한다. 자신에게 맞는 기획인지 아닌지는 관계 없다"라고 말이다. 그는 이를 이해하고 있었고 그럴 각오가 되어 있었다. 미야자키 씨는 항상 "감독은 두 번째 작품이 승부다"라고 말해왔기 때문에 그도 긴장했을 것이다.

그에게는 조직을 통솔하는 힘이 있다. 작품을 만들 때에는 사람들에게 이것저것 시키게 되는데, 그럴 때 사람들을 편안하게 해주는 능력이 탁월하다. 이 힘은 《게드전기》(2006년) 때 크게 느꼈다. 이것은 미야자키 씨나 다카하타 씨에게는 없는 능력이다.

시나리오 작업에서 활약한 니와 게이코 씨

기획중심주의이기 때문에 시나리오가 특히 중요하다. 《아리에티》의 시나리오는 미야자키 씨가 쓰기로 했는데, 미야자키 씨와 함께 시나리오 작업을 할 수 있는 사람을 생각하다가 니와 게이코(丹羽圭子) 씨를 떠올렸다. 그녀는 현재 모 출판사에서 편집 일을 하고 있는데, 예전에 도쿠마쇼텐에서 『아니메주』를 만들 때 내 밑에서 일하던 사람이다. 사실 입사 전에는 쇼치쿠의 시나리오연구소에 있었으며 당시 천재 소녀라고 불렸을 정도로 매우 뛰어난 사람이었다. 전에 TV 스페셜 《바다가 들린다(海がきこえる)》(1993년 방송) 때

시나리오를 부탁한 적이 있는데 정말 잘 써서 감탄했던 기억이 있다.

사실 미야자키 씨와 함께 일하는 것은 힘들다. 미야자키 씨는 전체 구성보다 부분에 집착하고, 거기에서 연상되는 것으로 이야기를 만들어나간다. 기승전결 등은 상관이 없다. 그래서 전혀 이치에 맞지 않는 부분이 많다. 게다가 아이디어가 너무 많아서 일정 시간 안에 다 넣기도 힘들다. 계속해서 아이디어를 낼 뿐만 아니라 이제 다 되었나 싶으면 다음 날 전혀 다른 안을 내놓기도 한다. 이러니 대부분의 시나리오 작가들이 싫어한다. 그런데 니와 게이코 씨는 이것을 재미있어했다. 미야자키 씨의 사고 과정, 이른바 천재의 사고 과정을 보고 여기에 맞추어가는 것이 정말 재미있었다고 한다.

다음 작품인 《코쿠리코》도 니와 게이코 씨에게 부탁했다. 이때는 나도 시나리오 작업 전체에 관여했는데 그녀는 정말 대단했다. 미야자키 씨에게 완벽히 맞추는 것이다. 그녀는 미팅이 끝나면 미야자키 씨가 말한 것을 즉시 정리해서 반영했다. 종종 전체적으로 내용이 뒤집히곤 했지만 몇 번이고 다시 썼다. 미야자키 씨의 시나리오를 그런 식으로 작업한 것은 처음일 것이다.

연출가 마로

영화를 만들 때 자신의 개성을 드러내고 가능하면 무엇이든 혼자서 하려고 하는 작가성이 강한 감독이 있다. 미야자키 씨가 그 전형적인 예다. 이에 비해 마로는 감독이라기보다 연출가이고 싶어 했다. 예를 들면 연극 등에서 같은 대본을 사용해도 연출가에 따라 달라지는데 이에 가깝다고 할 것이다. 각 파트의 힘을 끌어내어 완전히 맡기고, 자신은 각본을 해석하여 표현이나 연출을 철저히 하는 타입이다.

미야자키 씨와의 관계에서 가장 큰 문제는 시나리오를 바탕으로 누가 그림 콘티를 그리는가 하는 것이었다. 이것으로 영화가 전부 결정되어버린다. 나는 마로와 이런저런 이야기를 나누었다. 미야자키 씨의 체크가 들어가면 자신의 아이덴티티를 유지하기 어렵다. 그래서 마로에게 직접 하라고 권했다. 그도 "그럴 생각입니다"라고 대답했다. 둘이서 미야자키 씨를 찾아가 "그림 콘티는 제가 그리겠습니다"라고 말하자 미야자키 씨는 "알았네. 자네는 남자일세. 자네가 직접 다 하겠다면 나도 앞으로 관여하지 않겠네"라고 말했다. 하지만 미야자키 씨는 못 참는 사람이다. 그렇게 말해도 금방 참견할 것이 불을 보듯 뻔하다. 내 제안으로 마로는 가까운 아파트에 머물며 그림 콘티를 그렸다. 장소는 아무에게도 알려주지 않았다. 미야자키 씨는 역시나 궁금해서 어쩔 줄 몰라 "마로는 도대체 어디로 간 거야?"라며 난리였다.

완성된 영화를 보면 미야자키 씨와 마로의 개성 차이를 새삼 느낄 수 있다. 예를 들면 아리에티의 캐릭터만 보더라도 미야자키 씨가 직접 만들었다면 좀 더 생각하기 전에 행동하는 소녀가 되어 있을 것이다. 하지만 마로가 만든 캐릭터는 확실하게 생각하고 행동한다. 이것이 큰 차이점이다. 이는 만드는 사람이 어떤 여자 아이를 좋아하는지와 관계가 있을지도 모른다. 연애 부분에 대해서는 정말 감탄했다. 미야자키 씨의 경우는 만난 순간 100% 서로 좋아하게 된다. 서로 살피거나 타산적인 부분이 전혀 없다. 좋아하게 됨과 동시에 육체적인 접촉이 일어난다. 하지만 마로는 확실하게 단계를 밟아 표현했다.

5초 평균을 4초 평균으로

《코쿠리코》 때 이런 일이 있었다. 시나리오 작성에 시간이 걸려서 고로 씨에게 주어진 시간이 별로 없어 그림 콘티를 그려서 연출 작업을 할 시간이 많이 부족했다. 그림 콘티가 겨우 25분 정도 완성되었을 때 이를 영상으로 연결한 것을 보고는 깜짝 놀랐다. 템포가 느리고 여주인공이 어두웠다. 고로 씨도 고민했다. 혹시나 싶어 1.3배속으로 해보았다. 그랬더니 템포가 좋아지고 주인공의 캐릭터까지 바뀌는 것이다. 고로 씨에게 이야기했더니 그도 깨닫고 "아, 정말 그러네요"라고 말했다.

사실 지브리 영화의 한 컷은 평균 5초다. 물론 컷의 길이가 다를 때도 많지만 평균으로 보면 5초 정도다. 이는 일반적인 애니메이션과 비교하면 긴 편이다. 세상에 존재하는 여러 애니메이션을 정확히 잰 것은 아니지만 아마도 3초나 4초일 것이다. 한 컷의 초 수가 길면 그리기가 어렵다. 5초를 4초로 하면 템포가 좋아질 뿐 아니라 작업 효율도 향상된다. 어쨌든 시간이 없었다. 템포가 좋아지고 작업 효율이 향상된다면 일석이조인 셈이다. 이 방법이 효과가 있었던 것은 영화의 성격과도 관계가 있을 것이다. 영화에는 이야기가 단순하고 표현이 복잡한 것과 이야기가 복잡하고 표현이 단순한 것의 두 가지가 있는데 《코쿠리코》는 후자였기 때문이다.

매력의 핵심은 역시 여주인공이다. 처음에 여주인공이 어둡게 느껴진 것은 시나리오에도 문제가 있었다. 미야자키 씨도 이를 깨닫고 수정했고, 고로 씨도 노력하여 실력을 발휘했다. 귀여워 보이려고 생긋 웃는 것이 아니라 남의 눈을 신경 쓰지 않고 당당하게 살아가는 여자 아이. 그리고 그런 여주인공이 가까이에 있다고 느끼게 한다. 확실히 현대에 통용되는 여주인공의 캐릭터를 만들어냈다.

두 편의 영화를 되돌아보며

《아리에티》는 2010년 7월 17일 개봉, 관객 동원 수 765만 명, 흥행 수입 92억 5000만 엔. 《코쿠리코》는 2011년 7월 16일 개봉, 관객 동원 수 355만 명, 흥행 수입 44억 6000만 엔이었다. 프로듀서의 입장에서 보면 모두 큰 성과를 거두었다고 평가한다.

흥행 수입만 보면 《코쿠리코》는 《아리에티》의 절반 정도인데, 판

타지 요소가 전혀 없는, 지금까지 지브리가 만들어온 것과 전혀 다른 노선의 영화로 관객들이 어떻게 받아들일지 불안으로 가득 찬 실험이라는 면이 있었다. 실제로 나는 개봉에 앞서 관계자들이 모인 회의에서 보통은 단관 상영되는 작품이라고 확실하게 말하고, 이런 작품에 대한 세상의 평가를 알아본다는 생각으로 작품을 봐달라고 했다. 그때 DWANGO(ドワンゴ)의 가와카미 노부오(川上量生) 씨는 상영이 끝나고 "참, 잔잔하네요"라는 반응을 보였다. 하지만 그해 3월 동일본 대지진이라는 유례 없는 대참사가 일어나 영화관에 갈 상황이 아니었던 가운데 거둔 성적이다. 게다가 그해의 일본 영화 흥행 성적 1위를 차지한 것을 보면 정말 잘했다고 생각한다.

어쨌든 이렇게 미야자키 씨가 말한 '5개년 계획'의 전반전이 끝났다. 《아리에티》의 요네바야시 히로마사, 《코쿠리코》의 미야자키 고로, 두 사람 모두 세상에서 인정받는 작품을 만들었다. 게다가 이미 말했듯이 판타지라는 관점에서 보면 이 두 영화는 완전히 대조적인 작품이다. 《아리에티》에 대해서는 지브리가 예전으로 돌아간 것 같아서 반가웠다, 역시 지브리는 이런 게 좋다는 의견이 있었다. 한편 지금까지의 지브리 영화 중에서 《코쿠리코》가 가장 좋았다는 사람도 생겼다. 모두 반가운 반응이다. 이렇게 호감의 폭을 넓혔다는 의미에서 《아리에티》와 《코쿠리코》는 큰 역할을 했고, 나 역시 성취감을 느꼈다.

《바람이 분다》 — 미야자키 씨는 왜 싫어했을까?

'5개년 계획'의 마지막인 대작은 당연히 미야자키 씨가 제작한다. 2010년이 되자 미야자키 씨는 준비를 서둘렀다. 그는 원래 《벼랑 위의 포뇨》 같은 작품, 말하자면 《포뇨 2》 같은 작품을 만들고 싶어 했다. 그 이유는 손자가 너무 예뻐서 영화로 손자를 기쁘게 해주고 싶었던 것이다. 이런 부분은 정말 미야자키 씨답다.

하지만 아마도 미야자키 씨의 마지막 영화가 될 것이다. 나는 35년 동안 그의 옆에 있으면서 계속 궁금했던 것이 있다. 그것은 미야자키 하야오가 전쟁을 그린다면 어떨까 하는 것이었다. 미야자키 씨는 전쟁에 대한 지식이 많고 전투기나 전차 그리는 것을 좋아한다. 그런 한편 평화에 대한 강한 염원을 가지고 있어서 반전 데모에도 나간다. 그런 모순에 대답할 만한 작품을 만들었으면 했다. 한 번쯤은 확실하게 말해봐야겠다고 생각했다. 그가 2008년 정도부터 제로센을 설계한 호리코시 지로(堀越二郎)를 주인공으로 만화 연재를 구상했던 것을 알고 있었다. 그리고 모형 잡지에서 『바람이 분다』의 연재가 시작되었다. 나는 2010년 여름, 《바람이 분다》의 제작을 제안했다.

이때 그의 대답은 쌀쌀맞았다. "스즈키 씨, 어떻게 된 거 아니에요? 그 만화는 내 취미로 그리는 겁니다. 영화화라니 말도 안 돼요." "애니메이션 영화는 아이들을 위해서 만들어야 해요. 어른을 위한 것을 만들면 안 됩니다"라는 것이다. 소재에 관해서는 내 의견을 항상 존중해주었다. 그래서 이렇게 대답했지만 그는 엄청 고심

했다.

지금까지 지브리의 기획 중에서 순조롭게 결정이 나지 않은 것은 《바람이 분다》가 처음이었다. 이것만은 미야자키 씨가 정말 하고 싶지 않은 기획이었다. 그러나 나는 끈질지게 물고 늘어졌다. 프로듀서의 기본은 구경꾼 정신이다. 결국 2010년 말, 기획을 진행하기로 결정되었다. 이렇게 되면 미야자키 씨는 빠르게 움직인다. 연초에 그림 콘티를 시작했는데 3월에는 지로와 나호코의 만남까지 그려냈다.

상당히 진행된 후 당초 구상과 달라진 경우가 있다. 바로 공중전 장면이다. 전투기가 소재인 이상 보통은 공중전이 나오게 된다. 나는 이것을 그려야 한다고 생각했다. 그런 다음 어떻게 마무리할 것인지 나의 진짜 관심은 거기에 있었다. 사실 미야자키 씨도 그럴 생각으로 시행착오를 거듭했는데 좀처럼 자신의 마음에 드는 것이 나오지 않았다. 아마도 나이 문제가 클 것이다. 어쨌든 마음처럼 그릴 수 없었다. 어느 날 미야자키 씨가 이 장면을 포기하자고 했다. 미야자키 씨는 장인이다. 당연히 형식적인 전투 장면은 그릴 수 있지만 그건 싫은 것이다. 그런 점이 애니메이터로서의 성실함이다. 그걸 알기 때문에 나도 수긍했다.

관객을 부르기 위해

미야자키 씨는 기획서에서 기획 의도를 이렇게 정리했다(발췌).

> 자신의 꿈을 향해 충실하게 앞으로 나아간 인물을 그리고 싶다. 꿈은 광기를 내포하고, 그 독도 숨겨서는 안 된다. 지나치게 아름다운 것에 대한 동경은 인생의 덫이기도 하다. 미에 치우친 대가는 적지 않다. 지로는 갈기갈기 찢기고 좌절하고 설계자로서의 인생도 끝이 난다. 그럼에도 불구하고 지로는 독창성과 재능에서 가장 뛰어난 인간이다. 이를 그리고자 한다.

이 기획이 결정되고 프로모션도 시작되었는데 배급할 도호의 평가가 처음에는 매우 좋지 않았다. 지금까지의 미야자키 씨의 작품과 다르다. 즉 '전쟁물'이기 때문에 남자들만 보러 올 것이다, 가족끼리 보러 오지 않을 것이다. 그러니 흥행 수입은 60억 엔 정도로 《포뇨》의 절반도 되지 않을 것이라는 의견이 있었다.

이것이 최대 목표치가 되어버리면 곤란하다고 생각했다. 인기 작가이자 엔터테이너라는 미야자키 씨의 지위를 보증하려면 흥행 성적밖에 없었다. 마음속으로 생각한 것은 흥행 수입 100억 엔 돌파였다. 《포뇨》 이후 일본 영화 중에서 100억 엔을 돌파한 영화가 없었기 때문에 어떻게든 100억 엔을 돌파하고 싶었다.

미야자키 씨가 제작 전에 상담을 해왔다. 그는 지로와 카프로니의 우정 이야기와 지로와 나호코의 러브 스토리 중 어느 것으로 할지 고민하며 나의 의견을 물었다. 나의 대답은 "두 가지를 섞으면 어떨까요?"였다. 그래서 전반부는 '우정', 후반부는 '사랑'으로 구성되었다. 하지만 도호의 반응이 좋지 않아 다른 방식을 생각해야 했다. 우정 이야기의 요소를 줄이고 러브 스토리를 전면에 내세우기로 했다. 여성을 의식한 홍보를 철저히 했다. 이때 정해진 규칙을 깼다고나 할까, 지금까지 없었던 것을 했다. 4분간의 예고편을 만들어 영화관에서 그 영상을 보여주었다. 이 영상의 내용은 완전히 러브 스토리였다.

이것이 효과가 있었는지 여성 관객들이 찾아들었다. 여성들이 지로의 삶의 방식에 공감하고, 젊은 남성들은 모두 나호코를 동경하는 반응을 보며 시대가 변했다고 느꼈다. 이런 반응은 상상하지 못했다. 정말 깜짝 놀랐다.

그리고 또 지원군이 된 것이 두 가지 있다. 하나는 유민(아라이 유미[荒井由実]의 애칭)의 노래 '비행기 구름(ひこうき雲)'을 주제가로 한 것이고, 또 하나는 지로의 목소리를 안노 히데아키(庵野秀明, 《신세기 에반게리온》 감독) 씨가 맡았던 것이다. 모두 화제성이라는 의미에서 큰 역할을 했다. 안노 감독의 경우 애프터 레코딩에서 마지막 장면을 연기할 때의 반응이 재미있었다. 처음에는 마지막 장면에서 나호코가 지로에게 "이리로 와요"라고 말하는 것으로 되어 있었다. 하지만 미야자키 씨는 고민 끝에 가장 마지막에 "살아야 해요"라고 말하는 것으로 바꿨다. 안노 감독은 기뻐했다. 그는 지금까지의 미야

《바람이 분다》 애프터 레코딩 당시 지브리 스튜디오에서 호리코시 지로 역의 안노 히데아키(庵野秀明) 감독, 나호코 역의 다키모토 미오리(瀧本美織) 씨, 미야자키 감독과 함께 찍은 사진.

자키 씨 영화의 마지막 장면 중에서 제일 좋다며 마이크 너머로 "미야자키 씨, 감사합니다"라고 말했다.

그 결과 흥행 수입은 120억 엔이었다. 100억 엔을 넘은 것은 《포뇨》 이후 처음으로 일본 영화계에서도 5년 만의 일이었다. 외화의 경우도 없었던 일이다. 관계자 모두 무척 기뻐했는데 특히 재미있던 것은 업계 관계자들 사이에서 나에 대한 재평가가 이루어졌다는 사실이다. 아무래도 떠도는 소문이 좋지 않았던 것도 있겠지만 잘도 저 영화로 100억 엔을 넘겼구나, '저 사람은 돈을 벌어준다'라고 말이다(웃음).

외국에서는 어떻게 평가했는가?

외국 사람들은 어떻게 봤을까? 가장 먼저 들어온 것은 베니스국제영화제의 반응이었다. 노미네이트되어 경쟁 부문에 초청되었는데 높은 평가를 받았다고는 할 수 없었다. 나중에 물으니 심사위원 중에 전쟁에 가담하는 내용으로 보는 의견이 있었다고 하는데, 그것이 아무래도 낮은 평가의 큰 요인이 된 것 같다. 역시 그렇게 생각하는가 싶었다. 미야자키 씨의 표현 방법이 일본적이어서 정말로 생각했던 반전(反戰)의 감정은 전해지지 않는 것인가 싶어서 유감이었다.

하지만 미국의 반응은 달랐다. 미국에는 각지에 영화비평가협회라는 것이 있다. 거기에서 애니메이션 작품으로서 평가 대상이 되었는데 《바람이 분다》에 대한 평가가 상당히 좋았다. 그리고 모두가 반전 영화라고 인식했다. 베니스에서의 반응과 미국비평가협회의 평판이 정반대였다.

여기에는 아마도 픽사의 래시터 씨의 영향이 있었을 것이다. 그는 영화가 완성된 직후 특별히 일본까지 보러 와주었고 미야자키 씨에게 훌륭한 러브 스토리라고 이야기했다. 사실 그는 TV 취재에서 러브 스토리로서의 훌륭함만 이야기했지만 취재가 끝난 후 이런 말을 했다. "하나의 기술이 시대를 바꾸고 국가를 멸망시키는 경우가 있다. 이 영화는 조용히 반전을 호소하고 있다." 그리고 스필버그 감독의 프로듀서인 캐슬린 케네디 씨는 미국에서 바로 관람하고 무척 마음에 들어 했다. 연달아 두 번이나 봤다고 한다. 또 다른 스필버그 감독의 프로듀서인 프랭크 마셜 씨는 캐슬린 씨의 남편인데 그도 자신이 알고 있는 영화계 인사들에게 추천해주었다. 래시터 씨와 캐슬린 씨, 프랭크 씨가 그렇게 말해준 것이 미국 각지의 영화비평가협회에서 많은 상을 받는 데 큰 영향을 주었을 것이다.

아시아에서는 역시 소재가 소재인 만큼 복잡한 반응을 보였다. 한국 기자들을 지브리에 초대하여 영화를 관람하게 하고 미야자키 씨가 기자회견을 했다. 나온 의견은 대부분 하나로 집약되었다. 이렇게 훌륭한 영화인데 왜 주인공이 제로센을 만든 사람이냐는 질문이었다. 영화를 본 기자들은 모두 영화에 감동하여 눈물을 흘렸는데, 그러고 나서 이런 질문이 나오자 미야자키 씨는 대답하지 못했다. 중국은 더 명쾌했다. 중국에서는 개봉할 수 없다고 확실히 말했다. 하지만 그다음이 재미있다. "영화관에서 상영하기에는 정치적인 문제가 있습니다. 하지만 DVD는 어떻게든 가능하니까요." 이런 말도 확실히 한다. 중국다운 현실주의라고나 할까?

다카하타 이사오 씨의 감상

2013년 말, 미야자키 씨와 다카하타 씨, 그리고 나 이렇게 셋이서 대담을 한 적이 있다(『문예춘추[文藝春秋]』, 2014년 2월호 게재). 사실 우리 셋의 대담은 처음이었는데 여기에서 다카하타 씨는 《바람이 분다》에 대해 이렇게 이야기했다.

> 나는 《바람이 분다》를 많은 여성들과 마찬가지로 호리코시 지로와 나호코의 연애 영화라고 생각하고 봤고 그 부분에 대해서는 수긍했습니다. 그런데 이렇게 말해도 될지 모르겠지만, 영화 끝부분에 완전히 변해버린 수많은 제로센이 늘어선 장면이 있었는데 그 전에 이 전쟁에서 어떤 일이 있었는지 객관적인 묘사라도 좋으니 넣었어야 하지 않나 하는 생각이 들었습니다. … 제로센이 잔해가 됨과 동시에 그 전에 수없이 많은 사람들이 죽었습니다. 일정 연령대 이상은 차치하고 젊은 세대는 그 전쟁이 어떤 것이었는지 잘 모르는 사

람이 많습니다. 그래서 어떤 형태로든 표현했으면 좋았겠다는 생각이 듭니다. 하지만 미야자키 씨가 충분히 고려했을 거라고 생각했습니다. 생각하지 않았을 리가 없으니까요.

사실 다카하타 씨의 감상은 이미 여러 번 들었었다. 예를 들면 요즘 미야자키 씨의 작품 중에서 가장 편하게 볼 수 있었다고 말했다. 왜냐하면 이야기에 무리한 부분이 없기 때문이다. 이는 그의 평가 기준으로서는 상당히 큰 것이다. 그리고 지로라는 인물상. 그 시대에 전쟁 반대를 외치는 언동을 하는 것은 많은 사람들에게 어려운 일이었다. 성실하게 살려면 눈앞에 있는 자신의 일을 할 수밖에 없고, 그런 의미에서는 당시의 서민을 대표하는 캐릭터일 것이다. 그리고 미야자키 씨 특유의 서브 캐릭터가 매력적이다. 특히 '구로카와'라는 인물과 '가요'라는 여자 아이가 좋았다. 미야자키 씨답게 정말 잘 그려냈다.

그런 다음 다카하타 씨는 "하지만"이라며 말을 이었다. "제로센을 만들던 1935년 당시와 1945년은 전혀 다른 상황이 되었다. 이 부분을 확실하게 그렸어야 했다. 그렇지 않으면 전쟁이란 무엇인지가 전달되지 않는다"라고. 그는 처음부터 이렇게 말했었다. 그 말이 대담 때 나온 것이다.

미야자키 씨는 대담 때 "물론 생각했지만 제로센은 전쟁 중 계속 현역이었기 때문에 제대로 그리자면 너무 길어지고, 세상에 기록이나 증언이 너무 많아서 어중간한 알리바이 만들기같이 되는 것이 싫었다. 그래서 굳이 그리지 않았다"라고 대답했다. 다카하타 씨는 여기에 납득하지 않았지만 미야자키 씨가 "그것을 그렸다고 해도 제로센의 설계자인 호리코시 지로의 인간상은 변하지 않았을 겁니다"라고 말한 것에 다카하타 씨도 "그건 그렇지요"라고 동의했다.

사내에 미야자키 씨의 은퇴를 전하다

《바람이 분다》를 만들던 도중에 미야자키 씨는 이것이 마지막이라고 말했다. 영화가 완성된 것은 6월 19일이었는데 그로부터 며칠 후 나는 "정말 마지막인가요?"라며 새삼 확인했다. 미야자키 씨는 "정말 마지막이에요"라고 대답했다. 그는 결정하고 공표하지 않으면 지키지 않을 테니 직접 기자회견을, 그것도 즉시 하겠다고 말했다. 나는 "그건 좀 곤란합니다. 이제 곧 개봉인데 갑자기 은퇴 선언을 하면 영화 홍보라고 생각할 수도 있어요. 좀 지난 후에 하는 게 좋지 않을까요?"라고 했다. 미야자키 씨는 성격이 급하다. "그게 언제인가요?"라고 묻길래 "일단락되는 것은 여름방학 이후니까 9월 정도겠지요"라고 대답했더니 "그렇게 많이 기다려야 하나요?"라는 것이었다.

이렇게 되면 당연히 생각해야 할 문제가 있다. 그것은 바로 미야자키 씨를 위해 만든 지브리다. 미야자키 씨가 제작을 그만둔다면 지브리의 현장은 어떻게 할 것인가? 스태프를 고용하여 작품을 만드는 체제에 일단 종지부를 찍어야 하는가? 만약 새로 만들게 된다면 기획이 결정된 단계에 사람들을 모아 만드는 식으로 해야 할까? 최근 함께 작업해준 사람들에게는 미안하지만 그냥 현 체제를 유지하기 위해 여러 사람을 감독으로 하여 만드는 것은 역시 문제가 있다. 그런 것도 이야기했다.

어쨌든 공표하기 전에 사내에 먼저 알려야 했다. 9월에 발표한다면 8월 초 정도에 말이다. 미야자키 씨의 은퇴와 지브리의 체제 변경을 전했다. 사실 지브리는 돈이 너무 많이 들어간다. 《바람이 분다》는 제작비 50억 엔이라는 엄청난 금액이 들어갔다. 게다가 주 수입원인 미야자키 씨가 은퇴하므로 유지하기가 매우 어렵다. 그러니 지금의 지브리 체제를 바꾸어 기획이 있을 때 재결집하여 제작하는 것을 생각해야 한다. 물론 이것은 사장인 호시노 씨와 의논해서 결정해야 한다.

미야자키 씨는 언제나 8월이 되면 산장에 들어가기 때문에 없는 셈 치고 준비했는데 직전에 그가 "그 회의에 나도 참석하겠습니다. 아무래도 직접 마무리를 짓고 싶어요"라고 말했다. 지브리의 각 부서 주요 멤버 30명 정도가 모였다. 마른 침을 삼키는 모두의 앞에서 미야자키 씨는 좀처럼 입을 떼지 않았다. 평소에는 수다쟁이였기 때문에 더욱 긴장되었다. 겨우 나온 한 마디는 "이제 무리입니다"였다. 여기까지 해왔지만 무리라는 것을 확실히 알았기 때문에 영화는 이제 만들지 않겠다, 그런 말을 했나 싶었는데 그러고 나서는 입을 다물었다. 여기까지 3분도 채 걸리지 않았다.

기자회견 석상에서

은퇴 기자회견은 9월 6일이었다. 그 직전에 미야자키 씨는 "스즈키 씨, 은퇴 기자회견을 안 하면 안 되나요?"라고 묻는 것이다. 이게 무슨 소리인가? 이 말은 미야자키 씨가 꺼낸 것 아닌가! "나는 일을 그만두는 것이 아니에요. 지금까지처럼 내가 하고 싶은 일을 할 겁니다. 단지 장편 영화를 만들지 않겠다는 건데." 뉘앙스가 달라졌다(웃음). 바로 전날인 9월 5일 그는 갑자기 '공식 은퇴 인사'라며 종이를 들고 나에게 왔다. 그 첫 줄에 "저는 앞으로 10년은 일을 하고 싶습니다"라고 씌어 있었다. 몹시 고민한 모양이다.

그 기자회견에서 미야자키 씨는 자신이 지금까지 생각했던 것을 전부 이야기했다. 기자들의 질문에도 정말 열심히 답해주었다. 특히 인상적이었던 것은 어제오늘 말한 것은 아니지만 감독이 정말 힘들었다는 말이었다. 나도 이것을 알고 있다. 《바람계곡의 나우시카》가 완성되었을 때 미야자키 씨는 "두 번 다시는 감독을 하고 싶지 않아요. 친구를 잃는 게 정말 싫습니다"라고 말했었다. "사실 나는 그림을 그리고 싶었습니다. 애니메이터라는 일이야말로 나의 천직이고 좋은 컷을 그렸을 때 정말로 기뻤습니다." 이것이 그의 본심일 것이다.

나는 은퇴 기자회견이 진행되는 동안 옆에서 미야자키 씨의 발언을 계속 듣고 있었는데, 그걸 들으면서 뭔가 안심되는 기분이 들었다. 그래서 나의 기분을 묻는 질문을 받았을 때 솔직하게 수고하셨다는 마음과 안심되는 기분이라고 대답했다. 《바람이 분다》 제작 당시 미야자키 씨는 정말 쥐어짜듯이 노력했다. 하지만 역시 젊은 시절에 비해 많이 쇠퇴해 있었다. 이는 기술적인 문제다. 나도 오랜 기간 함께했기 때문에 이것을 느낀다. 분명 어느 한계에 왔다고 느꼈었다. 그래서 미야자키 씨에게 마음속 깊은 곳으로부터 수고했다고 말하고 싶었다. 그리고 나 자신도《나우시카》부터 따지면 30년 동안 여러 가지 일을 해왔는데 이제 끝나는구나 하고 해방된 기분이 들었다.

기자회견이 끝났을 때 누가 먼저랄 것도 없이 자연스럽게 악수를 했다. 미야자키 씨와 악수를 한 것은 30년 이상 함께해오면서 처음 있는 일이었다. 나 스스로도 정말 깜짝 놀랐다.

우지이에 세이이치로 씨의 꿈《가구야 공주 이야기》

미야자키 씨의 은퇴 기자회견으로부터 2개월 정도 지난 11월 23일, 다카하타 이사오 감독의《가구야 공주 이야기》(이하《가구야 공주》)가 개봉되었다. 다카하타 씨의 14년 만의 신작이었다.

《가구야 공주》는 닛폰TV방송망의 회장이었던 우지이에 세이이치로 씨가 없었다면 탄생되지 않았을 영화다. 우지이에 씨는 다카하타 씨의 작품을 매우 좋아했다. 어떻게든 다카하타 씨의 신작을 보고 싶다며 이를 위해 출자를 포함해 모든 지원을 아끼지 않겠다고 선언하고 실행해주었다. 이것이 크레디트 앞부분에 '제작: 우지이에 세이이치로'라고 걸린 이유다. 완성된 영화를 보시지 못한 것이 너무 한스럽다(2011년 별세).

영화 이야기로 들어가기 전에 우지이에 씨에 대해 잠깐 이야기하고자 한다. 나는 초대작을 만드는 조건으로 후원자의 존재가 있다고 생각한다. 작가와 작품을 이해하고 지지하는 후원자가 있어야 처음에 과감하게 기획에 도전할 수 있다. 예전에 도쿠마 사장이 그러했다. 우지이에 씨는 도쿠마 사장이 돌아가신 후 그 역할을 확실하게 이어받아 발전시켜주었다. 우지이에 씨는 자신의 반평생을 서술한 『쇼와라는 시대를 살며(昭和という時代を生きて)』(이와나미쇼텐, 2012년)에서 다카하타 씨에게 "좋은 작품을, 길이 남을 작품을 만들어주십시오"라고 호소했다. 그리고 이것은 닛폰TV 회장으로서의 발언이며 말한 것은 책임진다고 확실하게 말하고 있다(같은 책 제1장 '지브리와 나').

우지이에 씨에 대해서는 정말 그리운 마음을 갖고 있다. 그는 '미타카의 숲 지브리 미술관'을 만드는 데 큰 도움을 주었고, 완성 후에는 미술관 운영을 담당하는 도쿠마기념애니메이션문화재단의 이사장을 맡아주셨다. 정기적으로 만나게 된 것은 그 무렵부터다. 재단 이사장은 회사로 치면 사장이므로, 현장이 어떻게 되고 있는지 매월 보고하러 간다. 바쁜 분이어서 보통은 30분 정도 약속을 잡지만 내가 가면 최소 1시간, 길면 2시간 정도 걸렸다. 그런데도 내가 돌아가려고 하면 "왜요? 벌써 가시는 겁니까?"라며 화를 냈다. 이상하게도 마음이 맞는다고 할까, 잘 통했던 것 같다.

2009년 8월 22일 이탈리아 아레초에서 저자가 촬영한 사진. 우지이에 세이이치로 씨의 제안으로 다카하타 감독, 미야자키 감독, 저자까지 네 명이 유럽을 여행했다.

그가 도쿄도 현대미술관 관장이 되었을 때도 재미있는 에피소드가 있다. 어느 날 전화를 해서 "스즈키 씨, 도쿄도 현대미술관을 알아요?"라고 묻길래 "아, 그런 게 있습니까? 잘 모르겠습니다"라고 대답하자 "그렇지요? 기바(木場)에 있습니다. 실은 이번에 제가 그곳의 관장을 맡게 되었습니다. 아직 아무도 모르지만 스즈키 씨한테만 말해두려고요"라고 했다. 왜 전화했는지 이유를 알 수 없었다. 그러더니 "도와달라는 겁니다"라고 하길래 나는 "우지이에 씨가 죽을 때까지 돕겠습니다"라고 했고, 그는 "그거 좋네요. 그럼 내가 죽을 때까지 도와주는 걸로 약속했습니다"라고 말했다. 뭔가 귀여운 분이셨다. 지브리와 관계된 몇몇 기획전을 도쿄도 현대미술관에서 열게 된 것은 그런 인연에서였다. '스튜디오 지브리 입체 조형물전', '구체관절인형전', '일본 만화 영화의 전모', '하울의 움직이는 성 대서커스전', '디즈니 아트전', '지브리의 그림 장인 오가 가즈오전', '스튜디오 지브리 레이아웃전', '메리 블레어전', '마루 밑 아리에티×다네다 요헤이전' 등등. 관객들도 많이 찾아주셔서 우지이에 씨가 정말로 고마워했다.

다카하타 씨의 《가구야 공주》는 우지이에 씨의 꿈이었다. 우지이에 씨가 돌아가시기 직전에 각본을 읽고 어느 정도 만들어진 그림 콘티를 본 적이 있다. 이때의 감상은 정말 우지이에 씨다웠다. "가구야 공주는 정말 제멋대로군요. 난 그런 여자가 좋습니다." 이를 그대로 다카하타 씨에게 전했더니 만족하며 싱글벙글했다. 다카하타 씨는 《가구야 공주》를 현대적인 이야기로 그리고 싶어 했기 때문이다.

난항을 겪은 《가구야 공주 이야기》

다카하타 씨가 잘 타협하지 않고 끈질긴 사람이라는 것은 알고 있었기 때문에 처음부터 소수의 스태프로 시간을 들여 만들 생각이었다. 이는 다카하타 씨가 원하는 것이기도 했다. 동시에 이때 나에게는 의도가 있었다. 《바람이 분다》는 지브리의 스태프만으로 만들고, 《가구야 공주》는 전부 외주로 할 생각이었다. 기획에 맞는 사람들을 모아 제작하는 것은 초창기 지브리의 방식이다. 어떤 것이 가능할지와 동시에 스태프 편성 문제, 그리고 자금 문제를 통틀어 실험하고 싶었다. 그래서 니시무라 씨가 지브리의 스태프를 지원해달라는 요청을 했을 때 전부 거절했다. 외주만으로 해보라고 말이다.

그런데 아무리 그래도 진행이 너무 늦었다. 니시무라 씨는 "그림 콘티 작업도 소걸음처럼 느려서 한 달에 2분 분량밖에 진행이 안 됩니다. 그림 콘티를 30분 완성했을 때는 기획을 시작한 지 5년이 지나 있었습니다"라고 했다. 원래 다카하타 씨의 당초 시나리오상으로는 3시간 반이라는 장대한 작품이었던 것을 줄이고 줄여서 2시간 반(실제로 완성된 영화는 2시간 17분)으로 했는데도 이런 페이스였다. 이런 상태로 가면 2020년 정도에나 완성될 것이다. 다카하타 씨이기 때문에 그것도 장담할 수 없다. 나는 니시무라 씨에게 물었다. "뭐가 중요합니까? 작품입니까? 다카하타 씨입니까?" 언제까지고 완성하지 못하는 작품은 그 나름대로 신비한 매력이 있다. 그 작업에 함께하는 것도 하나의 재미일 수 있다. 가장 중요한 니시무라 씨가 "작품이 중요합니다. 개봉에 맞추고 싶습니다"라고 하길래 "그렇다면 다카하타 씨를 해임해야 합니다"라고 말했다. 그때는 이미 그림 콘티도 완성되었기 때문에 다카하타 씨 없이 만들면 빨리 완성할 수 있었다. 니시무라 씨와는 거기까지 이야기했다. 다카하타 씨는 언제나 프로듀서가 해임하면 받아들이겠다고 말했기 때문에 수긍할 것이라고 생각했다. 결국 다카하타 씨는 스태프를 증원해서 개봉을 서두르는 것을 이해했다. 다카하타 씨의 성격을 생각하면 잘 받아들였다고 생각한다.

니시무라 씨가 가와카미 노부오 씨에게 마침내 영화가 완성된 날의 에피소드를 이야기했다. 정말 다카하타 씨다운 모습이었다 (『Switch』 2013년 12월호).

> (마지막 작업이 끝났을 때 다카하타 씨가) 제 쪽을 돌아보며 "벌써 끝입니까? 내가 지금 OK라고 말하면 영화가 끝나는 겁니까?"라고 묻길래 "네, 완성입니다"라고 대답했더니 "아직 더 하고 싶은데"라는 거예요. … 그러고 나서 계속 두세 시간 동안 좀 과장하자면 필요 없는 수정을 하는 겁니다. 끝내고 싶지 않아서 말이죠.

'선'과 '여백'에 대한 집착

《가구야 공주》를 본 사람들이 이구동성으로 하는 말이 표현이 훌륭하다는 것이다. 특히 '선'과 '여백'이 그렇다. 다카하타 씨는 '선'에 집착했으니 말이다. 농담, 굵기, 붓의 시작과 끝. 애니메이터는 원화맨이 그린 그림을 따라서 그려야 한다. 이것은 거의 미친 짓이나 다름없다. 만드는 수고가 2배 아니 3배, 4배, 5배나 든다. 이 이상의 기술적인 것은 생략하지만 이런 시도는 단편에서나 하는 것이다. 장편에서 하려는 사람은 세상 어디에도 없다. 그래서 나는 처음부터 다카하타 씨에게 말했다. "단편을 만드는 게 어떠세요?"라고 말이다. 하지만 다카하타 씨는 욕심이 많아서 실험 영화로 끝나는 것을 싫어한다. 장편 오락 영화를 만들고 싶어 한다. 널리 많은 사람들에게 보이고 싶은 것이다.

이는 다나베 오사무(田辺修)라는 사람이 있었기에 가능했다. 니시무라 씨는 이렇게 말했다. "미야자키 씨는 캐릭터 속으로 파고 들어가 감정을 그려나갑니다. 그에 비해 다나베 씨는 감각을 그립니다. '그 느낌'을 표현합니다." 다나베 씨의 이름은 '인물 조형·작화 설계'라는 형태로 크레디트에 올라간다. 그는 다카하타 씨의 목적을 실실현하는 역할을 했다. 그리고 미술의 오가 가즈오 씨. 니시무라 씨는 언론 자료에 이렇게 썼다. '(다카하타 씨는) 아무리 스케줄이 빠듯해도 다나베 오사무, 오가 가즈오 두 사람의 재능을 활용하겠다는 의지에 흔들림이 없다. 그리고 결국 다카하타 씨는 자신이 도달점이라고 부르는 표현을 실현했다.'

이것이 미야자키 씨와 상당히 다른 점이다. 《가구야 공주》는 정말 미묘한 표현의 맛이 있다. 평범한 동화의 선으로 그리면 분명 그 맛이 사라진다. 하지만 미야자키 씨의 경우 대중오락에 철저해야 한다는 의무감이 있기 때문에 그렇게까지 하는 건 지나치다며 현실적인 타협을 하게 된다. 미야자키 씨도 사실은 그런 것을 해보고 싶어 한다. 예를 들면 캐나다의 프레더릭 백이라는 사람은 한 작품의 그림을 전부 직접 그린다. 하지만 그것과 대중오락 영화를 만드는 것은 별개라고 그는 생각한다.

프레더릭 백 씨와 래시터 씨

방금 언급한 프레더릭 백 씨는 《Crac》과 《나무를 심은 사람》으로 아카데미상 단편 애니메이션상을 수상한 명장으로, 다카하타 씨가 '작품과 삶의 방식 모두에서 나의 스승'이라고 존경하는 분이다. 다카하타 씨는 완성된 《가구야 공주》를 프레더릭 백 씨에게 보이고 싶어 했다. 그래서 2013년 12월 다카하타 씨와 함께 미국, 캐나다를 방문했다. 미국에서의 프로모션이 주목적이었지만 다카하타 씨의 진짜 목적은 몬트리올에 가서 프레더릭 백 씨에게 작품을 보이는 것이었다.

당시 프레더릭 백 씨는 암으로 투병 중이었는데 이미 상당히 위험한 상태였다. 하지만 다른 사람도 아닌 다카하타 씨였다. 기분 좋게 방문을 수락하고 영화를 전부 봐주셨다. "정말 아름답습니다. 특히 여백의 사용이 훌륭합니다." 다카하타 씨는 소원을 이뤄서 만족했을 것이다. 우리가 돌아온 지 일주일 후 프레더릭 백 씨가 12월 24일에 자택에서 돌아가셨다. 그의 나이 89세였다.

본래 목적인 미국에서의 프로모션에서는 픽사의 래시터 씨가 영화를 봐주셨다. 사실 그는 완성 전에 이미 일부를 보았다. 《바람이 분다》를 보러 일본에 왔을 때 모처럼이니 《가구야 공주》의 스튜디오에도 들렀다. 래시터 씨는 매우 흥분했다. 그는 3D 애니메이션 영화를 만들고 있었지만 손으로 직접 그린 2D에도 큰 관심이 있어 그것이 미국에서 사라지지 않도록 노력하고 있는 사람이었다. 그래서 《가구야 공주》의 표현 방법에 깜짝 놀랐다. 이것을 어떻게 만들었는지, 떠날 시간이 다가오는데도 다카하타 씨에게 질문 공세를 퍼부었다. 나중에 완성된 영화를 우리가 가지고 갔을 때 그는 소위 대중오락 영화와 분명하게 다르다고 확실히 말했다. 그리고 "표현이 정말 우리에게 자극을 주었습니다. 그런데 내용은 예술입니다. 그러니 미국에서는 예술계 영화관을 선택해 개봉해야 합니다"라고 말했다. 나도 그렇게 생각하는 부분이 있어 수긍했다.

평판을 둘러싸고

지금까지 영화를 개봉할 때 이 정도 관객이 들겠지라는 나의 예상은 크게 빗나가지 않았다. 하지만 《가구야 공주》만은 잘 알 수가 없었다.

역시 흥행 면에서는 성적이 좋지 않았다. 흥행 수입은 25억 엔이었다. 정말 재미있다고 해준 사람들도 있었지만 많이 확산되지는 않았다. 역시 오락 영화로서는 좀 길다는 문제가 있던 것 같다. 하지만 개봉하고 좀 지나서 관객이 늘어나는 이상한 현상도 있었다. 이 영화의 특징과 관계가 있을 것이다. 표현에 관심이 있는 사람은 정말 감탄했다. 나로서는 다카하타 씨가 마음껏 표현한 영화였기 때문에 그것으로도 좋았다고 생각한다. 그런 의미에서 결과에 대한 충격은 없었다.

사실 충격을 받은 것은 다른 부분이었다. 젊은 사람들의 감상 중 많았던 것이 "뭐야, 달로 돌아가는 거야?"라는 반응이었다. 한두 사람이 이런 말을 한 게 아니다. 즉, 단순히 스토리를 따라갈 뿐 표현에는 관심이 없다. 나는 지금까지 영화를 많이 봐왔기 때문에 스토리 등은 잘 기억나지 않지만 장면은 지금도 정확하게 떠오르는 경우가 많다. 표현 방법에 영향을 받아왔기 때문이다. 그런데 그런 부분은 보지 않는 것인가? 영화에 기대하는 것이 완전히 다르다는 사실에 충격을 받았다. 현대는 어떻게 표현하는지보다 이야기의 복잡함에 더 관심이 향하는 시대라는 사실을 새삼 깨달았다.

미야자키 씨와 다카하타 씨의 영화

《바람이 분다》와 《가구야 공주》. 미야자키 씨도 다카하타 씨도 정말 잘해주었다. 두 사람 모두 어떤 성취감이랄까 이제 끝났구나 하는 느낌이 있을 것이다. 미야자키 씨는 변함없이 직접 그림을 그리면서 원화에 지시를 내리고 자신도 수정하는 등 십수만 장이나 되는 그림을 모두 체크했다. 다카하타 씨도 마지막 한 달은 매일 새벽 2시까지 작업을 했다. 벌써 78세인데 말이다. 나도 상당 시간 함께했는데 마지막에는 정말 내가 쓰러질 정도였다.

나는 두 사람이 마음껏 좋아하는 것을 만들 수 있도록 최대한 지원했다. 자금도 시간도 준비했다. 미야자키 씨와 다카하타 씨에게 신세를 졌는데 이로써 빚을 다 갚은 느낌이다. 돈에 관한 얘기는 별로 하고 싶지 않지만 두 작품에 100억 엔이 들었다. 전대미문이다. 정말이지 관계 각사의 사람들이 새파랗게 질려서 "회수는 되는 겁니까?"라고 물어왔다. 하지만 상관없다. '미야자키 씨와 다카하타 씨가 온 마음을 바쳐 만든 작품이라고. 당신들한테 신세를 지긴 했지만'이라는 것이 나의 속마음이다.

새삼 생각하지만 이 두 작품뿐만 아니라 미야자키 씨와 다카하타 씨가 만들어온 지브리의 영화는 모두 소년·소녀가 어른이 될 때쯤 보면 가장 좋은 영화다. 《바람이 분다》는 어른들을 위한 영화라는 견해도 있는 것 같지만 내 생각은 그렇지 않다. 한 사람의 주인공이 있고 이를 응원해주는 여주인공이 있는…. 소년이 봐야지만 그 의미가 있다. 그러고 보니 은퇴 기자회견 때 미야자키 씨가 이런 말을 했다.

> 저는 많은 아동문학 작품의 영향을 받아 이 세계에 입문했습니다. 아이들에게 '이 세상은 살아갈 가치가 있다'라는 것을 전하는 것이 제가 하는 일의 기본이 되어야 한다고 생각했습니다. 이 생각은 지금도 변함없습니다.

지브리의 영화가 왜 세계인의 마음을 사로잡았는가에 대해 이야기할 때 훌륭한 주제를 말하는 사람이 많지만 나에게 묻는다면 가장 큰 이유는 '표현'이라고 말할 것이다. 매력의 근원은 무엇보다도 '표현'의 힘이다. 예를 들면 《이웃집 토토로》에서 메이가 토토로 위에 올라타 폴짝 뛰는 장면이 있는데 정말 기분이 좋을 것 같다. 이 '표현'을 연필만으로 만들어내는, 그것이 바로 애니메이션의 매력이다. 이것을 할 수 있는 애니메이터가 얼마나 될까? 일단 없다. 미야자키 하야오는 역시 그 점이 대단하다. 다카하타 씨가 말하는 "미야자키 씨의 작품에는 관능성이 있다"라는 말 그대로다.

아카데미상 시상식에서의 에피소드

세계에서 어떤 평가를 받고 있는지 보여주는 일화 중 매우 재미있는 것이 있었다. 2014년 3월에 열린 아카데미상 시상식에서의 일이다. 전에 《센과 치히로》가 수상했을 때는 지브리에서 아무도 가지 않았기 때문에 나는 이번에 처음으로 시상식에 참석하게 되었다. 그런데 시상식도 놀라웠지만 더욱 놀란 것은 그 전전날에 개최된 패널 디스커션이었다. 이 디스커션에는 장편 애니메이션 부문에 노미네이트된 작품의 감독과 프로듀서가 모두 참석한다. 마지막에 "지금까지 본 애니메이션 작품 중 가장 마음에 드는 작품을 하나씩 꼽아주십시오"라고 하자, 모두가 미야자키 하야오 작품을 들었다! "저는 《센과 치히로》가 가장 좋습니다"라고 말하면서 너무 감동해서 우는 사람도 있었다. 그 정도로 존경받고 있었다. 거의 신이나 다름없다. 이는 정말 놀라웠다.

또한 결과적으로는 《겨울왕국》이 수상을 했지만 이 영화의 감독도 미야자키 하야오를 꼽았다. 크리스 벅 씨와 제니퍼 리 씨는 나를 의식했다. 시상식 전날 밤에 《겨울왕국》의 제작 총 지휘를 맡은 픽사의 래시터 씨가 디즈니와 지브리의 합동 파티를 열어주었는데 《겨울왕국》의 감독 두 사람은 우리 쪽에 말을 걸지도 않았고 눈이 마주쳐도 피했다(웃음). 긴장한 것이다. 수상했을 때는 엄청 울었다.

다시 돌아가 앞에서 언급한 패널 디스커션 때 새삼 생각하게 된 것이 있다. 사회자가 "스즈키 씨는 미야자키 씨가 하고 싶다는 것을 말리고 《바람이 분다》로 하자고 했다는데 정말입니까?"라는 질문을 했는데, 나는 그렇다고 말하고 이유를 설명했다. 그때는 그것으로 끝났지만 나중에 이런 감상을 들었다. 요즘의 프로듀서는 대체로 과거의 경험칙에서만 아이디어를 낸다, 《바람이 분다》는 흥행적으로 매우 위험한 기획인데도 감독의 의향을 무시하고 프로듀서가 추천하는 것은 지금의 미국에서는 생각할 수 없다는 것이었다. 깜짝 놀랐지만 그러고 보니 짐작 가는 것이 있었다. 대체적으로 요즘 미국에서는 안전을 추구하여 비슷한 것만 만들고 있다. 이것은 그런 이유인지도 모르겠다.

현실주의자로서의 역할

어떤 사람이 이렇게 말했다. 미야자키 씨는 엔터테이너, 다카하타 씨는 아티스트라는 차이가 있다고 말이다. 그럴지도 모르겠다. 하지만 그 차이 이상으로 중요한 것은 두 사람 모두 어떤 종류의 이상주의자라는 것이다. 그 이상주의자 두 명과 계속 해올 수 있었던 것은 내가 현실주의자였기 때문일 것이다. 나는 항상 명쾌하고 쿨하게 처리해왔기 때문에 오랜 세월 동안 함께해올 수 있었다. 다카하타 씨가 이런 말을 했다. “평생 만났던 여러 사람들 중에서 스즈키 씨가 가장 쿨해요.”

사실 나는 어른을 위한 영화가 좋다(웃음). 오즈 야스지로(小津安二郎)의 《동경 이야기(東京物語)》 같은 것 말이다. 모험 활극은 솔직히 확 와닿지 않는다. 그래서 흔들리지 않는다. 개인적으로 좋아하는 것이 아니기 때문에 일로서 명쾌하게 해올 수 있었다고도 할 수 있다. 실제로 프로듀서가 너무 열성이면 위험하다. 보이는 것도 보이지 않게 된다. 냉정함만으로 잘되는 것은 아니지만 기본은 너무 열성적이 되지 않는 것이다.

이것도 현실주의자로서의 일면일 텐데, 나는 작품에 감정을 이입하지 않고 물건으로 취급하는 작업도 해왔다. 예를 들면《센과 치히로》의 경우 124분의 영화 속에서 등장인물들이 각각 몇 초 동안 등장하는지를 그림 콘티 단계에서 산출한 적이 있다. 중요한 장면인지 여부는 관계 없고 몇 초 동안 등장하는지만 계산했다. 등장인물별로 등장하는 초 수를 계산했더니 치히로 다음으로 많은 것이 가오나시였다. 기계적인 계측이지만 여기에는 작자의 깊은 곳에 있는 심리가 반영되어 있다. 그래서 나는《센과 치히로》의 홍보 방향을 치히로와 가오나시의 이야기로 잡았다. 이미 이야기했듯이(99페이지) 미야자키 씨가 갑자기 물었을 때는 순간 망설였지만 말이다(웃음). 이때 어떤 대사를 말하고 있는지 '정(正)'자를 쓰면서 세거나 했는데,《추억은 방울방울》때에도 이런 것을 했다. 간신히 대본이 완성되었을 때 옆에 시계를 두고 도움을 받으면서 읽어봤다. 그랬더니 2시간이 넘었다. 프로듀서로서 걱정되는 것은 제작비다. 애니메이션은 길이에 따라 제작비가 정해지기 때문이다. 시나리오 하나하나에 초 수를 적어넣고 다카하타 씨에게 그것을 보여주며 이 정도의 시간이 걸리니 짧게 해달라고 말했다. 다카하타 씨는 "그런 걸 했습니까? 나도 오랫동안 애니메이션을 만들어왔지만 이런 걸 하는 사람은 스즈키 씨가 처음입니다"라고 말했다. 그것이 효과가 있었는지 영화의 길이가 줄어들었다.

지브리가 직면한 과제

1985년에 스튜디오 지브리가 설립되었으므로 2014년은 햇수로 딱 30년이 되는 해다. 지금 지브리는 중대한 전환기를 맞이하고 있다.

당초 지브리는 기획별로 사람들을 모아서 작업하고 영화가 완성되면 해산하는 방식이었는데, 미야자키 씨의 제안으로 거점인 자사 스튜디오를 만들고 스태프를 고용하게 되었다. 그로부터 벌써 20년 정도가 지났다. 나는 이 방식이 성공했다고 생각한다. 연수 제도도 만들었고, 여기에서 자립한 애니메이터도 많이 있다. 지브리를 그만둔 후에 애니메이션계의 여러 곳에서 활약하고 있는 사람들이 있는데, 그들에게 지브리에서의 경험이 적지 않게 차지하고 있을 것이다. 또한 지브리는 기업으로서의 의미 외에 일본 애니메이션의 수준을 높이는 데에도 큰 역할을 했다. 하지만 이러한 형태는 미야자키 하야오가 있었기 때문에 가능했다고 할 수 있다. 아무래도 유지 비용이 드는데 그 액수가 매년 늘어나는 것은 유감스럽게도 사실이다. 이 모든 것을 직접 부담하는 데는 역시 한계가 있다.

참고로 덧붙이자면 관련 사업을 늘려나가는 방향으로 해결하고 싶지는 않았다. 예를 들면 캐릭터를 상품화하여 관련 굿즈를 판매하자는 제안이 많이 들어왔지만, 그 방향으로 확대 노선을 취하면 그야말로 '장사'가 되어버린다. 무엇보다도 작품을 만드는 일이 중심인 회사이기 때문에 솜씨 좋은 작은 공장이어야 한다. 그것이 변질되어버리면 무엇을 위해 회사를 설립했는지 알 수 없게 된다. 그래서 오히려 굿즈에 관해서는 일정 이상의 매출이 되지 않도록 주의했다.

지금까지의 방식을 평가하고 총괄한 후에 현장의 작업 방식을 바꿔야 한다. 올해(2014년) 여름에 개봉하는 《추억의 마니(思い出のマーニー)》가 앞으로 어떻게 할지에 대한 시금석이 될 것이다.

《추억의 마니》의 시작

재작년(2012년) 1월경이었다. 아직 《바람이 분다》를 제작하던 중이었는데 마로(요네바야시 히로마사)가 찾아와서 말했다. "감독을 하고 싶습니다." 왜냐고 물었더니 "하지 못한 일이 있습니다"라는 것이었다. 그래서 나는 그 자리에서 조앤 G. 로빈슨의 『추억의 마니』(이와나미소년문고)를 건네주었다.

《마니》는 계속 염두에 두었던 작품인데, 마로의 두 번째 작품으로 만들면 좋겠다고 생각한 이유가 세 가지 있다. 첫 번째는 두 여자 아이의 이야기이기 때문이다. 이는 나의 추측이지만 그는 사춘기 무렵 여자 아이를 그리는 것을 좋아했을 것이다. 미야자키 씨가 전투기 그리는 것을 좋아하는 것처럼 계속 여자 아이 그림을 그려왔을 것이라는 생각이 들었다. 그래서 그가 두 여자 아이를 그리게 되면 즐거워하리라는 확신이 있었다. 그리고 두 번째 이유는 미야자키 씨의 영화와 다른 영화가 될 것이라는 예감이었다. 미야자키 씨는 아마도 《마니》를 만들 수 없을 것이다. 이 이야기는 지금까지 지브리에서 만들어온 것보다 훨씬 더 깊은 곳까지 파고드는 매우 섬세한 이야기다. 마로는 확실히 미야자키 씨보다 섬세하고 젊다. 이른바 미야자키적 판타지와 다른 매력이 있는 작품이 될 것이라는 직관이었다. 그리고 마지막 이유는 남자가 나오지 않는다는 것이었다. 대부분의 이야기에서는 여자 아이가 주인공이든 남자가 주인공이든 이성이 해결하는 패턴이다. 하지만 이 작품은 이성이 나오지 않고 해결하는 이야기다. 이는 현대적이라고 생각했다.

사실 마로가 작품을 만들고 싶다고 자청하기 전에 생각했던 것이 있다. 미야자키 씨가 은퇴하고 다카하타 씨는 나이 때문에 힘든 면이 있다. 이럴 때 다음 작품까지 잠깐 시간을 두는 게 나을지 아니면 계속해서 만들어야 하는지 생각한 끝에 나는 계속 만드는 편이 좋다고 판단했다. 두 사람이 모두 끝냈다고 보일 때 미래의 빛을 뭔가 내놓아야 하지 않을까 생각한 것이다. 그럴 때 마침 마로가 와주었다. 좋은 타이밍이었다.

그리고 동시에 생각한 것이 있다. 내 입장을 바꾸는 것이었다. 니시무라 씨가 《가구야 공주》에서 정말 열심히 해주었으니 그에게 《마니》의 프로듀서를 맡기고 나는 제너럴 매니저가 되기로 했다. 제너럴 매니저는 전력을 정비하고 골격을 정한 다음 현장에 맡기는 역할이므로 거기까지만 참여한다. 그다음은 마로와 니시무라 씨에게 맡기기로 했다.

가장 우수한 스태프들이 모였다

나는 먼저 기획을 정하고 시나리오의 큰 방향을 정했다. 시나리오는 이번에도 니와 게이코 씨가 맡아주었다. 그리고 핵심 멤버로서 안도 마사시(安藤雅司) 씨와 다네다 요헤이(種田陽平) 씨에게 제안을 하여 데려왔다. 여기까지 하고 그다음은 니시무라 씨를 중심으로 현장에 맡겼다.

안도 마사시 씨는 애니메이터의 중심이 되었다. 그는 《모노노케 히메》와 《센과 치히로》에서 큰 활약을 한 사람으로, 그 후 지브리를 그만두고 나갔다가 《가구야 공주》에서 다시 합류했다. 그는 다카하타 씨의 작품을 해보고 싶었다고 한다. 나는 그에게 "마로를 도와주지 않겠나?"라고 말했다. 사실 그는 마로의 선배로 연출을 희망했던 사람이다. 그는 원작과 시나리오를 읽은 후 원작을 더욱 충실하게 재현하는 방향으로 의견을 냈다. 마로는 이를 받아들이겠다고 했다. 그는 안도 씨의 도움이 절실했고, 이 작품을 만드는 데 안도 씨가 정말 필요하다고 확실하게 말했다. 결국 완성된 시나리오는 니와 씨, 안도 씨, 마로 이렇게 세 사람의 합작이었다.

그리고 또 미술의 다네다 요헤이 씨. 그는 일본 영화의 미술 분야에서 최고의 실력을 가진 사람이다. 나는 그와 인연이 있어 전부터 알고 있었기 때문에 마로에게 제안해보았다. 마로는 다네다 씨가 해주신다면 무조건 찬성이라고 했다. 아직 애니메이션 분야는 경험이 없지만 실력은 최고다. 다네다 씨에게 제안했더니 감사하게도 받아들여주었다. 즉, 작화 쪽의 책임자인 안도 씨, 배경 미술의 책임자인 다네다 씨, 이 두 사람이 참가하면서 강력한 구심점이 생겼다.

이와 더불어 더욱 좋은 순환이 생겨났다. 니시무라 씨가 《가구야 공주》를 만들고 있었는데 앞에서 말한 것처럼 모두 외주로 하는 방침이었기 때문에 여기에서 알게 된 유능한 애니메이터들이 있었다. 그들이 참가하게 되었다. 또한 《에반게리온》의 제작에 참가하기로 되어 있던 애니메이터와 미술 파트의 사람들이 있었는데 여러 가지 사정으로 《에반게리온》의 제작이 늦어졌다. 그래서 《에반게리온》의 주력이 될 사람들까지 《마니》의 제작에 참가하게 되었다. 지금 일본에서 생각할 수 있는 최고의 스태프가 결집한 애니메이션 현장이 된 것이다.

홍보의 핵심, 홍보 문구

니시무라 씨가 프로듀서로서 현장을 지휘하고 영화 제작은 순조롭게 진행되어 드디어 홍보까지 왔다. 홍보는 프로듀서의 중요한 역할 중 하나다. 사실 이것도 니시무라 씨에게 직접 해보라고 했지만 홍보만은 아직 잘 모르겠으니 이번에도 부탁한다는 말을 들었다. 부탁을 받은 이상 나는 진지하게 안을 내놓았다.

홍보는 먼저 홍보 문구부터 결정한다. 이는 지브리의 특징일지도 모른다. 홍보 문구의 결정은 실질적인 효과도 있지만 무엇보다도 홍보의 기본 방침을 구체화하는 역할을 한다. 작품의 매력, 무엇에 중점을 둘 것인가 등.

이를 강하게 의식하게 된 것은 《모노노케 히메》 때부터였다. 홍보 문구를 "살아라"로 정했을 때 프로 영화인들로부터 엄청난 비판을 받았지만 나는 양보하지 않았다. 그 결과 히트시키기 위한 홍보의 방향성을 하나 깨달은 것 같다. 《센과 치히로》에서는 "'살아가는 힘'을 깨워라"라고 했다. 모두 인생과 관계가 있다. 그런 키워드를 중심으로 홍보한 것이 관객을 부르는 힘이 되었다.

알기 쉬운 예로 《고양이의 보은》이 있다. 포스터에서는 여주인공이 풀밭에 누워 있다. "고양이 왕국. 그곳은 자기 시간을 살지 못하는 녀석들이 가는 곳이지. 고양이가 되는 것도 좋지 않을까?"라는 것이었다. 중요한 것은 사람들이 어떻게 느끼는가다. 스트레스가 많은 시대이기 때문이다. 결과적으로 흥행 수입은 64억 엔이었다. 일반적인 홍보 방법을 썼다면 아무리 잘되어도 10억, 20억 엔 정도였을 것이다. 한 관계자가 이런 말을 했다. 홍보에는 그만큼의 힘이 있다. 그 핵심은 홍보 문구다.

그렇다면 이번에는 어떻게 할까? 여러 가지 안이 나왔지만 의견이 모아지지 않고 뭔가 부족한 듯 확 와닿는 것이 없었다. 홍보 문구를 생각할 때에는 두 가지 뇌가 필요하다. 하나는 구조적인 발상, 다른 하나는 순간적인 번뜩임이다. 여러 가지 안을 듣다가 문득 떠오른 것은 "네가 정말 좋아"였다. 정말 시간이 없는 아슬아슬한 시점에 튀어나왔다. 현대는 어쩌면 "네가 정말 좋아"라고 말할 수 있

는 상대를 찾는 시대, 자신에게 말해줄 사람을 원하는 시대인지도 모른다. 의미도 의미지만 말의 느낌이 신선했다. 재미있는 것은 '정말 좋아'를 '大すき'가 아닌 '大好き'로 표현하면 분위기가 달라진다는 사실이다. 정말 신기하다.

모두 대찬성으로 일제히 이를 중심으로 움직이기 시작했다. 이 홍보 문구로 제작할 예고편의 내용까지 정했다. 새로운 지브리의 시작이라고 느껴주기를 기대하고 있다.

30년이라는 전환기를 맞이하며

나는 처음부터 30년이 전환기라고 생각했고 그렇게 공언해왔다. 다음 단계로 나아갈 시기인 것이다. 하고 싶은 것은 아직 많이 있다. 다만 나는 큰 목표 등을 내걸지 않는다. 나는 항상 눈앞의 것을 꾸준히 노력하는 것을 좋아한다. 예를 들면 이렇게 이야기한 적이 있다(전국장애자문제협회 '모두의 소원'[全国障害者問題協会 'みんなのねがい'] 2013년 10월).

> 인간의 삶의 방식에도 두 가지가 있다고 생각합니다. 하나는 목표를 가지고 거기에 도달하기 위해 노력하는 것입니다. 이것은 쉽게 할 수 있는 일이 아닙니다. 저는 목표가 없었으니까요. 또 다른 하나는 눈앞에 있는 것을 꾸준히 해나

가면서 자신에게 맞는 것을 찾아가는 것입니다. 이것이 "살아가는 것"이라고 생각합니다. 그런 가운데 어려움도 있겠지만 어려움을 즐기십시오. 이때 비결은 어려움을 '남의 일'로 생각하는 것입니다. 문제를 객관적으로 보면 해결 방법이 보이는 경우가 있습니다.

눈앞의 일을 꾸준히 하는 것은 변함없는 나의 자세다. 나는 기본적으로 수동적으로 일해왔고, 눈앞의 것을 꾸준히 하면 열리는 미래도 있다고 생각해왔다. 이것은 지금도 변함없다.

하지만 지금까지 해오다 보니 여러 가지 생각이 든다. 영화를 히트시키기 위해 세상의 동향을 계속 관찰하다 보니 이제 생각하는 것을 싫어하는 시대가 되었다는 사실을 실감하고 불안해졌다. 사실 영화 이외의 것은 별로 말하고 싶지 않지만 헌법 9조에 대해 발언하거나 원전 문제를 언급하게 된 것은 위기감의 표명이기도 하다. 지금 말해야 하는 것이 많다.

새삼 다시 한번 진지하게 영화에 대해 생각하고 싶다. 영화는 시대의 거울이기 때문이다. 또한 지금 영화와 TV 분야에서 객관적으로 과거와 비교도 되지 않을 정도의 어려운 상황이 발생하고 있는 것도 사실이다. 이런 가운데 프로듀서로서 해야 할 일은 무엇인지 아직 잘 보이지 않지만 현재진행형 속에서 생각해보고 싶다. 어떻게 될지 그 모든 것은 지금부터 시작이다.

인용 출전 일람

(인용을 할 때 한자를 가나[일본 문자-역주]로 하는 등 적당한 표기로 정리했다.)

저자 자신이 쓴 것

- '지금 생각나는 불안 요인들. 이것을 해소하고 올바른 홍보 방침을 결정하기 위한 메모 또는 「보제병산만복사본당우목판지악희」(いま思いつく不安材料のあれこれ.これを解消し、正しい宣伝方針を決定するためのメモ或いは、「菩提餅山万福寺本堂羽目板之悪戯」)'(내부 자료, 1994년 3월 8일)
- '《귀를 기울이면》의 홍보를 생각하는 데 있어서-혹은 최근 20년간의 여성의 지위에 대하여(《耳をすませば》の宣伝を考えるにあたって―あるいは、この二〇年の女性の地位について)'(내부 자료, 1995년 4월 10일)
- '스튜디오 지브리의 10년(スタジオジブリの一〇年)'(안시 국제애니메이션페스티벌 연설용 원고, 1995년)
- '영화 《모노노케 히메》의 설명 자료'(내부 자료, 1996년 2월 26일)
- '《모노노케 히메》라는 제목'(『덴쓰보(電通報)』, 1997년 10월 6일)
- '도쿠마 사장과 노마 히로시(徳間社長と野間宏)'(제8회 일본독립영화제 팸플릿, 2001년)
- '《센과 치히로》는 디즈니를 이겼다(「千と千尋」はディズニーに勝った)'(『문예춘추(文藝春秋)』, 2002년 10월호)
- '미야자키 하야오의 정보원(宮崎駿の情報源)'(제50회 민간방송 전국대회 기념 강연, 2002년 11월 25~26일)
- '신춘 아니메 대담(新春アニメ対談)'(스즈키 도시오-오시이 마모루 대담, 요미우리신문, 2004년 1월 1일)
- '홍보하지 않는, 홍보(宣伝をしない、宣伝)'(《하울의 움직이는 성》 보도 자료, 2004년)
- '만화영화와 애니메이션 영화(漫画映画とアニメーション映画)'(도쿄도 현대미술관 '일본 만화영화의 전모전(日本漫画映画の全貌展)'도록[2004년 7월 15일부터 개최])
- '공과 사를 혼동하는 사람(公私混同の人)'(오가타 히데오 『저 깃발을 쏴라! 아니메주 혈풍록[あの旗を撃て！アニメージュ血風録]』, 2004년 오쿠라출판)
- '영화를 사랑하는 두 사람의 영화 제작 추천(映画を愛する二人から映画製作のススメ)'(스즈키 도시오-야마다 요지 대담, 『키네마순보[キネマ旬報]』, 2004년 12월 하순호)
- '영화도락(映画道楽)'(2005년 피아)
- '우리는 영화 제작과 유통의 전환기에 있다(映画作りも流通も、時代の変わり目に僕らはいる)'(스즈키 도시오-스즈키 야스히로 대담, 『열풍』 스튜디오 지브리(『熱風』スタジオジブリ), 2005년 5월 10일호)

- '붉은 대지(赤い土)'(도쿄도 현대미술관 '지브리의 애니메이션 화가 오가 가즈오전[ジブリの絵職人 男鹿和雄展]' [2007년 7월 21일부터 개최] 보도 자료)
- 『바람에 날리며(風に吹かれて)』(2013년 주오코론신샤[中央公論新社])
- '현재를 즐긴다'(전국장애자문제협회 '모두의 소원'[全国障害者問題協会 'みんなのねがい'] 2013년 10월)

그 외

- 다카하타 이사오 인터뷰 '나는 "구원투수"프로듀서입니다(ぼくは"助っ人"プロデューサーなんです)' (『로망 앨범 엑스트라 바람계곡의 나우시카[ロマンアルバムエクストラ 風の谷のナウシカ]』, 1984년 도쿠마쇼텐)
- 다카하타 이사오 '모든 현대인에게 전하는 우애 이야기(現代人全体への友愛の物語)'(1985년 10월 17일 《천공의 성 라퓨타》 기자 발표용 자료 「지브리 로망 앨범 천공의 성 라퓨타[ジブリ·ロマンアルバム 天空の城ラピュタ]」, 2001년 도쿠마쇼텐)
- 다카하타 이사오 『에로스의 불꽃(エロスの火花)』(미야자키 하야오 『출발점[出発点]』, 1996년 도쿠마쇼텐)
- 다카하타 이사오 『만화영화의 뜻(漫画映画の志)』(2007년 이와나미쇼텐)
- '스튜디오 지브리 30년 첫 대담' 다카하타 이사오, 미야자키 하야오, 스즈키 도시오 대담 (『문예춘추[文藝春秋]』, 2014년 2월호)
- 우지이에 세이이치로[시오노 요네마쓰[塩野米松] 기록] 『쇼와라는 시대를 살며[昭和という時代を生きて]』(2012년 이와나미쇼텐)
- '전설의 남자 다카하타 이사오는 어떻게 귀환했는가?[伝説の男·高畑勲はいかに帰還したのか?] 니시무라 요시아키·가와카미 노부오 대담 (『Switch』 2013년 12월호)

스즈키 도시오 간략 연보

- 1948년 8월 19일 아이치현 나고야시 출생
- 1964년 4월 도카이고등학교 입학
- 1967년 4월 게이오기주쿠대학 문학부 입학, 사회·심리·교육학과 사회학 전공
- 1972년 3월 게이오기주쿠대학 문학부 졸업

  3월 주식회사 도쿠마쇼텐 입사. 『주간 아사히 예능』 편집부 배속
- 1973년 3월 『아사히 예능』의 별책 『코믹&코믹』 편집부로 이동. 극화지의 편집을 담당
- 1974년 9월 『아사히 예능』 특집반으로 이동. 특집 기사를 매주 담당
- 1975년 10월 아동소년 편집부 『월간 테레비랜드』로 이동
- 1978년 5월 26일 월간지 『아니메주』 창간호 발매(7월호). 창간호부터 편집을 담당. 초대 편집장은 오가타 히데오
- 1979년 12월 15일 미야자키 하야오 감독의 작품 《루팡 3세 칼리오스트로의 성》 개봉(도쿄무비신샤 제작)
- 1980년 3월 『아니메주』 데스크에 취임
- 1981년 4월 11일 다카하타 이사오 감독의 작품 《자린코 치에》 개봉(도쿄무비신샤 외 제작)

  7월 『아니메주』 8월호에서 미야자키 하야오 특집 편성
- 1982년 1월 『아니메주』 2월호부터 미야자키 하야오의 만화 『바람계곡의 나우시카』 연재 시작

  8월 『아니메주』 부편집장에 취임
- 1984년 3월 11일 미야자키 하야오 감독의 작품 《바람계곡의 나우시카》 개봉(톱크래프트 제작). 제작위원회의 일원으로 크레디트에 이름이 올라가는데 이때부터 실질적으로 프로듀서 일을 시작
- 1985년 6월 15일 도쿄 기치조지에 스튜디오 지브리 오픈
- 1986년 8월 6일 미야자키 하야오 감독의 작품 《천공의 성 라퓨타》 개봉. 스튜디오 지브리가 제작한 첫 작품. 크레디트에는 제작위원회의 일원으로 올라간다.

  10월 『아니메주』 편집장에 취임
- 1988년 4월 16일 다카하타 이사오 감독의 작품 《반딧불이의 묘》와 미야자키 하야오 감독의 작품 《이웃집 토토로》(두 편 모두 스튜디오 지브리 제작)가 2편 동시 상영으로 개봉. 《토토로》 제작위원회의 일원으로 크레디트에 올라간다.

- 1989년 7월 29일 미야자키 하야오 감독의 작품 《마녀 배달부 키키》 개봉(스튜디오 지브리 제작). 크레디트에는 프로듀서 대리지만, 그때까지 지브리 작품에서 해왔던 프로듀서 업무보다 좀 더 깊이 관여한다.
  10월 주식회사 스튜디오 지브리로 파견. 지브리 업무에 전념하게 된다.
- 1990년 11월 주식회사 도쿠마쇼텐 퇴사. 12월부터 주식회사 스튜디오 지브리에 소속됨. 동사의 이사로 취임
- 1991년 7월 20일 다카하타 이사오 감독의 작품 《추억은 방울방울》 개봉(스튜디오 지브리 제작). 처음으로 프로듀서로 크레디트에 올라간다. 이후 모든 스튜디오 지브리의 극장용 장편 작품에서 프로듀서를 담당
- 1992년 5월 제11회 후지모토상 특별상 수상
  7월 18일 미야자키 하야오 감독의 작품 《붉은 돼지》 개봉(스튜디오 지브리 제작)
  8월 도쿄 고가네이에 스튜디오 지브리의 자사 스튜디오를 완성. 기치조지에서 이전
- 1994년 7월 16일 다카하타 이사오 감독의 작품 《폼포코 너구리 대작전》(스튜디오 지브리 제작) 개봉
- 1995년 7월 15일 곤도 요시후미 감독의 작품 《귀를 기울이면》 개봉(스튜디오 지브리 제작). 동시상영으로 미야자키 하야오 감독의 단편 작품 《On Your Mark》를 상영
  12월 주식회사 스튜디오 지브리의 상무이사에 취임
- 1997년 6월 주식회사 스튜디오 지브리가 모회사인 주식회사 도쿠마쇼텐에 흡수 합병되면서 주식회사 도쿠마쇼텐의 이사 겸 스튜디오 지브리컴퍼니의 대표(President)에 취임
  7월 12일 미야자키 하야오 감독의 작품 《모노노케 히메》 개봉(스튜디오 지브리 제작). 일본 영화의 흥행 기록을 경신한다.
  11월 제14회 야마지 후미코 문화상 수상
- 1998년 3월 미야자키 하야오가 생텍쥐페리의 행적을 따라가는 TV 프로그램의 기획을 위해 프랑스를 경유하여 사하라사막으로 간다.
  6월 제17회 후지모토상 수상
- 1999년 7월 17일 다카하타 이사오 감독의 작품 《이웃집 야마다군》 개봉(스튜디오 지브리 제작)
  9월 《모노노케 히메》의 북미 개봉 행사를 위해 미국 방문
  10월 주식회사 도쿠마쇼텐이 컴퍼니제에서 사업부제로 전환하면서 주식회사 도쿠마쇼텐의 이사, 스튜디오 지브리의 사업본부장에 취임
- 2000년 3월 이노카시라 공원에서 미타카의 숲 지브리 미술관 기공식이 열린다.
  9월 도쿠마 야스요시 사장 타계. 주식회사 도쿠마쇼텐의 상무이사, 스튜디오 지브리의 사업본부장에 취임
  12월 안노 히데아키 감독의 실사 작품 《식일(式日)》 도쿄도 사진미술관에서 개봉(스튜디오 카지노

제작). 그 제작을 담당

- 2001년 7월 20일 미야자키 하야오 감독의 작품 《센과 치히로의 행방불명》 개봉(스튜디오 지브리 제작). 11월에는 《타이타닉》(1997년 개봉)의 기록을 깨고 일본 최고의 흥행 기록을 수립

  9월 재단법인 도쿠마기념애니메이션문화재단을 설립. 동 재단 이사에 취임

  10월 1일 미타카의 숲 지브리 미술관 개관

  12월 《센과 치히로의 행방불명》의 개봉 행사를 위해 프랑스 방문

- 2002년 2월 제52회 베를린국제영화제에 참석

  《센과 치히로의 행방불명》이 황금곰상(그랑프리) 수상

  2월 엘란도르상 프로듀서상 수상

  5월 제21회 후지모토상 수상

  7월 20일 모리타 히로유키 감독의 작품 《고양이의 보은》과 모모세 요시유키 감독의 작품 《기브리즈 episode 2》(두 작품 모두 스튜디오 지브리 제작)가 동시 상영으로 개봉. 《기브리즈》에서는 캐릭터 원안도 담당

  9월 《센과 치히로의 행방불명》의 홍보를 위해 미국 방문

  11월 제1회 일본 이노베이터 대상 수상

- 2003년 3월 《센과 치히로의 행방불명》 제75회 아카데미상 장편 애니메이션 부문 수상

- 2004년 3월 6일 오시이 마모루 감독의 작품 《이노센스》 개봉(프로덕션 I.G 제작). 공동 프로듀서를 담당

  4월 도쿄대학 '콘텐츠창조과학 산학 연계교육 프로그램'의 특임교수를 5년 동안 맡음

  9월 제61회 베네치아국제영화제에 참석. 《하울의 움직이는 성》 오젤라상(기술공헌상) 수상

  11월 20일 미야자키 하야오 감독의 작품 《하울의 움직이는 성》 개봉(스튜디오 지브리 제작). 11월부터 12월까지 《하울의 움직이는 성》의 개봉 행사 등을 위해 프랑스와 영국 방문

- 2005년 3월 31일 주식회사 도쿠마쇼텐에서 스튜디오 지브리 사업본부가 독립하여 새로운 주식회사 스튜디오 지브리가 탄생. 대표이사 사장에 취임

  4월 첫 단행본 『영화도락』(피아) 간행

  6월 《하울의 움직이는 성》의 홍보를 위해 미국 방문

- 2006년 7월 29일 미야자키 고로 감독의 작품 《게드전기》 개봉(스튜디오 지브리 제작)

- 2007년 1월 전 도쿠마쇼텐의 상무인 오가타 히데오 타계

  3월 제2회 와타나베 신상 수상

  10월 라디오 프로그램 '지브리 아세마미레'방송 시작. 메인 진행자 담당

- 2008년 2월 주식회사 스튜디오 지브리의 대표이사 프로듀서에 취임

  7월 저서 『스튜디오 지브리의 현장 -애니메이션 만들기의 즐거움』(이와나미신서) 간행

  7월 19일 미야자키 하야오 감독의 작품 《벼랑 위의 포뇨》 개봉(스튜디오 지브리 제작)

- 2010년 3월 캐릭터 디자인을 한 고양이 '코냐라'가 등장하는 닛신제분그룹의 CF 방영 시작
  7월 17일 요네바야시 히로마사 감독의 작품 《마루 밑 아리에티》 개봉(스튜디오 지브리 제작)
  10월 ASIAGRAPH 2010 어워드 쓰무기상 수상
- 2011년 3월 우지이에 세이이치로 닛폰TV방송망 회장 별세
  7월 16일 미야자키 고로 감독의 작품 《코쿠리코 언덕에서》 개봉(스튜디오 지브리 제작)
  8월 저서 『지브리의 철학—변하는 것과 변하지 않는 것』 간행(이와나미쇼텐)
- 2012년 6월 미국 로드아일랜드 디자인 스쿨(RISD)로부터 다카하타 이사오, 미야자키 하야오와 함께 명예 박사학위를 받음
  7월 히구치 신지 감독의 작품 《거신병 도쿄에 나타나다》(스튜디오 지브리 제작)를 안노 히데아키와 함께 제작. 도쿄도 현대미술관에서 열린 전람회 '관장 안노 히데아키 특촬박물관'에서 상영. 11월에 극장판으로 《에반게리온 신극장판: Q》와 동시 상영으로 극장 개봉
  11월 문고판 『영화도락』 간행(가도카와분코)
- 2013년 3월 라디오 프로그램을 정리한 저서 『스즈키 도시오의 지브리 아세마미레 1』 간행(훗칸닷컴). 7월에 『스즈키 도시오의 지브리 아세마미레 2』 간행
  7월 20일 미야자키 하야오 감독의 작품 《바람이 분다》 개봉(스튜디오 지브리 제작)
  8월 저서 『바람에 날리며』 간행(주오코론신샤)
  11월 저서 『스즈키 도시오의 지브리 아세마미레 3』 간행(훗칸닷컴)
  11월 23일 다카하타 이사오 감독의 작품 《가구야 공주 이야기》 개봉(스튜디오 지브리 제작). 기획 담당
  11월 제58회 영화의 날 특별공로장을 받음
  12월 다카하타 감독과 함께 캐나다, 미국을 방문. 프레더릭 백과 존 래시터 등에게 《가구야 공주 이야기》를 시사
- 2014년 2~3월 《바람이 분다》가 제86회 미국 아카데미상 장편 애니메이션 부문에 노미네이트되어 시상식 참석을 위해 미국 방문
  3월 제64회 예술선장 문부과학대신상 수상
  5월 제2회 전일본광고연맹 일본선전상 쇼리키상 수상
  7월 요네바야시 히로마사 감독의 작품 《추억의 마니》 개봉 예정(스튜디오 지브리 제작). 제너럴 매니저로 제작에 참가

(경칭 생략)

후기 — 작품은 잡담 속에서 탄생한다

왜 이렇게 되었을까?

이와나미쇼텐(岩波書店)의 판매 책임자인 이노우에 가즈오(井上一夫) 씨와 처음 만난 것은 기록을 조사해보면 2005년 12월 16일이었다. 즉, 지금으로부터 약 2년 반 전의 일이다.

이노우에 씨는 영화 《게드전기》에 대한 제휴 이야기를 하다가 갑자기 이런 말을 꺼냈다.

"저희 이와나미에서 책을 내지 않으시겠습니까?"

말도 안 되는 이야기라고 그 자리에서 거절했는데, 그때 이노우에라는 인물에게 묘하게 관심이 갔다.

그리고 또 한 가지. 이노우에 씨는 예전에 편집부에서 베스트셀러 『대왕생(大往生)』(에이 로쿠스케[永六輔], 1994년)을 담당했는데 같은 업계에 종사했던 사람으로서 그냥 흘려버릴 수 없었다. 전에 편집자로 일했던 나는 지금도 베스트셀러에 관심이 간다.

이야기를 나누는 동안 바로 알아차렸다. 본질을 파악하기 위해서는 사소한 것에 신경 쓰지 않는 사람이라는 것을 말이다. 사물을 전체적으로 파악하는 훈련을 한 사람이었다. 좋은 의미에서 '적당한' 사람이었는데, 한편으로는 치밀함도 겸비하고 있었다. 상대의 기분을 상하지 않게 하면서 붙임성도 있다. 섬세함이 있는 것이다. 정말 전형적인 편집자다. 게다가 나와 동갑이기까지 했다.

왜 내 책을 내고 싶어 하는지 그 동기에 대해서도 하기 어려운 말을 분명하게 웃으면서 이야기했다.

"저는 다카하타 씨와 미야자키 씨에게는 관심이 없어요. 그러나 스즈키 씨에게는 관심이 있습니다. 보통 사람들은 다카하타 씨나 미야자키 씨와 같은 천재는 될 수 없지만 스즈키 씨라면 따라 할 수 있지요."

그런 실례가 되는 말을 어쩌면 그리도 태연하게 잘하는지 감탄했는데, 잘 생각해보니 내가 처음 보는 사람들에게 늘 해왔던 행동이었다.

그래서 이노우에 씨가 나의 기억에 깊이 박혀 있는 것이다.

그 뒤 다카하타 이사오와 미야자키 하야오의 책을 이와나미에서 잇따라 출판하게 되었다. 『만화영화의 뜻(漫画映画の志)』과 『블랙햄의 폭격기(ブラッカムの爆撃機)』가 그것이다. 별 관심이 없었던 두 사람의 책을 출판한다는 것은 이노우에 씨가 내 책의 출판을 포기했다는 의미다. 나는 이것으로 다 끝났다고 내심 좋아했다. 내가 이노우에 씨에게 이긴 것이다.

그 후 이노우에 씨는 아무런 말도 없었다.

그러던 어느 날 『만화영화의 뜻』의 축하 파티에서 다카하타 씨와 지브리 출판부의 다이 유카리(田居因) 씨, 그리고 나 이렇게 3명이 이와나미쇼텐 근처에 있는 중국 요리집에서 식사를 대접받게 되었다.

그러고는 집으로 돌아가는 길에 이노우에 씨가 갑자기 나에게 다가와 귓전에 대고 이렇게 속삭였다.

"자, 이번에는 스즈키 씨 차례입니다."

허를 찔린 것이다. 앞에서도 썼듯이 나는 이제 다 끝났다고 생각하고 있었다. 그러나 이노우에 씨는 잊지 않고 있었다. 나는 대답할 말이 없어 다음에 이야기하자고 무심결에 약속을 해버렸다.

바로 뒤에 나에게 다가온 다카하타 씨가 이렇게 말한 것을 선명하게 기억하고 있다.

"이노우에 씨의 원래 목표는 스즈키 씨예요."

2007년 여름의 일이었다.

이렇게 해서 책을 쓰기 시작했다.

이노우에 씨의 제안은 이러했다. 스타일은 인터뷰 형식으로 말한 것을 적는데, 인터뷰는 이노우에 씨가 한다는 것이었다. 이 어찌 있을 법한 일인가? 원고의 안도 자기가 만든다는 것이다. 솔직히 판매 책임자가 이런 일에까지 관여해도 되는 것인가 하는 의문도 들었지만 "여기까지의 작업은 휴일에 합니다"라고 이야기한다. 그 엄청난 포스에 졌다. 담당자인 후루카와 요시코(古川義子) 씨도 동석했다. 그녀가 인터뷰한 내용의 문자화와 정리를 모두 담당하기로 했다. 지브리에서는『아니메주』의 동료였던 다이 씨도 참가하게 되었다.

나의 어시스턴트인 시라키 노부코 씨가 지금까지 내가 썼던 원고와 잡지에 게재된 인터뷰 기사를 모아 이노우에 씨 측에 제공해주었다.

인터뷰는 계속되었고 순조롭게 진행되었지만 나는 어딘지 모르게 마음이 불편했다. 나는 예전에 편집자였고, 지금은 프로듀서다. 사람을 도마 위에 올려놓고 요리하는 것이 내 일이다. 그 반대 입장에 서는 것이 솔직히 말해서 스트레스가 되었다.

그러던 차에 그 스트레스를 해소할 절호의 찬스가 찾아왔다.

10월에 일본 경제산업성이 주최하는 재팬 국제콘텐츠페스티벌에 '극적인 3시간 SHOW'라는 기획이 있었는데, 거기에 출연해달라는 제의를 받았다. 3시간이라는 시간을 자유롭게 사용하여 하고 싶은 것을 하라는 것이다.

보통 때라면 거절했겠지만 거절하기 어려운 사정이 있었다. 우선 제의를 한 사람이 얼마 전에 신세를 진 테레비만유니온의 시게노부 유타카(重延浩) 씨였기 때문이다. 그리고 시게노부 씨의 말에 의하면 닛폰TV의 우지이에 세이이치로 씨가 추천해주었다고 한다.

여러 가지로 생각을 하다 지쳤을 때 아이디어가 떠올랐다.

'이 책의 인터뷰를 공개적인 장소에서 해버리면 어떻게 될까?'

다시 말해서 그 자리에 이노우에 씨를 출연시키는 것이다.

일석사조라고나 할까? 콘텐츠 페스티벌의 출연 제안도 받아들이고, 책에 관한 인터뷰도 할 수 있고, 게다가 이노우에 씨를 도마 위에 올릴 수 있다. 그러면 스트레스도 해소할 수 있다.

이런 의도의 행사였지만 이노우에 씨는 그냥 당하고만 있을 사람이 아니었다.

용의주도한 이노우에 씨는 지금까지 취재한 내용을 정리해서 그 자리에 임했다. 나는 아무런 준비도 하지 않았고, 이노우에 씨가 사회자로서 어떤 질문을 해올지 사전에 아무런 이야기도 듣지 못한 상태였다. 결과는 뻔했다. 나는 다시 도마 위의 생선이 되었다.

행사가 끝난 뒤 시게노부 씨가 주최하는 파티가 열렸다. 거기에서 나는 이노우에 씨로부터 재미있는 이야기를 들었다.

"저는 영어의 에디터(Editor)를 편집자로 번역하는 것이 틀렸다고 생각합니다. 유럽이나 미국의 에디터는 문자 그대로 편집하는 사람을 말하지만 일본의 경우는 대부분이 그렇지 않습니다."

인상에 남는 이야기였다. 그리고 이노우에 씨가 생각하는 일본의 편집자상이 그려졌다. 일반적으로 일본의 대부분의 편집자는 작가를 상대로 잡담을 한다. 그리고 그 잡담 속에서 작품이 탄생한다. 그것은 작품의 주제부터 이야기가 시작되는 유럽이나 미국의 에디터와는 완전히 반대의 방법이지만 이것이 바로 일본의 편집자인 것이다. 또한 그 방법에 자부심마저 가지고 있다. 이노우에 씨가 그렇게 생각하고 있는 것이 아닌가 하고 나는 망상에 빠졌다. 그러자 이노우에 씨가 기획하는 이 책의 의도를 읽을 수 있었다.

"스즈키 씨가 '나는 편집자형 프로듀서다'라고 말한 것에 흥미가 생겼습니다."

이노우에 씨가 그렇게 말한 것도 떠올랐다. 나는 이노우에 씨의 생각에 동감했다.

프로듀서라는 직업도 일본의 경우에는 유럽이나 미국과 의미가 크게 다르다. 유럽이나 미국의 경우에는 프로듀서의 주도로 작품이 만들어지는 경우가 많다. 영화감독은 프로듀서에 의해 고용된

일개 피고용자에 불과하다. 그러나 일본에서는 프로듀서가 감독과의 잡담 속에서 작품을 기획하고 감독을 중심으로 영화를 만든다.

그것을 증명이라도 하듯이 NHK의 〈프로페셔널 일의 방식〉에 내가 출연했을 때 미야자키 하야오 씨는 나에 관해 이런 코멘트를 했다.

"일을 시키지 않는 척하면서 일을 시킵니다. 재촉하지 않는 척하면서 재촉합니다."

나는 이제 겨우 모든 것을 이노우에 씨에게 맡기기로 했다. 책의 제목은 담당자인 후루카와 씨가 『일은 도락이다(仕事道楽)』라고 붙여주었다.

2008년 6월

스즈키 도시오

※추기—지브리에 노나카 신스케(野中晋輔)라는 사람이 있다. 그의 특징은 '기억'보다 '기록'을 중요시하는 것이다. 그래서 원고를 읽어봐달라고 했다. 그랬더니 잘못 기억하고 있는 부분들이 쏟아져나왔다. 연보도 그가 만들어주었다.

(2008년 6월)

꽃에 대하여 - 신판 후기

꽃에 대하여 쓰겠다. 나는 호접란의 꽃을 좋아한다. 왜 좋아하게 되었는가 하면 어머니가 좋아하셨기 때문이다. 이유는 그뿐이다. 아마도.

손자가 있는데 이름이 '란도(蘭堂)'다. 이때 처음 알았다. 딸도 난의 꽃을 좋아한다는 사실을 말이다. 난처럼 당당하게 살길 바란다는 염원을 담았다고 한다. 어쨌거나 부모와 자식까지 4대에 걸쳐 난꽃을 좋아하는 것 같다.

예술선장 문부과학대신상을 수상하게 되자 각 방면으로 늘 신세를 지고 있는 분들에게서 차례로 난을 받게 되었다. 그 덕에 방 안이 꽃밭이 되었다. 어머니는 "예쁘구나"를 연발하셨고 딸은 난꽃에 둘러싸인 손자를 사진에 담았다. 손자도 무척 좋아했다.

참고로 어머니는 올봄에 91세가 되셨고 딸은 38세, 손자는 두 살이 되었다. 나는 65세다. 한 지붕 아래 같은 아파트에 4대가 모여 산다.

이 예술선장 문부과학대신상 덕분에 여러 사람들에게서 분에 넘치는 축하 인사를 받았다. 프로듀서가 이 상을 받는 것은 획기적인 일인 듯하다. 영화로 말하자면 예술적 창작에 대해 지금까지 감독 등 현장 스태프에게 수여되어온 상이기 때문이다.

나는 처음에 전화로 연락을 받았을 때 또 미야자키 씨(미야자키 하야오)에게 주는 상인가 보다 하고 남의 일로 흘려들었다. 어쨌든 은퇴도 했고 말이다. 그게 아닌 것을 알았을 때의 첫 감상은 '이거 참 난처한데'라는 것이었다.

일전에도 내가 물러난다는 보도가 있어 여러 가지로 귀찮았었다. "오랫동안 수고하셨습니다"라는 메일이 산더미처럼 쌓이고 외국에서도 많은 문의가 있었다. 다들 합세해서 나를 은퇴시키려는 건가 하는 기분도 들고, 상을 주는 것도 새로운 수법의 '은퇴 권고'인가 싶어 복잡한 기분이 든 것도 사실이다.

그리고 '새삼 이제 와서'라는 말을 들을 수도 있겠지만, 프로듀서란 뒤에서 일을 하는 사람으로 창작에 대한 기여는 거의 없는 것이나 마찬가지인데 너무 앞에 나선다는 비판도 당연히 있을 것이다. 하지만 여기서 거절하려고 애쓰면 여러 사람들에게 폐를 끼친다. 통화 도중에 문득 그런 생각이 들어 순순히 상을 받기로 했다.

스튜디오에도 난꽃이 배달돼왔다. 미야자키 씨가 이를 알아차렸다. 그리고 내 말문을 막듯이 딱 잘라 말했다.

"스즈키 씨, 무슨 상 받았어요? 스즈키 씨는 받는 게 좋아요."

자신은 뭐든 이유를 붙여 수상을 거부하는 미야자키 씨가 그렇게 말했다. 그것이 가장 기뻤다.

'후기'(2008년판)에 추가를 해달라고 해서 난처해하고 있었다. 무슨 말을 써야 할지 생각이 나지 않았다. 2014년이 밝고 지난번에 이어

이노우에 가즈오 씨와 편집 담당 후루카와 요시코 씨가 정성껏 듣고 옮겨주셨다. 지브리의 다이 유카리 씨도 동석해주었다. 순식간에 마감이 다가왔다. 이럴 때 주니치신문에 월 1회 연재하고 있던 글의 마지막 편(2014년 3월 27일 게재)의 마감이 다가왔다. 그쪽을 먼저 썼다. 이를 후루카와 씨에게 보여주었더니 그대로 '후기'로 하면 어떠냐고 제안했다. 지금 나의 심경이 솔직하게 나타나 있다고 이노우에 씨가 지적했다. 다이 씨도 대찬성. 그럴 생각으로 보여준 것은 아니지만 그렇게 생각하고 읽어보니 그럴듯했다. 내심 안심했다. 이것으로 후기를 쓰지 않아도 되어 다행이었다.

은퇴한 미야자키 씨는 이전 못지않게 일을 계속하고 있다. 다카하타 씨도 적극적으로 강연을 하며 전국을 돌아다니고 있다. 나도 다른 사람들이 필요로 하는 한 앞으로도 계속 일을 할 것이다. 모두가 지브리를 필요로 하는 한.

2014년 5월

스즈키 도시오

스튜디오 지브리의 현장

애니메이션 만들기의 즐거움

초판 1쇄 인쇄 2024년 7월 10일
초판 1쇄 발행 2024년 7월 15일

지은이 : 스즈키 도시오
옮긴이 : 문혜란

펴낸이 : 이동섭
편집 : 이민규
디자인 : 조세연
영업 · 마케팅 : 송정환, 조정훈, 김려홍
e-BOOK : 홍인표, 최정수, 서찬웅, 김은혜, 정희철
관리 : 이윤미

㈜에이케이커뮤니케이션즈
등록 1996년 7월 9일(제302-1996-00026호)
주소 : 08513 서울특별시 금천구 디지털로 178, B동 1805호
TEL : 02-702-7963~5 FAX : 0303-3440-2024
http://www.amusementkorea.co.kr

ISBN 979-11-274-7209-2 03680

창작을 위한 자료집

AK 트리비아 시리즈

-AK TRIVIA BOOK

No. 01 도해 근접무기
오나미 아츠시 지음 | 이창협 옮김
검, 도끼, 창, 곤봉, 활 등 냉병기에 대한 개설

No. 02 도해 크툴루 신화
모리세 료 지음 | AK커뮤니케이션즈 편집부 옮김
우주적 공포인 크툴루 신화의 과거와 현재

No. 03 도해 메이드
이케가미 료타 지음 | 코트랜스 인터내셔널 옮김
영국 빅토리아 시대에 실존했던 메이드의 삶

No. 04 도해 연금술
쿠사노 타쿠미 지음 | 코트랜스 인터내셔널 옮김
'진리'를 위해 모든 것을 바친 이들의 기록

No. 05 도해 핸드웨폰
오나미 아츠시 지음 | 이창협 옮김
권총, 기관총, 머신건 등 개인 화기의 모든 것

No. 06 도해 전국무장
이케가미 료타 지음 | 이재경 옮김
무장들의 활약상, 전국시대의 일상과 생활

No. 07 도해 전투기
가와노 요시유키 지음 | 문우성 옮김
인류의 전쟁사를 바꾸어놓은 전투기를 상세 소개

No. 08 도해 특수경찰
모리 모토사다 지음 | 이재경 옮김
실제 SWAT 교관 출신의 저자가 소개하는 특수경찰

No. 09 도해 전차
오나미 아츠시 지음 | 문우성 옮김
지상전의 지배자이자 절대 강자 전차의 힘과 전술

No. 10 도해 헤비암즈
오나미 아츠시 지음 | 이재경 옮김
무반동총, 대전차 로켓 등의 압도적인 화력

No. 11 도해 밀리터리 아이템
오나미 아츠시 지음 | 이재경 옮김
군대에서 쓰이는 군장 용품을 완벽 해설

No. 12 도해 악마학
쿠사노 타쿠미 지음 | 김문광 옮김
악마학 발전 과정을 한눈에 알아볼 수 있게 구성

No. 13 도해 북유럽 신화
이케가미 료타 지음 | 김문광 옮김
북유럽 신화 세계관의 탄생부터 라그나로크까지

No. 14 도해 군함
다카하라 나루미 외 1인 지음 | 문우성 옮김
20세기 전함부터 항모, 전략 원잠까지 해설

No. 15 도해 제3제국
모리세 료 외 1인 지음 | 문우성 옮김
아돌프 히틀러 통치하의 독일 제3제국 개론서

No. 16 도해 근대마술
하니 레이 지음 | AK커뮤니케이션즈 편집부 옮김
마술의 종류와 개념, 마술사, 단체 등 심층 해설

No. 17 도해 우주선
모리세 료 외 1인 지음 | 이재경 옮김
우주선의 태동부터 발사, 비행 원리 등의 발전 과정

No. 18 도해 고대병기
미즈노 히로키 지음 | 이재경 옮김
고대병기 탄생 배경과 활약상, 계보, 작동 원리 해설

No. 19 도해 UFO
사쿠라이 신타로 지음 | 서형주 옮김
세계를 떠들썩하게 만든 UFO 사건 및 지식

No. 20 도해 식문화의 역사
다카하라 나루미 지음 | 채다인 옮김
중세 유럽을 중심으로, 음식문화의 변화를 설명

No. 21 도해 문장
신노 케이 지음 | 기미정 옮김
역사와 문화의 시대적 상징물, 문장의 발전 과정

No. 22 도해 게임이론
와타나베 타카히로 지음 | 기미정 옮김
알기 쉽고 현실에 적용할 수 있는 입문서

No. 23 도해 단위의 사전
호시다 타다히코 지음 | 문우성 옮김
세계를 바라보고, 규정하는 기준이 되는 단위

No. 24 도해 켈트 신화
이케가미 료타 지음 | 곽형준 옮김
켈트 신화의 세계관 및 전설의 주요 인물 소개

No. 25 도해 항공모함
노가미 아키토 외 1인 지음 | 오광웅 옮김
군사력의 상징이자 군사기술의 결정체, 항공모함

No. 26 도해 위스키
츠치야 마모루 지음 | 기미정 옮김
위스키의 맛을 한층 돋워주는 필수 지식이 가득

No. 27 도해 특수부대
오나미 아츠시 지음 | 오광웅 옮김
전장의 스페셜리스트 특수부대의 모든 것

No. 28 도해 서양화
다나카 쿠미코 지음 | 김상호 옮김
시대를 넘어 사랑받는 명작 84점을 해설

No. 29 도해 갑자기 그림을 잘 그리게 되는 법
나카야마 시게노부 지음 | 이연희 옮김
멋진 일러스트를 위한 투시와 원근법 초간단 스킬

No. 30 도해 사케
키미지마 사토시 지음 | 기미정 옮김
사케의 맛을 한층 더 즐길 수 있는 모든 지식

No. 31 도해 흑마술
쿠사노 타쿠미 지음 | 곽형준 옮김
역사 속에 실존했던 흑마술을 총망라

No. 32 도해 현대 지상전
모리 모토사다 지음 | 정은택 옮김
현대 지상전의 최첨단 장비와 전략, 전술

No. 33 도해 건파이트
오나미 아츠시 지음 | 송명규 옮김
영화 등에서 볼 수 있는 건 액션의 핵심 지식

No. 34 도해 마술의 역사
쿠사노 타쿠미 지음 | 김진아 옮김
마술의 발생시기와 장소, 변모 등 역사와 개요

No. 35 도해 군용 차량
노가미 아키토 지음 | 오광웅 옮김
맡은 임무에 맞추어 고안된 군용 차량의 세계

No. 36 도해 첩보·정찰 장비
사카모토 아키라 지음 | 문성호 옮김
승리의 열쇠 정보! 첩보원들의 특수장비 설명

No. 37 도해 세계의 잠수함
사카모토 아키라 지음 | 류재학 옮김
바다를 지배하는 침묵의 자객, 잠수함을 철저 해부

No. 38 도해 무녀
토키타 유스케 지음 | 송명규 옮김
한국의 무당을 비롯한 세계의 샤머니즘과 각종 종교

No. 39 도해 세계의 미사일 로켓 병기
사카모토 아키라 | 유병준·김성훈 옮김
ICBM과 THAAD까지 미사일의 모든 것을 해설

No. 40 독과 약의 세계사
후나야마 신지 지음 | 진정숙 옮김
독과 약의 역사, 그리고 우리 생활과의 관계

No. 41 영국 메이드의 일상
무라카미 리코 지음 | 조아라 옮김
빅토리아 시대의 아이콘 메이드의 일과 생활

No. 42 영국 집사의 일상
무라카미 리코 지음 | 기미정 옮김
집사로 대표되는 남성 상급 사용인의 모든 것

No. 43 중세 유럽의 생활
가와하라 아쓰시 외 1인 지음 | 남지연 옮김
중세의 신분 중 「일하는 자」의 일상생활

No. 44 세계의 군복
사카모토 아키라 지음 | 진정숙 옮김
형태와 기능미가 절묘하게 융합된 군복의 매력

No. 45 세계의 보병장비
사카모토 아키라 지음 | 이상언 옮김
군에 있어 가장 기본이 되는 보병이 지닌 장비

No. 46 해적의 세계사
모모이 지로 지음 | 김효진 옮김
다양한 해적들이 세계사에 남긴 발자취

No. 47 닌자의 세계
야마키타 아츠시 지음 | 송명규 옮김
온갖 지혜를 짜낸 닌자의 궁극의 도구와 인술

No. 48 스나이퍼
오나미 아츠시 지음 | 이상언 옮김
스나이퍼의 다양한 장비와 고도의 테크닉

No. 49 중세 유럽의 문화
이케가미 쇼타 지음 | 이은수 옮김
중세 세계관을 이루는 요소들과 실제 생활

No. 50 기사의 세계
이케가미 슌이치 지음 | 남지연 옮김
기사의 탄생에서 몰락까지, 파헤치는 역사의 드라마

No. 51 영국 사교계 가이드
무라카미 리코 지음 | 문성호 옮김
빅토리아 시대 중류 여성들의 사교 생활

No. 52 중세 유럽의 성채 도시
가이하쓰샤 지음 | 김진희 옮김
궁극적인 기능미의 집약체였던 성채 도시

No. 53 마도서의 세계
쿠사노 타쿠미 지음 | 남지연 옮김
천사와 악마의 영혼을 소환하는 마도서의 비밀

No. 54 영국의 주택
야마다 카요코 외 지음 | 문성호 옮김
영국 지역에 따른 각종 주택 스타일을 상세 설명

No. 55 발효
고이즈미 다케오 지음 | 장현주 옮김
미세한 거인들의 경이로운 세계

No. 56 중세 유럽의 레시피
코스트마리 사무국 슈 호카 지음 | 김효진 옮김
중세 요리에 대한 풍부한 지식과 요리법

No. 57 알기 쉬운 인도 신화
천축 기담 지음 | 김진희 옮김
강렬한 개성이 충돌하는 무아와 혼돈의 이야기

No. 58 방어구의 역사
다카히라 나루미 지음 | 남지연 옮김
방어구의 역사적 변천과 특색 · 재질 · 기능을 망라

No. 59 마녀 사냥
모리시마 쓰네오 지음 | 김진희 옮김
르네상스 시대에 휘몰아친 '마녀사냥'의 광풍

No. 60 노예선의 세계사
후루가와 마사히로 지음 | 김효진 옮김
400년 남짓 대서양에서 자행된 노예무역

No. 61 말의 세계사
모토무라 료지 지음 | 김효진 옮김
역사로 보는 인간과 말의 관계

No. 62 달은 대단하다
사이키 가즈토 지음 | 김효진 옮김
우주를 향한 인류의 대항해 시대

No. 63 바다의 패권 400년사
다케다 이사미 지음 | 김진희 옮김
17세기에 시작된 해양 패권 다툼의 역사

No. 64 영국 빅토리아 시대의 라이프 스타일
Cha Tea 홍차 교실 지음 | 문성호 옮김
영국 빅토리아 시대 중산계급 여성들의 생활

No. 65 영국 귀족의 영애
무라카미 리코 지음 | 문성호 옮김
영애가 누렸던 화려한 일상과 그 이면의 현실

No. 66 쾌락주의 철학
시부사와 다쓰히코 지음 | 김수희 옮김
쾌락주의적 삶을 향한 고찰과 실천

No. 67 에로만화 스터디즈
나가야마 카오루 지음 | 선정우 옮김
에로만화의 역사와 주요 장르를 망라

No. 68 영국 인테리어의 역사
트레버 요크 지음 | 김효진 옮김
500년에 걸친 영국 인테리어 스타일

No. 69 과학실험 의학 사전
아루마 지로 지음 | 김효진 옮김
기상천외한 의학계의 흑역사 완전 공개

No. 70 영국 상류계급의 문화
아라이 메구미 지음 | 김정희 옮김
어퍼 클래스 사람들의 인상과 그 실상

No. 71 비밀결사 수첩
시부사와 다쓰히코 지음 | 김수희 옮김
역사의 그림자 속에서 활동해온 비밀결사

No. 72 영국 빅토리아 여왕과 귀족 문화
무라카미 리코 지음 | 문성호 옮김
대영제국의 황금기를 이끌었던 여성 군주

No. 73 미즈키 시게루의 일본 현대사 1~4
미즈키 시게루 지음 | 김진희 옮김
서민의 눈으로 바라보는 격동의 일본 현대사

No. 74 전쟁과 군복의 역사
쓰지모토 요시후미 지음 | 김효진 옮김
풍부한 일러스트로 살펴보는 군복의 변천

No. 75 흑마술 수첩
시부사와 다쓰히코 지음 | 김수희 옮김
악마들이 도사리는 오컬티즘의 다양한 세계

No. 76 세계 괴이 사전 현대편
아사자토 이츠키 지음 | 현정수 옮김
세계 지역별로 수록된 방대한 괴담집

No. 77 세계의 악녀 이야기
시부사와 다쓰히코 지음 | 김수희 옮김
악녀의 본성과 악의 본질을 파고드는 명저

No. 78 독약 수첩
시부사와 다쓰히코 지음 | 김수희 옮김
역사 속 에피소드로 살펴보는 독약의 문화사

No. 79 미즈키 시게루의 히틀러 전기
미즈키 시게루 지음 | 김진희 옮김
거장이 그려내는 히틀러 56년의 생애

No. 80 이치로 사고
고다마 미쓰오 지음 | 김진희 옮김
역경을 넘어서는 일류의 자기관리

No. 81 어떻게든 되겠지
우치다 다쓰루 지음 | 김경원 옮김
우치다 다쓰루의 '자기다움'을 위한 인생 안내

No. 82 태양왕 루이 14세
사사키 마코토 지음 | 김효진 옮김
루이 14세의 알려지지 않은 실상을 담은 평전

No. 83 이탈리아 과자 대백과
사토 레이코 지음 | 김효진 옮김
전통과 현대를 아우르는 이탈리아 명과 107선

No. 84 유럽의 문장 이야기
모리 마모루 지음 | 서수지 옮김
유럽 문장의 판별법과 역사를 이해

No. 85 중세 기사의 전투기술
제이 에릭 노이즈, 마루야마 무쿠 지음 | 김정규 옮김
검술 사진으로 알아보는 기사의 전투 기술

No. 86 서양 드레스 도감
리디아 에드워즈 지음 | 김효진, 이지은 옮김
유럽 복식사 500년을 장식한 드레스

No. 87 발레 용어 사전
도미나가 아키코 지음 | 김효진 옮김
일러스트를 곁들여 흥미롭게 들려주는 발레 이야기

No. 88 중국 복식사 도감
류융화 지음 | 김효진 옮김
중국 복식의 역사를 한 권에 담은 최고의 입문서!

No. 89 마녀의 역사
Future Publishing 지음 | 강영준 옮김
풍부한 자료와 해설로 알아보는 마녀의 어두운 진실!

-AK TRIVIA SPECIAL

환상 네이밍 사전
신키겐샤 편집부 지음 | 유진원 옮김
의미 있는 네이밍을 위한 1만3,000개 이상의 단어

중2병 대사전
노무라 마사타카 지음 | 이재경 옮김
중2병의 의미와 기원 등, 102개의 항목 해설

크툴루 신화 대사전
고토 카츠 외 1인 지음 | 곽형준 옮김
대중 문화 속에 자리 잡은 크툴루 신화의 다양한 요소

문양박물관
H. 돌메치 지음 | 이지은 옮김
세계 각지의 아름다운 문양과 장식의 정수

고대 로마군 무기 · 방어구 · 전술 대전
노무라 마사타카 외 3인 지음 | 기미정 옮김
위대한 정복자, 고대 로마군의 모든 것

도감 무기 갑옷 투구
이치카와 사다하루 외 3인 지음 | 남지연 옮김
무기의 기원과 발전을 파헤친 궁극의 군장도감

중세 유럽의 무술, 속 중세 유럽의 무술
오사다 류타 지음 | 남유리 옮김
중세 유럽~르네상스 시대에 활약했던 검술과 격투술

최신 군용 총기 사전
토코이 마사미 지음 | 오광웅 옮김
세계 각국의 현용 군용 총기를 총망라

초패미컴, 초초패미컴
타네 키요시 외 2인 지음 | 문성호 외 1인 옮김
100여 개의 작품에 대한 리뷰를 담은 영구 소장판

초쿠소게 1,2
타네 키요시 외 2인 지음 | 문성호 옮김
망작 게임들의 숨겨진 매력을 재조명

초에로게, 초에로게 하드코어
타네 키요시 외 2인 지음 | 이은수 옮김
엄격한 심사(?!)를 통해 선정된 '명작 에로게'

세계의 전투식량을 먹어보다
키쿠즈키 토시유키 지음 | 오광웅 옮김
전투식량에 관련된 궁금증을 한 권으로 해결

세계장식도 1, 2
오귀스트 라시네 지음 | 이지은 옮김
공예 미술계 불후의 명작을 농축한 한 권

서양 건축의 역사
사토 다쓰키 지음 | 조민경 옮김
서양 건축의 다양한 양식들을 알기 쉽게 해설

세계의 건축
코우다 미노루 외 1인 지음 | 조민경 옮김
세밀한 선화로 표현한 고품격 건축 일러스트 자료집

지중해가 낳은 천재 건축가 -안토니오 가우디
이리에 마사유키 지음 | 김진아 옮김
천재 건축가 가우디의 인생, 그리고 작품

민족의상 1,2
오귀스트 라시네 지음 | 이지은 옮김
시대가 흘렀음에도 화려하고 기품 있는 색감

중세 유럽의 복장
오귀스트 라시네 지음 | 이지은 옮김
특색과 문화가 담긴 고품격 유럽 민족의상 자료집

그림과 사진으로 풀어보는 이상한 나라의 앨리스
구와바라 시게오 지음 | 조민경 옮김
매혹적인 원더랜드의 논리를 완전 해설

그림과 사진으로 풀어보는 알프스 소녀 하이디
지바 가오리 외 지음 | 남지연 옮김
하이디를 통해 살펴보는 19세기 유럽사

영국 귀족의 생활
다나카 료조 지음 | 김상호 옮김
화려함과 고상함의 이면에 자리 잡은 책임과 무게

요리 도감
오치 도요코 지음 | 김세원 옮김
부모가 자식에게 조곤조곤 알려주는 요리 조언집

사육 재배 도감
아라사와 시게오 지음 | 김민영 옮김
동물과 식물을 스스로 키워보기 위한 알찬 조언

식물은 대단하다
다나카 오사무 지음 | 남지연 옮김
우리 주변의 식물들이 지닌 놀라운 힘

그림과 사진으로 풀어보는 마녀의 약초상자
니시무라 유코 지음 | 김상호 옮김
「약초」라는 키워드로 마녀의 비밀을 추적

초콜릿 세계사
다케다 나오코 지음 | 이지은 옮김
신비의 약이 연인 사이의 선물로 자리 잡기까지

초콜릿어 사전
Dolcerica 가가와 리카코 지음 | 이지은 옮김
사랑스러운 일러스트로 보는 초콜릿의 매력

판타지세계 용어사전
고타니 마리 감수 | 전홍식 옮김
세계 각국의 신화, 전설, 역사 속의 용어들을 해설

세계사 만물사전
헤이본샤 편집부 지음 | 남지연 옮김
역사를 장식한 각종 사물 약 3,000점의 유래와 역사

고대 격투기
오사다 류타 지음 | 남지연 옮김
고대 지중해 세계 격투기와 무기 전투술 총망라

에로 만화 표현사
키미 리토 지음 | 문성호 옮김
에로 만화에 학문적으로 접근하여 자세히 분석

크툴루 신화 대사전
히가시 마사오 지음 | 전홍식 옮김
러브크래프트의 문학 세계와 문화사적 배경 망라

아리스가와 아리스의 밀실 대도감
아리스가와 아리스 지음 | 김효진 옮김
신기한 밀실의 세계로 초대하는 41개의 밀실 트릭

연표로 보는 과학사 400년
고야마 게타 지음 | 김진희 옮김
연표로 알아보는 파란만장한 과학사 여행 가이드

제2차 세계대전 독일 전차
우에다 신 지음 | 오광웅 옮김
풍부한 일러스트로 살펴보는 독일 전차

구로사와 아키라 자서전 비슷한 것
구로사와 아키라 지음 | 김경남 옮김
영화감독 구로사와 아키라의 반생을 회고한 자서전

유감스러운 병기 도감
세계 병기사 연구회 지음 | 오광웅 옮김
69종의 진기한 병기들의 깜짝 에피소드

유해초수
Toy(e) 지음 | 김정규 옮김
오리지널 세계관의 몬스터 일러스트 수록

요괴 대도감
미즈키 시게루 지음 | 김건 옮김
미즈키 시게루가 그려낸 걸작 요괴 작품집

과학실험 이과 대사전
야쿠리 교시쓰 지음 | 김효진 옮김
다양한 분야를 아우르는 궁극의 지식탐험!

과학실험 공작 사전
야쿠리 교시쓰 지음 | 김효진 옮김
공작이 지닌 궁극의 가능성과 재미!

크툴루 님이 엄청 대충 가르쳐주시는 크툴루 신화 용어사전
우미노 나마코 지음 | 김정규 옮김
크툴루 신화 신들의 귀여운 일러스트가 한가득

고대 로마 군단의 장비와 전술
오사다 류타 지음 | 김진희 옮김
로마를 세계의 수도로 끌어올린 원동력

제2차 세계대전 군장 도감
우에다 신 지음 | 오광웅 옮김
각 병종에 따른 군장들을 상세하게 소개

음양사 해부도감
가와이 쇼코 지음 | 강영준 옮김
과학자이자 주술사였던 음양사의 진정한 모습

미즈키 시게루의 라바울 전기
미즈키 시게루 지음 | 김효진 옮김
미즈키 시게루의 귀중한 라바울 전투 체험담

산괴 1~2
다나카 야스히로 지음 | 김수희 옮김
산에 얽힌 불가사의하고 근원적인 두려움

초 슈퍼 패미컴
타네 키요시 외 2명 지음 | 문성호 옮김
역사에 남는 게임들의 발자취와 추억